北京物资学院学术专著出版资助基金项目

北京净菜供应链体系研究

洪 岚 著

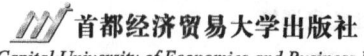

首都经济贸易大学出版社
Capital University of Economics and Business Press
·北京·

图书在版编目（CIP）数据

北京净菜供应链体系研究/洪岚著.--北京：首都经济贸易大学出版社,2024.4

ISBN 978-7-5638-3659-8

Ⅰ.①北… Ⅱ.①洪… Ⅲ.①蔬菜加工-供应链管理-研究-北京 Ⅳ.①F426.82

中国国家版本馆 CIP 数据核字（2024）第 041465 号

北京净菜供应链体系研究
BEIJING JINGCAI GONGYINGLIAN TIXI YANJIU
洪　岚　著

责任编辑	王　猛
封面设计	风得信·阿东 FondesyDesign
出版发行	首都经济贸易大学出版社
地　　址	北京市朝阳区红庙（邮编 100026）
电　　话	（010）65976483　65065761　65071505（传真）
网　　址	http://www.sjmcb.com
E-mail	publish@cueb.edu.cn
经　　销	全国新华书店
照　　排	北京砚祥志远激光照排技术有限公司
印　　刷	人民日报印务有限责任公司
成品尺寸	170 毫米×240 毫米　1/16
字　　数	308 千字
印　　张	20.75
版　　次	2024 年 4 月第 1 版　2024 年 4 月第 1 次印刷
书　　号	ISBN 978-7-5638-3659-8
定　　价	85.00 元

图书印装若有质量问题，本社负责调换
版权所有　侵权必究

前 言

　　净菜的出现最早可以追溯到20世纪50年代的美国，主要的供应对象为餐饮企业。随着时间的推移，净菜加工范围由最初的马铃薯逐渐扩展至生菜、菠萝等新鲜果蔬，其加工产品也进入了零售业。20世纪80年代后期，随着互联网产业的发展，净菜开始在加拿大及欧洲迅速发展，产品种类及数量得到了进一步提升。20世纪末期日本东京的净菜率几乎达到100%。在生产流通和管理体系上，日本和欧美国家普遍建立了现代化净菜商品处理体系，高品质的净菜已成为发达国家蔬菜消费的主流。相较这些发达国家而言，我国的净菜产业起步较晚，大约于20世纪90年代末期才出现，且发展较为缓慢。作为国内大都市的代表，北京的净菜市场才刚刚起步，净菜行业的基础设施建设及相关行业标准方面仍存有许多空白。在当下城市垃圾分类的背景下，立足于政府实施垃圾分类源头减量的机遇期，本研究分析了净菜产业发展的社会综合效益，梳理了全国蔬菜市场现状，重点分析了京津冀三地蔬菜生产及净菜加工产业现状，调查分析了净菜供应链建设的瓶颈问题及都市净菜需求的主要制约因素，重点分析了北京净菜产业发展的内外部驱动因素，并梳理了其他都市净菜产业的政策支持和发展现状，以期充分实现净菜产业的社会经济效益和环境效益。

　　净菜的研究不仅具有重要的学术价值和应用价值，更具有重要的社会效益。国内现有学者对于净菜的研究集中在加工工艺或品质保存技术方面，国外学者则集中在消费需求方面，而对于净菜供应链及其区域供给方面的研究存在很大的空白。作为第一本系统研究净菜供应链体系社会效益和发展现状的书籍，本书以城市垃圾分类政策的出台作为研究背景，从供应链角度入手，以北京净菜供给为研究对象，通过探究净菜需求制约因素，剖析环首都一小时鲜活农产品流通圈的净菜加工产业化水平以及供应链核心企业的竞争力，找出区域内净菜产业链支撑体系的薄弱环节，并提

出相应的对策和建议，为京津冀现代农业协同发展、农业供给侧改革提供可实践的发展思路，无论从现实政策需求出发，还是以丰富研究市场来衡量，均具有一定的应用价值和学术价值。此外，净菜的广泛使用将促进城市垃圾源头减量，大幅减轻超大型城市垃圾处理负担，实现资源化处理综合利用。如果将蔬菜市场上的净菜供应率提高到50%，北京每年将减少150万吨以上的垃圾清运；当净菜销售量占比达到30.74%时，二氧化碳（CO_2）排放量将会减少3.11万吨。由此可见，净菜供应链的发展对于建设清洁美丽的城市，满足都市居民对于快节奏、便利生活的需求均具有重要的意义。

本书主要研究城市垃圾分类背景下的都市净菜供应链体系。首先，以城市垃圾分类为研究背景，通过构建净菜产业发展社会综合评价效益模型并建立层次指标体系，阐明净菜产业发展的绿色发展效益、民生福祉效益及经济发展效益。其次，通过整理分析统计局最新数据，系统地梳理京津冀蔬菜生产和净菜加工的现状，并根据深度访谈资料列举相应案例，对净菜供应链的运营模式进行分析。再次，运用扎根理论与层次分析法刻画了净菜供应链体系建设面临的瓶颈问题，以北京为切入点，采用问卷调查和Logit模型深入分析都市净菜需求的制约因素，并计划使用田野调查法对多方净菜的升级产品——预制菜的需求影响因素进行分析。最后，分析都市净菜产业的发展战略。以北京为例，分析首都净菜产业的发展环境，并运用SWOT分析法进一步归纳分析北京净菜产业发展内外部影响因素。此外，还对上海、广州、重庆等其他都市的净菜及预制菜产业相关政策和发展现状进行了梳理，并提出相应的意见和建议。

本书具体的研究内容及结论如下：

首先，对我国城市垃圾分类的政策进行梳理，研究结果显示全国主要城市均出台了垃圾分类的相关政策文件，垃圾分类逐渐精细化、规范化。其次，对与净菜有关的文献资料进行梳理分析，发现关于净菜的研究文献大多针对净菜加工工艺或者是品质保存技术，经管类文献屈指可数，京津冀农业协同发展下的北京净菜供给方面的研究更是空白。本书结合地方标

准、行业标准、期刊文献以及实地调研情况，给出了净菜的定义，并将净菜进一步分为即用净菜和即食净菜。最后，阐明城市垃圾减量与净菜产业发展之间的内在联系。

本书运用扎根理论构建产业发展社会综合效益评价模型，经过业内专家综合评判并通过层次分析法得出结论：净菜产业发展产生的社会效益主要有绿色发展效益、民生福祉效益、经济发展效益等。通过使用灰色系统预测模型和多元线性回归模型，重点分析净菜产业绿色发展效益对社会效益的贡献，包括净菜进城有助于厨余垃圾减量、降低二氧化碳排放等。

本书通过文献梳理归纳全国蔬菜市场现状、京津冀三地蔬菜生产现状及北京批发消费现状，并绘制三地蔬菜产业带布局示意图。根据实地调研情况对北京净菜供给现状进行分析。基于对净菜加工企业深度访谈获取的资料，分析净菜加工企业发展现状及净菜供应链的运营模式。此外，通过扎根理论构建净菜供应链体系建设制约因素模型，运用层次分析法经专家综合评价得出结论：制约净菜供应链体系建设的因素主要有监管体系的缺失、冷链物流断链、技术和装备落后、城市交通管制以及过高的生产运营成本。其中，技术和装备落后及生产运营成本过高影响的是净菜企业生产，而监管体系的缺失、冷链物流断链和城市交通管制影响的则是净菜供应链的效率。

本书通过问卷调查餐饮企业和普通居民需求影响因素，凭借问卷获得的数据，运用二元选择模型分析何种因素具有显著影响，得出结论：连锁餐厅、提供团餐、使用手机提前预订及在线排队等智能化系统、对净菜了解深入、加入行业协会、关联餐厅有使用净菜行为、净菜价格合适等对餐饮企业净菜选择行为有显著正影响，家庭用餐人口数多、对即用净菜深入了解、支持净菜推广使用、认为净菜价格适宜、购买渠道方便等对消费者选择即用净菜有显著正影响，居住区域为城区、对即食净菜深入了解、对即食净菜质量安全信任、周围亲友同事偏好即食净菜等对消费者选择即食净菜消费行为有显著正影响。对净菜了解程度同时制约着餐饮企业净菜选择行为和消费者净菜消费行为。为了提升北京净菜有效供给，应针对不同

类型的需求者采取不同的方式来促进净菜消费，从而形成健康稳定的净菜消费市场。

本书运用田野调查法梳理净菜升级产品——预制菜需求概况，研究表明，连锁餐饮企业、以盒马鲜生为代表的新零售企业，已将预制菜作为企业开拓市场、迎合都市消费需求升级的利器。而来自都市普通居民的1 085个有效问卷统计分析结果表明，近半数消费者表示，他们只是偶尔购买预制菜，但18周岁以下的消费者群体中有60%以上的人愿意每周购买预制菜。

本书基于京津冀农业协同发展的外部环境，同时结合关于净菜加工业发展制约因素以及净菜需求影响因素的研究结论，通过SWOT分析法分析北京净菜产业发展的内外部影响因素，最后对上海、广州、重庆等其他都市的净菜及净菜升级产品——预制菜产业政策和发展现状进行梳理，并对都市净菜产业发展提出相应的对策建议。对于政府管理主体的建议是：发挥京津冀农业协同发展优势，制定并完善相关政策，加快标准体系的建设和配套的监管体系，扩大宣传力度，大力发展相关技术支撑体系。对于净菜行业协会的建议是：协助净菜加工企业进行加工生产管理，协助有关部门和企业进行食品安全管理。对于净菜生产主体的建议是：强化品牌建设，提高市场竞争力，对于不同目标群体制定个性化服务和销售策略。

基于此，本书的主要政策建议如下：

第一，加快标准体系的建设，建立配套的监管体系。通过梳理不同监管部门职责、加强跨部门监管协调合作，以便利企业取证、生产为原则，制定颁布《北京市净菜加工、流通技术规范》，共同促进净菜行业发展。同时建立政府、行业与市场多方参与的监管体系，防止食品安全问题发生，提高市场准入门槛。

第二，制定并完善净菜加工企业相关扶持政策。一是在扶农项目中增加净菜投资项目的财政支持，包括加工分拣包装设备、冷链设施投入、标准化器具投入、仓储提升改造、信息管理系统升级等；二是对使用净菜的餐饮企业或经营净菜的生鲜零售企业，按使用量比例，给予垃圾减量补贴

与节水补贴；三是在符合土地管理相关法律法规和首都功能疏解的前提下，对于中小净菜加工项目给予配套土地使用支持，出台相关政策鼓励净菜加工配送企业利用集体建设用地建立城市仓和前置仓；四是将净菜产品补入"绿色通道"品类，增加净菜加工企业的市内货运通行证数量，提高配送效率。

第三，加大宣传力度。对净菜的认知水平低下是影响餐饮企业广泛使用净菜的重要原因，对此应大力宣传净菜在减少垃圾清运、提高出餐率、实现菜品标准化、保障食品安全、节省用工成本、减少后厨使用面积等方面的优势以及使用净菜的优秀餐饮企业案例。

受时间与资金限制，本研究还存在一些不足，譬如对于都市净菜需求制约因素、净菜产业发展战略等方面，主要以北京为例进行分析，缺少对上海、广州等其他一线或准一线大都市的相应研究，不能全面反映中国都市净菜供应链发展概况。因此，本研究还有待进一步深入。

目 录

1 绪论 ··· 1
 1.1 研究背景与意义 ··· 3
  1.1.1 研究背景 ·· 3
  1.1.2 研究意义 ·· 9
 1.2 研究内容与框架 ··· 10
 1.3 研究方法 ·· 11
  1.3.1 文献研究 ·· 11
  1.3.2 问卷调查法 ·· 12
  1.3.3 扎根理论 ·· 12
  1.3.4 Logit 模型 ·· 13
  1.3.5 SWOT 分析法 ··· 13
  1.3.6 案例分析法 ·· 14
  1.3.7 层次分析法 ·· 14
  1.3.8 田野调查法 ·· 15
  1.3.9 深度访谈法 ·· 15
 1.4 创新与不足 ··· 15
  1.4.1 创新点 ··· 15
  1.4.2 不足之处 ·· 16
 1.5 本章小结 ·· 16

2 理论基础和文献综述 …… 17
2.1 概念界定 …… 19
2.2 相关理论 …… 21
2.2.1 计划行为理论 …… 21
2.2.2 外部性理论 …… 23
2.2.3 供应链管理理论 …… 24
2.3 国内外相关文献综述 …… 26
2.3.1 城市垃圾减量与净菜关系研究 …… 26
2.3.2 净菜产业研究 …… 28
2.3.3 净菜供应链及供应链体系研究 …… 29
2.3.4 文献总结 …… 30
2.4 本章小结 …… 31

3 净菜产业社会综合效益评价 …… 33
3.1 产业发展社会综合效益评价体系构建 …… 35
3.1.1 资料的选取 …… 35
3.1.2 实质性编码 …… 36
3.1.3 产业发展社会综合效益评价体系 …… 60
3.2 净菜产业发展社会综合效益评价模型 …… 62
3.2.1 建立层次指标体系 …… 62
3.2.2 构造判断矩阵及一致性检验 …… 63
3.2.3 综合效益评价 …… 68
3.3 净菜产业的绿色发展效益估算——以北京为例 …… 69
3.3.1 城市固体废弃物产生特点 …… 69
3.3.2 净菜产业发展预测 …… 71

目录

    3.3.3 净菜产业发展对垃圾减量的预测分析 80

    3.3.4 净菜产业发展对降低碳排放量的预测分析 81

  3.4 净菜产业的其他社会效益分析 90

    3.4.1 民生福祉效益 90

    3.4.2 经济发展效益 91

  3.5 本章小结 92

4 都市净菜供应链现状分析 95

  4.1 全国蔬菜市场现状 97

    4.1.1 全国蔬菜生产现状 97

    4.1.2 全国蔬菜批发现状 99

    4.1.3 全国蔬菜消费及进出口现状 99

  4.2 京津冀蔬菜生产及北京批发消费现状 101

    4.2.1 北京蔬菜生产现状 101

    4.2.2 天津蔬菜生产现状 103

    4.2.3 河北蔬菜生产现状 103

    4.2.4 北京蔬菜批发消费现状 105

  4.3 净菜加工现状分析 109

    4.3.1 全国净菜加工现状 109

    4.3.2 环京净菜加工现状 112

  4.4 净菜供应链运营模式分析 114

    4.4.1 以中央厨房为核心的净菜供应链模式 115

    4.4.2 以电商平台（连锁超市）为核心的净菜

           供应链模式 117

    4.4.3 以连锁餐饮企业为核心的净菜供应链模式 119

4.4.4 其他融合模式 …………………………………… 121
4.5 本章小结 …………………………………………… 121

5 净菜供应链建设瓶颈分析 …………………………… 123
5.1 净菜供应链体系建设制约因素模型构建 …………… 125
    5.1.1 基于扎根理论的模型设计 …………………… 125
    5.1.2 制约因素理论分析 …………………………… 129
5.2 净菜供应链体系建设制约因素专家评价分析 ……… 131
    5.2.1 模型构建 ……………………………………… 132
    5.2.2 构造判断矩阵及一致性检验 ………………… 133
    5.2.3 综合评价 ……………………………………… 134
    5.2.4 专家评价结果分析 …………………………… 136
5.3 本章小结 …………………………………………… 137

6 都市净菜需求制约因素分析 ………………………… 139
6.1 都市净菜需求影响因素分析——以北京为例 ……… 141
    6.1.1 餐饮企业的净菜需求影响因素分析 ………… 141
    6.1.2 消费者净菜消费的影响因素分析 …………… 151
6.2 基于田野调查的都市预制菜需求分析 ……………… 159
    6.2.1 餐饮企业需求 ………………………………… 160
    6.2.2 新零售企业需求——以盒马鲜生为例 ……… 163
    6.2.3 都市普通居民需求 …………………………… 165
    6.2.4 研究结论 ……………………………………… 175
6.3 本章小结 …………………………………………… 176

7 都市净菜产业发展战略分析——以北京为例 ……… 179

7.1 首都净菜产业发展环境分析 …………………………… 181
7.1.1 经济发展现状 ………………………………… 181
7.1.2 消费需求差异 ………………………………… 183
7.1.3 政策支持 ……………………………………… 183
7.1.4 协同发展现状及对北京净菜供给的影响 ……… 187

7.2 基于SWOT的北京净菜产业发展分析 ………………… 188
7.2.1 北京净菜产业发展的内部优势 ……………… 188
7.2.2 北京净菜产业发展的内部劣势 ……………… 189
7.2.3 北京净菜产业发展的外部机会 ……………… 190
7.2.4 北京净菜产业发展的外部威胁 ……………… 192

7.3 国内其他城市净菜产业发展分析 ……………………… 192
7.3.1 产业政策支持 ………………………………… 192
7.3.2 净菜行业发展现状 …………………………… 195
7.3.3 预制菜行业发展现状 ………………………… 196
7.3.4 产业发展的瓶颈问题分析 …………………… 197

7.4 都市净菜产业发展的对策建议 ………………………… 199
7.4.1 对于政府管理主体的建议 …………………… 199
7.4.2 对于净菜行业协会的建议 …………………… 201
7.4.3 对于净菜生产主体的建议 …………………… 201

7.5 本章小结 ……………………………………………… 202

8 总结与展望 …………………………………………………… 205
8.1 内容总结 ……………………………………………… 207
8.2 未来展望 ……………………………………………… 209

附录 ··· 211

 附录1 成果要报：加快推进净菜加工业发展，助力北京生活垃圾减量 ··································· 213

 附录2 净菜产业社会综合效益评价体系研究问卷调查 ······ 217

 附录3 净菜加工企业访谈提纲 ································· 223

 附录4 净菜供应链体系建设的主要影响因素调查问卷 ······ 225

 附录5 餐饮企业净菜选择行为调查问卷 ····················· 232

 附录6 消费者净菜消费行为调查问卷 ························ 236

 附录7 知名餐饮企业访谈大纲及访谈情况 ··················· 242

 附录8 净菜加工企业访谈集锦 ································· 243

 附录9 北京预制菜市场家庭消费现状及需求趋势调查问卷 ···· 279

参考文献 ··· 289

后记 ·· 315

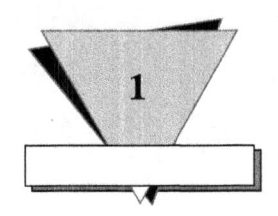

绪论

1.1 研究背景与意义

1.1.1 研究背景

1.1.1.1 城市垃圾分类政策背景

垃圾分类是按照一定的规定或标准将垃圾分类储存、分类投放和分类搬运，进而转变为公共资源的一系列活动的总称。垃圾分类的主要目的在于减少垃圾对于环境造成的污染，提高垃圾的资源价值与经济价值，降低城市的垃圾处理成本；对城市来说，还可以节省土地资源，提高环境生态效益。

我国早在1996年就提出了垃圾分类的概念并开始实施，但当时的分类标准仅限于可回收与不可回收，分类较为简单，范围不够精细。2016年12月，习近平总书记主持召开会议研究普遍推行垃圾分类制度，强调"要加快建立分类投放、分类收集、分类运输、分类处理的垃圾处理系统，形成以法治为基础、政府推动、全民参与、城乡统筹、因地制宜的垃圾分类制度，努力提高垃圾分类制度覆盖范围"，要求到2020年底，直辖市、计划单列市和省会城市生活垃圾得到有效分类，生活垃圾回收利用率达到35%以上，城市要基本建立起餐厨垃圾回收和再生利用体系，自此，我国的垃圾分类正式开始。2017年3月，国务院办公厅转发国家发展改革委、住房城乡建设部《生活垃圾分类制度实施方案》，该方案要求，在46个试点城市先试行生活垃圾强制分类，在2020年底前建立垃圾分类法律法规及标准体系，形成可复制、可推广的生活垃圾分类模式。在这一政策的推动下，上海、北京、广州、成都等相继推行强制垃圾分类举措。

2019年6月，习近平总书记再次指出："实行垃圾分类，关系广大人民群众生活环境，关系节约使用资源，也是社会文明水平的一个重要体现。"同年6月，住房城乡建设部等9部门印发《关于在全国地级及以上城市全面开展生活垃圾分类工作的通知》。自此开始，全国地级及以上城

市开始全面启动生活垃圾分类相关工作，要求至2020年底46个重点城市基本建成垃圾分类处理系统。截至2025年底，全国地级及以上城市将基本建成生活垃圾分类和处理系统。2021年5月，为统筹推进"十四五"城镇生活垃圾分类和处理设施建设工作，国家发展改革委和住房城乡建设部印发了《"十四五"城镇生活垃圾分类和处理设施发展规划》，对"十三五"时期垃圾分类工作进行了总结，该规划指出，在前期规划下，垃圾处理结构明显优化、垃圾分类工作初见成效。同时也指出了城镇生活垃圾分类和处理设施方面存在的问题，对我国生活垃圾分类和处理工作提出了新的更高要求。

在46个垃圾分类试点城市中，有11个城市出台了地方性法规，如《上海市生活垃圾管理条例》《北京市生活垃圾管理条例》《杭州市生活垃圾管理条例》等；有17个城市出台了政府规章，如《重庆市生活垃圾分类管理办法》《昆明市城市生活垃圾分类管理办法》，还有16个城市出台了规范性文件。其中，26个城市在2019年出台相关政策法规，如上海、北京、广州、杭州、武汉等，济南、呼和浩特、咸阳等3个城市在2020年出台了相关法规。此外，在46个试点城市中，除了福州采用五分类（可回收物、厨余垃圾、有害垃圾、大件垃圾、其他垃圾）、广元采用三分类（可回收、不可回收、有害垃圾），其他试点城市均采用四分类方式，即"有害垃圾、可回收物、湿垃圾和干垃圾"四分类标准。采用四分类的城市中，对易腐垃圾、其他垃圾的叫法有所不同，如上海为湿垃圾、干垃圾，还有一些城市称餐厨垃圾、厨余垃圾等，但本质上都是要实现干湿分类。

各城市在强制垃圾分类的管理措施方面也各具特色。上海于2019年7月1日起正式实施《上海市生活垃圾管理条例》，这一条例的实施，意味着上海正式将垃圾分类纳入法治框架。惩处措施包括：个人混合投放垃圾，今后最高可罚200元；单位混装混运，则最高可罚5万元等。与此同时，除上海外，有不少城市也陆续出台相关管理条例，目前已有9个城市（北京、上海、太原、长春、杭州、宁波、广州、宜春、银川）出台生活

垃圾管理条例，通过出台条例把垃圾分类纳入法治框架。北京是首个立法城市，自2012年3月1日起，《北京市生活垃圾管理条例》正式实施，并于2019年和2020年进行了两次修正。与上海在2019年强制推行垃圾分类时的做法相比，北京制定的措施相对柔性。例如，针对居民未落实生活垃圾分类投放的行为，由当地政府采用教育、书面警告、执法处罚相结合的手段进行劝阻。目前，北京多个街道、社区还推出了个性化的奖惩举措。例如，通州区不仅制定了垃圾分类工作方案和4个垃圾分类减量暂行办法，还同步编制了《垃圾分类日常检查考评实施办法》；朝阳区制定的《朝阳区生活垃圾分类工作行动方案》也从多个方面为垃圾分类搭建起基本框架。

1.1.1.2 净菜产业发展背景

净菜加工可以追溯到20世纪50年代的美国，最初只是对马铃薯进行切片加工，并且主要供应对象是餐饮业。随着时间的推移，净菜加工范围逐渐扩展至生菜、菠萝等新鲜果蔬，加工产品也进入了零售业。20世纪80年代后期，净菜开始在加拿大及欧洲迅速发展，产品种类及数量得到进一步提升。2009—2014年，西欧国家人均净菜销售量增长更是高达19%。在互联网发展的大背景下，净菜电子商务领域先后出现了Blue Apron、Purple Carrot、Hello Fresh、Amazon Fresh等多家公司。20世纪末，日本东京市场的净菜率几乎达到100%。

我国净菜产业起步于20世纪90年代末期，当时麦当劳、肯德基等世界闻名连锁快餐企业开始进入中国市场，它们对净菜配餐的需求，给中国净菜行业带来了发展的契机。2008年北京奥运会进一步推动了净菜行业发展。为了保障奥运会期间食品质量安全，北京市原质量技术监督局颁布了《奥运会食品安全即食即用果蔬企业生产卫生规范》，这对建立净菜质量安全保障体系具有重要的意义。近几年，净菜进入了电商领域，出现了青年菜君、我厨网、深圳小农女等电商企业，其中的青年菜君由于经营不善而倒闭，引发了社会各界对净菜的相关讨论。

欧美及日本等发达国家的净菜行业已经发展到了相对成熟的阶段，行

业技术水平、自动化程度、产业标准体系都相对完善，而我国的净菜产业发展才刚刚起步，还有较大的发展空间。

2014年2月26日，习近平总书记在北京主持召开的京津冀协同发展座谈会上强调，"实现京津冀协同发展是实现京津冀优势互补、促进环渤海经济区发展、带动北方腹地发展的需要，是一个重大国家战略"，2015年4月正式发布了《京津冀协同发展规划纲要》。2016年3月，农业部等8部委正式印发《京津冀现代农业协同发展规划（2016—2020年）》。2017年3月，北京商务委、天津商务委、河北省商务厅共同颁布了《环首都1小时鲜活农产品流通圈规划》，规划要求推广产地农产品预处理，大力发展净菜进京，有效降低流通环节的农产品损耗率，显著减少流通环节的垃圾产生量。为深入贯彻落实新版《北京市生活垃圾管理条例》，2020年5月，北京市商务局、农业农村局联合印发了《关于逐步推进净菜上市工作的指导意见》，要求加强净菜基地及加工企业建设，完善净菜上市长效工作机制，实现农产品垃圾源头减量。

随着各项措施的落实，进入城市流通的农产品逐渐呈现标准化、净菜化发展趋势。近年来，在都市居民消费升级的推动下，净菜销售呈现快速增长趋势，并且涌现了许多净菜加工企业。例如，2012年投资成立的北京康安利丰农业有限公司，专为大中型连锁餐饮企业与集团客户提供净菜加工与新鲜果蔬的仓储配送，目前已成为呷哺呷哺、海底捞、眉州东坡、西贝西北菜、嘉和一品粥、真功夫等多家中式大型连锁餐饮企业的供应商。在北京，还有裕农、创造食品等多家业内知名的净菜加工企业。都市快生活节奏使得普通居民家庭对净菜的需求也在快速上升。例如，2015年初推出的我厨App，专为上海市居民配送三餐所需净菜，2016年9月市场平均日单量达6 000单。此外，提升净菜使用率，也有助于北京"大城市病"治理。"大城市病"是由于人口大量聚集等原因导致的人与自然、人与社会关系的不协调，具体表现为环境恶化、交通拥堵、资源短缺、房价高涨等。减少毛菜供应、增加净菜供应比例，不但可以减轻北京垃圾处理负担，还可以减少运菜车辆，从而缓解交通压力，减少洗菜用水量，从而节约水资源。

1.1.1.3 垃圾分类政策与净菜产业发展的关系

许多城市出台的餐厨垃圾处理管理办法都倡导净菜进城、净菜上市等办法。所谓净菜上市，即蔬菜市场提供无残留农药、茎叶类菜无菜根、无枯黄叶、无泥沙、无杂物的蔬菜。这不但意味着干净、安全，还将大幅减少城市生活垃圾，无疑能够助力净菜加工发展。但一直以来，由于垃圾分类执行不严格、人员素质参差不齐等，净菜加工产业并未能借到垃圾分类这股"东风"。

作为世界公认的垃圾分类的成功典范，日本早在20世纪70年代就开始实行垃圾分类，对于大部分日本民众来说，如今垃圾分类已经是生活中习以为常的事情，但是这条探索之路其实并不简单。日本的垃圾管理大致经历了末端治理、源头治理到资源循环三个阶段。20世纪50年代中期，日本经济高速发展，大量的生产消费导致垃圾排放量急剧增加，产业优先政策也导致经济高速发展的同时产生了大量的工业垃圾，导致了严重的环境污染，甚至引发了震惊世界的"四大公害事件"[①]。在这一时期，日本政府将主要精力集中于垃圾的末端治理。"四大公害事件"对日本居民造成的危害以及大规模的垃圾焚烧引发的日本国民的邻避运动，都迫使日本政府反思垃圾分类政策，转变垃圾处理方式。自20世纪80年代起，日本政府逐步调整垃圾分类管理政策，将垃圾分类的重点由废弃物的末端治理转向从生产消费的源头预防。通过垃圾分类促进垃圾减量化，并取得了明显效果。源头垃圾减量的政策背景也推动了日本净菜市场的发展。统计资料显示，进城毛菜中，每100吨毛菜会产生20吨废料；若是净菜进城，则可以减少20%的垃圾。日本东京早在几十年前就开始发展净菜产业，并禁止毛菜入城。目前，日本大部分超市都售卖净菜，东京净菜使用率几乎达到100%，日本的厨余垃圾占所有垃圾的比重不到20%，大大减少了日本市民垃圾分类的工作量。

---

① 即熊本县水俣病事件（含汞废水排放引发）、新潟县水俣病事件（含汞废水排放引发）、富山县骨痛病事件（含镉废水排放引发）、四日市哮喘病事件（硫氧化物排放导致大气污染引发）。

我国在实施垃圾分类时，可以借鉴日本的成功经验。实际上，随着我国各城市垃圾分类相关法规条例的落地，全国各地陆续进入垃圾分类的"强制时代"。垃圾分类相关法规的实施，将推动净菜产业的发展。净菜生产可以集中处理蔬菜带来的垃圾产物，减轻企业和家庭的垃圾分类处理负担，同时也能提供更为便捷的服务。自2019年以来，全国多个城市响应垃圾分类政策，在严格执行垃圾分类的同时，从源头"消化"垃圾。据调查，易腐垃圾（餐厨垃圾，以及农贸市场、农产品批发市场产生的蔬菜瓜果垃圾、腐肉、肉碎骨、蛋壳、畜禽产品内脏等）占城市垃圾的53%。为了更好地进行垃圾分类，减少资源浪费，政府提倡净菜进城，净菜处理再次进入公众视线。

净菜进城不仅为居民生活提供了便利，而且降低了餐饮企业的经营成本。在已经施行垃圾分类的上海等城市，许多菜场以及超市的各类主副食品，绝大部分已经做过垃圾减量的处理，对于一些自己做饭的市民，购买净菜既节省了烹饪时间，又减少了垃圾分类的工作。垃圾分类的政策也拉长了餐饮企业的工作流程，增加了工作量，为了追求更高的经营利润及工作效率，越来越多的大型餐饮店以及成体系、成规模的中央厨房开始由使用毛菜自处理改为使用净菜。虽然净菜成本较传统毛菜有所提高，但可一定程度降低进行洗、切、配菜的员工成本，节约加工时间、水耗、能耗，减少人工，还能够减少至少两成的餐前垃圾，降低垃圾处理成本。市民和餐饮企业对于净菜需求的增长，以及政府推动垃圾减量、净菜进城的政策支持，都将推动净菜产业的高速发展。

净菜进城是最大的源头垃圾减量，是有效的前置垃圾分类。研究显示，城市生活垃圾中约60%以上的垃圾是食物类垃圾。食物在生产、加工、供应和消费的整个过程中，产生的浪费和废弃物的体量是很可观的，与净菜相对应的"尾菜"，也就是蔬菜在厨房下锅前去掉的部分，如土豆皮、芹菜叶、香菇根等，都将成为厨余垃圾。尾菜一般要占蔬菜总重量的两到三成，如果使用净菜，既能减少大量的餐前厨余垃圾，也能减少食物制作过程中使用的水电气等能源。

此外，净菜加工后的下脚料中含有丰富的蛋白质、氨基酸、酚类物质等营养成分，若能够在蔬菜主产地集中、大规模地开展净菜加工，这些"下脚料"就不再是餐厨垃圾、餐前垃圾，而能够变成新的资源，比如土豆，在集中的净菜加工环节去皮切丝切片过程中能够产生大量的淀粉，就可以用适当的方式进行副产品再利用。将果蔬加工副产品变废为宝，综合利用增加附加值，不仅响应了我国垃圾分类的政策号召，也可以使我国净菜加工产业降低成本提高经济效益，有助于其长远发展。

基于上述背景，本书主要关注以下问题：大城市净菜供给现状及存在的问题；生产者视角下影响净菜加工业发展的制约因素；净菜产业发展环境如何；大城市净菜需求影响因素，餐饮企业和普通居民消费者有何不同；大城市增加净菜供给的优势与劣势。

对于上述问题如何解决，本书将以北京为例，通过实地调研、相关数据收集与分析，为大城市净菜产业政策提供决策依据和参考。

1.1.2 研究意义

1.1.2.1 理论意义

首先，本书基于城市垃圾分类的政策背景，揭示城市垃圾减量与净菜产业发展之间的内在关系，通过对国内外文献的系统梳理，探究市场与政策的双重支持为净菜产业发展带来的机遇。在文献分析的基础上，运用客观数据进行定量研究，通过分析总结北京净菜供应链体系的发展现状、现存问题、制约因素等，为各大城市净菜产业发展提供借鉴。

其次，过去关于净菜的社科类研究屈指可数，主要内容集中于净菜配送模式、净菜供应链竞争力、净菜电子商务国际经验借鉴三个方面，资料来源也较为单一，基本是定性研究。本书依据实地访谈与问卷调查所收集到的客观资料和数据，运用扎根理论、计划行为理论及 Logit 模型等进行归纳和分析，探究净菜发展的影响因素，同时考虑京津冀农业协同发展下北京增加净菜供给的优劣势，并提出相应的发展建议。相对于过去的定性研究，本书运用扎根理论、计划行为理论及二元选择模型工具进行质性研

究与定量分析，结论更加客观，丰富了净菜产业发展理论，对现实工作更具指导意义。

1.1.2.2 应用价值

第一，本书通过系统分析城市垃圾分类政策与都市净菜供应链发展关系，助力净菜产业抓住发展机遇，实现健康长远发展。在垃圾分类常态化以及号召源头垃圾减量的政策背景下，对都市净菜供应链体系进行深度研究，从消费者、生产者等角度分析净菜产业的综合效益及制约因素，提供合理化意见与建议，并帮助其搭上垃圾分类政策的"顺风车"，助推净菜产业更好发展。

第二，本书通过厘清北京净菜消费市场现状，推动净菜市场培育。北京净菜市场发展刚刚起步，相比东京等一些净菜发展时间较长的城市而言，发展水平存在着较大的差距。但北京作为城市人口排名居前的国际大都市，居民收入增长较快，且处于京津冀协同发展的机遇期。本书通过问卷调查和二元选择模型，调查分析净菜需求的主要制约因素。针对这些因素，政府和企业可以进一步完善净菜市场推广计划，为不同类型的消费者和餐饮企业制定具有针对性的推广方案。

第三，本书通过净菜市场供需现状分析，探究问题的症结，促进净菜加工业的健康发展。净菜加工业在发展的同时，各种问题也同步增多，如低价竞争、商品流通标准不统一和市场竞争不公平等，如果任由其发展，最终会导致市场失序。本书在分析供给端和需求端制约因素的基础上，充分考虑北京发展净菜的优劣势，理清净菜产业发展中的问题，提出相应的产业发展政策，以促进净菜加工业健康发展。

1.2 研究内容与框架

本书的主要研究内容如下所述：

第一部分，净菜产业社会综合效益评价。首先结合扎根理论，建立产业发展社会综合效益评价的理论分析框架。其次应用层次分析法，构建净

菜产业发展社会综合效益评价模型，并以北京为例，通过预测净菜产业发展对城市垃圾减量及降低碳排放量的影响，估算净菜产业的绿色发展效益。最后对净菜产业的民生福祉效益及经济发展效益进行分析。

第二部分，都市净菜供应链现状分析。首先梳理总结我国蔬菜生产与加工概况；其次分析代表性大都市及代表性企业的净菜供应链运营模式及特点，为后续研究奠定基础。

第三部分，净菜供应链竞争分析。基于对多家净菜加工企业的访谈，运用扎根理论和层次分析法构建生产者视角下净菜供应链体系建设的制约因素模型，以深入剖析净菜加工业发展现状及其面临的发展困境。

第四部分，都市净菜需求制约因素分析。首先通过对北京餐饮企业以及普通居民的问卷调查，运用 Logit 模型分析净菜消费需求的主要制约因素；其次通过田野调查法梳理净菜升级产品——预制菜终端需求（包括餐饮企业、新零售企业、都市普通居民等）概况，以发掘终端需求不采购净菜的深层次原因。

第五部分，都市净菜产业发展战略分析。首先梳理京津冀净菜产业发展环境，通过 SWOT 分析法，探讨北京净菜产业发展的各种主要内部优势和劣势、外部的机会和威胁等；其次梳理其他都市的净菜及预制菜产业发展概况；最后基于以上分析对政府、行业协会、生产企业等不同主体提出相应的产业发展对策。

研究技术路线如图 1-1 所示。

1.3 研究方法

1.3.1 文献研究

文献研究又称情报研究、资料研究或文献调查，是一种通过对文献资料的检索、搜集、鉴别、整理、分析，形成对事实科学认识的方法。本书通过研究国内外现有蔬菜产业链、净菜加工方面的文献，全面梳理京津冀

图 1-1　研究技术路线

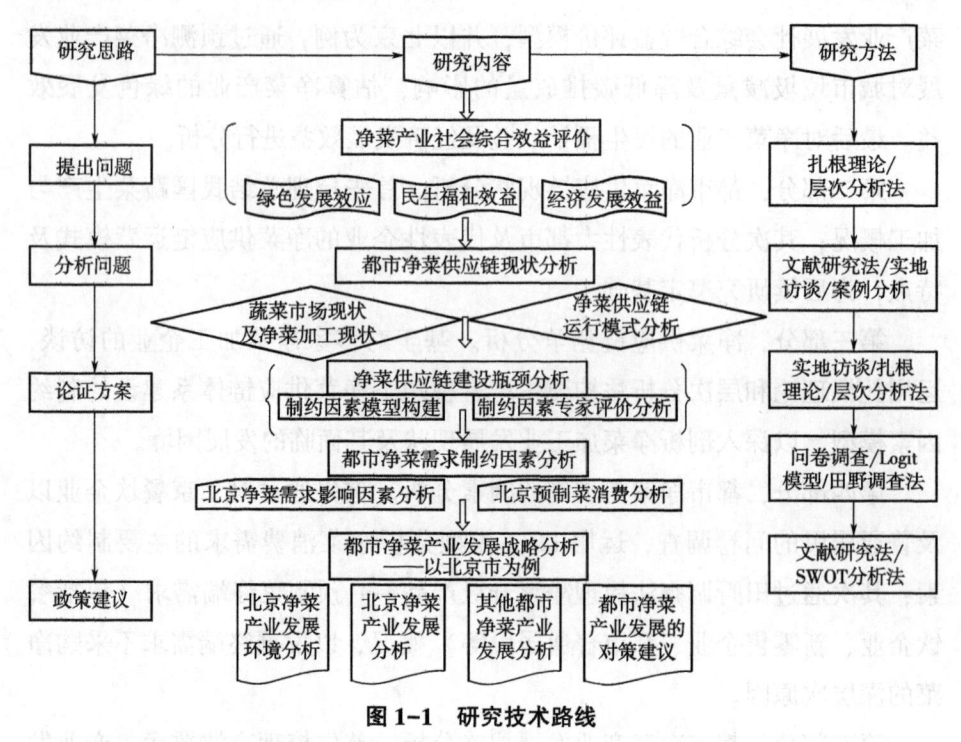

资料来源：本书作者自行绘制。

农业协同发展方面的政策文件及实施措施，以从中获得启示。

1.3.2　问卷调查法

问卷调查法，最初由英国的高尔顿（Francis Galton）于1882年创立，是社会学调查研究中最常使用的方法之一，以调查问卷为手段收集数据资料。根据具体的调查方式，可以将问卷调查法分为邮寄问卷调查、网上访问问卷调查、电话访问调查和座谈会问卷调查等。本书通过购买互联网公司"问卷星"的问卷发放服务，针对"餐饮企业需求影响因素"和"普通居民消费影响因素"这两个主题设计并发放问卷，探讨净菜消费的主要影响因素。

1.3.3　扎根理论

扎根理论最初是由格拉斯（Barney G. Glaser）和斯特劳斯（Anselm

Strauss）于 1967 年在《扎根理论之发现：质化研究的策略》中提出的。其主张研究者在研究开始之前一般不做理论假设，而是要求研究者带着所需要研究的问题，从原始的资料出发，进行归纳和总结，提出概念和命题，最后再上升到理论。扎根理论方法一般流程由开放式编码、主轴编码和选择性编码三个步骤组成。扎根理论原始资料的收集方式包含但不限于访谈、原始统计数据以及文献搜集等。本书根据对净菜加工企业实地调研所获得的资料，使用扎根理论进行分析研究，以发现生产者视角下京津冀净菜加工业发展的制约因素。

1.3.4 Logit 模型

离散选择模型，可以用来描述决策者（个人、家庭、企业或者其他决策主体）在不同的可供选择的选项（如竞争性的产品、行为的过程等）之间所做出的选择。Logit 模型是使用最为广泛的离散选择模型。Logit 公式最初于 1959 年由卢斯（Luce）对选择概率的特性进行假设推导得出。其一般形式如式（1-1）所示。

$$p_i = F(y_i) = F(\alpha + \beta x_i) = \frac{1}{1+e^{-y_i}} = \frac{1}{1+e^{-(\alpha+\beta_i)}} \tag{1-1}$$

式中：p_i 表示某件事发生的概率，$F(y_i)$ 表示 Logit 模型概率密度函数，对于给定的 x_i，相应的 p_i 表示个体做出某种选择性行为的概率。α 表示的是常数项，β 表示的是待估参数。

对 P_i 进行 Logit 转换，可得到式（1-2）。

$$\ln \frac{p_i}{1-p_i} = \alpha + \beta x_i \tag{1-2}$$

本书采用二元选择 Logit 模型分别对餐饮企业净菜使用行为、普通居民净菜消费行为进行分析，以期找出影响净菜需求的主要因素。

1.3.5 SWOT 分析法

SWOT 分析法作为战略规划研究的分析技术，在 20 世纪 80 年代由美国人韦里克（Heinz Weihrich）提出。在传统意义上，SWOT 分析指的是对

于一个企业优势（strength）、劣势（weakness）、机会（opportunity）以及威胁（threat）的多角度全方位的分析，为企业的战略制定提供全面且客观的依据。20 世纪 90 年代以后，SWOT 分析法的应用范围逐渐扩大，不再局限于单个特定企业的战略管理，在产业群体、区域经济、国家战略等领域也得到了应用。有学者（Kajanus, Kangas, and Kurttila, 2004）对两个案例地区，即芬兰的 Yla-Savo 和德国的 Kassel 地区，使用了 SWOT 分析法，发现当地文化有可能成为乡村旅游成功的因素。童云（2018）通过使用 SWOT 分析法，多角度分析某市发展农产品电子商务的优势、劣势、机会以及威胁，进而提出促进该市农产品电子商务发展的政策建议。有学者（Falcone et al., 2019）通过使用 SWOT 分析法，分析意大利森林目前的发展现状，并为其向循环生物经济过渡发展提供相应的建议。本书使用 SWOT 分析法，主要分析北京净菜产业发展的战略环境，并提出相应的实施建议。

1.3.6 案例分析法

案例分析法（case analysis method），又称个案研究法或典型分析方法。最早由哈佛大学法学院于 1870 年开发完成，1908 年在哈佛商学院开始被引入商业教育领域，成为培养管理精英和高级经理的一种教育实践。案例分析法是对有代表性的事物（现象）深入地进行周密而仔细的研究从而获得总体认识的一种科学分析方法，即对相关领域的具体事件进行深入分析，以总结经验、发现问题、再深入思考。其优点是针对性强、深入、全面，能够同时将理论与实践相结合进行客观分析。本书针对四种典型净菜供应链运营模式选取代表性企业进行案例分析，深入研究净菜供应链运营模式，以获得总体认识。

1.3.7 层次分析法

层次分析法（analytic hierarchy process, AHP），是由美国运筹学教授萨蒂（T. L. Satty）提出的对定性问题进行定量分析的研究方法。该方法将复杂问题分解为若干个相互联系的元素，结合数学分析确定最优选择，具

有系统性、实践性、简洁性的优势。本书运用层次分析法对净菜产业发展的社会综合效益、净菜供应链体系建设的主要影响因素进行评价分析。

层次分析法的步骤包括：①分析系统中各因素之间的关系，构建层次结构模型；②采用九级标度法和成对比较法进行专家打分，构造判断矩阵；③确定准则层和指标层权重，并进行一致性检验；④计算综合权重，对所得综合权重进行排序，选出最重要的因素。

1.3.8 田野调查法

田野调查法是通过实地调研获得第一手资料的研究方法，该方法被广泛应用于社会学、人类学及民族学等学科。田野调查法要求研究者带着研究目的从中观察、了解被观察者的行为，参与观察是其研究的重要手段。本研究课题组对餐饮企业、新零售企业和普通居民进行了座谈或实地走访调研，以深入了解各类消费者的预制菜需求情况。

1.3.9 深度访谈法

访谈是定性研究中经常使用的一种形式。本研究课题组实地访谈了10家环首都一小时鲜活农产品流通圈的净菜加工企业，按照事先拟定好的访谈提纲，了解本区域净菜产业现状和供应链核心企业竞争力情况。

1.4 创新与不足

1.4.1 创新点

第一，学术观点有突破。净菜加工作为国内近五年来新兴的蔬菜加工产业，研究文献寥寥无几。本书首次提出净菜加工是有别于其他蔬菜加工业的正外部性产业，其不仅能产生经济效益，还有良好的社会效益与环境效益，需要政府予以支持，这突破了以往将净菜作为普通蔬菜加工业进行学术研究的藩篱。

第二，研究视角有创新。本书从供应链角度出发，剖析了北京净菜加工业产业化水平以及供应链核心企业的竞争力水平，归纳出影响都市净菜供应链核心竞争力的因素间的相互关系，为政策支持净菜产业发展奠定了理论基础。

第三，数据分析有特色。本书的撰写建立在大量实地调研资料及一手数据研究的基础上。其中的资料包括通过问卷调查收集到的北京餐饮企业有效问卷708份，净菜消费者有效问卷531份，以及9家净菜加工企业、行业协会、政府有关部门深度访谈资料。在这些资料和数据的基础上，本书运用扎根理论、Logit模型、SWOT分析法等方法，深入剖析了本区域净菜供应链支撑体系的薄弱环节，并提出了相应的对策和建议，为净菜供应链研究增加了数据容量与实证案例。

1.4.2 不足之处

受时间与资金限制，本书的研究对象仅限于北京一个大都市，缺少对上海、广州等其他一线或准一线城市的相应研究，不能全面反映中国都市净菜供应链发展概况。此外，也缺少对典型供应链模式与代表性企业的案例分析、特点总结。

1.5 本章小结

本章主要介绍了研究背景与意义、研究内容与框架、研究方法、创新与不足。在研究背景与意义部分，梳理了城市垃圾分类政策背景和净菜产业发展背景，并厘清了垃圾分类政策与净菜产业发展之间的内在关系。研究表明，垃圾分类政策的强制实施助推了净菜产业的发展，都市净菜供应链的发展也有助于源头垃圾减量，并且对治理"大城市病"、促进消费升级、提升农业产业化水平等均具有重要意义。在研究内容与框架部分，绘制了技术路线图。在研究方法部分，介绍了本书主要使用的九大研究方法。最后，提出了本书的创新点与不足之处。

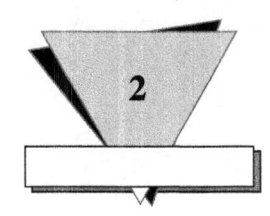

2 理论基础和文献综述

物理基础和天文常识

2 理论基础和文献综述

本章是理论基础和文献综述部分。首先根据行业标准及参考文献对净菜的概念进行界定。其次介绍本书研究的理论基础，包括计划行为理论、外部性理论和供应链管理理论。最后对净菜产业相关的国内外文献进行梳理。

2.1 概念界定

与净菜相关的标准，我国目前只有净菜加工的行业标准、地方标准和团体标准。商务部于2011年颁布的《净菜加工配送技术要求》，将净菜定义为根据商品质量要求，经过拣选、整修，去除老叶、根、须等不可食用部分的蔬菜。陕西省、武汉市、湖北省等地发布过净菜名词术语与加工包装技术规范标准，如陕西省质量技术监督局于2005年5月颁布的《无公害净菜》将无公害净菜定义为将采收的符合无公害蔬菜安全质量要求的新鲜蔬菜经挑选、清洗、加工和包装的商品蔬菜。武汉市质量技术监督局于2010年12月颁布的《蔬菜净菜加工和包装技术规范》将净菜定义为经过挑选、修整、清洗、控水、包装及冷藏等一系列的加工处理后，在一定时期内仍然保持新鲜状态的蔬菜产品。湖北省质量技术监督局于2014年2月颁布的《蔬菜净菜加工和包装技术规范》将净菜定义为根据商品质量要求，经过拣选、整修，去除老叶、根、须等不可食用部分的蔬菜。净菜相关的团体标准包括：南通市农副产品加工技术协会于2017年12月颁布的《净菜加工技术规程》《西兰花净菜加工技术规程》《马铃薯净菜加工技术规程》，贵州省团餐配送行业协会于2021年9月批准的《团餐企业净菜制作操作规程》《团餐企业热链熟食制作规范》《团餐企业配送规程》等。

在有关期刊文献中，国内净菜主要有以下三类定义："净菜是指新鲜水果、蔬菜、肉类和蛋类等原料在保证营养质量和感官特征的同时，经洗涤、切割、混合和包装等步骤后，供消费者方便食用或餐饮业使用的一种新式生鲜农产品加工产品。""切割果蔬（minimally processed fruits and vegetables）也称最少加工果蔬、半加工果蔬、轻度加工果蔬、调理果蔬等，指新鲜水果、蔬菜原料经分级、清洗、整修、去皮、切分、保鲜、包装等一系列处理后，产品仍保持新鲜状态，供消费者立即食用或餐饮业使用的一种新式果蔬加工产品。""鲜切蔬菜是以新鲜蔬菜为原料，经清洗、去皮、切割或切分、修整、包装等加工过程而制成的即食新鲜蔬菜产品。"国外将净菜定义为："鲜切蔬菜和鲜切水果是指经过挑选、清洗、鲜切加工（如去皮、切割、去除种子、去核、修剪、切片等）、再次清洗、浸涂处理、整理包装、冷藏储存等一系列加工步骤的果蔬加工品。"

值得关注的是与净菜密切相关的概念——预制菜。预制菜起源于美国，成熟于日本，在我国可以追溯到20世纪90年代，伴随着西式快餐连锁店的出现，我国净菜加工配送企业应运而生。预制菜，即以农、畜、禽、水产品为原料，配以各种辅料，经预加工而成的成品或半成品。顾名思义，预制菜即经提前预制而成的菜品，其中根据加工程度又可进一步分类，具体分类如图2-1所示。

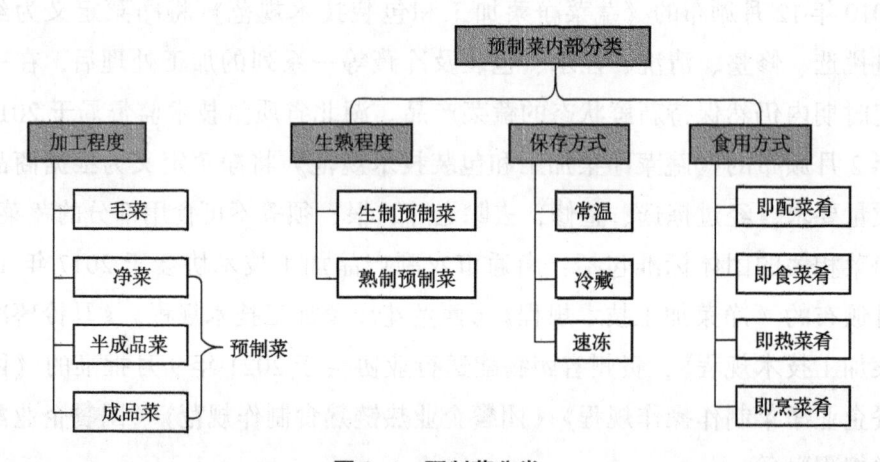

图2-1 预制菜分类

自2014年起，随着外卖爆发式增长，预制菜的B端客户（即企业级客户）增加较快，预制菜行业有了明显的发展。到2020年，因新冠疫情发生，餐厅主动将菜品以半成品形式售卖，居家消费的流行，进一步加大

了居民对预制菜的需求①。目前，预制菜通过营养化、多样化、功能化的供应品类与数字化、智能化、智慧化的供应方式，极大地促进了餐饮市场需求升级。截至2021年4月，我国预制菜相关企业共有7.19万家，同比增长9%，山东以9 246家企业位居第一。

结合颁布的标准和期刊文献，同时根据实地调研情况，本研究将净菜定义为新采摘的蔬菜经过处理，去掉不可食用部分和烂坏部分，并进行洗涤、切割、消毒等加工操作后，可直接用于烹饪或食用的初加工蔬菜。目前市场上流通的净菜产品又可以分为即用净菜和即食净菜。即用净菜，指的是购买后可直接下锅进行烹饪或稍微清洗后再进行烹饪的净菜产品。即食净菜，指的是购买后无需进行烹饪就可以直接食用的净菜产品，市场上比较常见的即食净菜有蔬菜沙拉、鲜食玉米等。

2.2 相关理论

2.2.1 计划行为理论

计划行为理论（theory of planned behavior，TPB）可追溯至菲什贝因（Martin Fishbein）于1963年提出的多属性态度理论（theory of multiattribute attitude），它是用来预测消费者态度的理论模型，认为消费者对消费品的态度主要由两方面构成，一是消费者对购买该商品的态度，二是消费者认为购买该商品能否得到朋友或家人的认可。1975年，菲什贝因和艾奇森（Icek Ajzen）在该理论基础上，提出了理性行为理论。该理论指出："消费者的行为是由消费者的行为意向决定的，而消费者的行为意向又受其行为态度的影响。"为了扩大理论的适用范围，在理性行为理论基础上，艾奇森增加了知觉行为控制，提出了计划行为理论，如图2-2所示。

---

① 资料来源：华创证券《预制菜行业深度研究报告》。

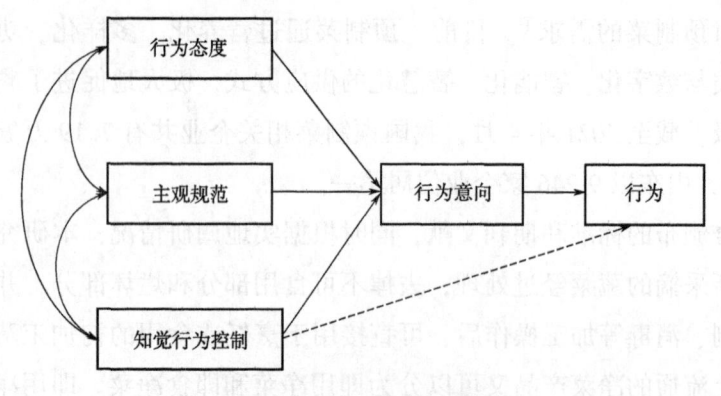

图 2-2　计划行为理论模型

资料来源：本书作者根据相关理论自行绘制。

在计划行为理论模型中，行为态度主要指的是决策者对执行某个特定行为所持有的喜爱程度的评估，行为态度越积极，行为意向就越大；主观规范主要指决策者在决定是否执行某个特定行为时所感知到的压力，反映的是重要他人或者团体对决策者个人行为决策产生的影响；知觉行为控制主要指的是决策者感知到执行某个特定行为的难易程度；行为意向是由决策者对执行某个行为持有的喜爱程度、感知到的压力以及执行难易程度共同作用产生的结果。计划行为理论认为，"行为不仅受行为意向的影响，还受感知行为控制的制约，在实际控制条件充分的情况下，行为意向直接决定行为"。此外，行为态度、主观规范以及知觉行为控制之间也存在相互影响的关系。

近几年计划行为理论的应用主要体现在以下几个方面：

一是行为意愿与实际行为差异研究。张砚、李小勇（2017）运用计划行为理论和态度-行为-情景理论，探究在绿色购买行为上消费者意愿和最终行为产生差异的原因；陈振、郭杰、欧名豪（2018）在计划行为理论基础上，分析了在农地流转过程中，农户农地转出意愿与转出行为的差异及其原因。

二是个体参与某项行为的作用路径研究。肖开红、王小魁（2017）以计划行为理论为基础，构建了追溯行为模型，结合调查数据，运用结构方

程分析农户参与农产品质量追溯行为的影响因素及其作用路径；汪文雄、杨海霞（2017）以计划行为理论为框架，运用结构方程模型来探究农地整治权属调整中农户参与行为的影响因素以及内在机理；有学者（Gregorio-Pascual and Mahler, 2019）对430名实验参与者给予不同的信息干预措施，表明不同干预信息通过TPB结构对参与者行为产生影响。

三是消费者消费行为影响因素研究。张铮、邓妍方（2018）结合计划行为理论模型及新增感知成本的技术接受模型，建立了知识付费行为支付意愿的影响因素模型；郭英之、李小民（2018）基于技术接受模型与计划行为理论，探究分析消费者使用移动支付购买旅游产品意愿的影响因素；有学者（Soorani and Ahmadvand, 2019）基于计划行为理论态度，结合405份调查数据，认为知觉行为控制、愧疚感、主观规范以及不浪费食物的意图是避免食物浪费的主要影响因素。

计划行为理论是用来预测消费者态度的理论模型，本书第6章即以该理论为基础，分析两种类型消费者（B端和C端）对净菜需求的影响因素。由计划行为理论模型可知，消费者最终的行为受到行为态度、主观规范、知觉行为控制和行为意向的影响，本研究据此设计消费者净菜消费的行为决策模型，并开展后续分析。

2.2.2 外部性理论

外部性（externality）指一个经济主体的活动对外部经济主体的福利产生了一种有利影响或不利影响。有利影响带来的利益不需要受影响者进行支付，或不利影响带来的损失不需要生产者承担成本而应由被影响者承担。外部性理论由英国福利经济学家庇古（Pigou, 1920）首先提出，庇古指出，"如果边际个人收益不等于边际社会收益，就产生了外部性问题"。随后美国新制度经济学家科斯（Coase, 1987）对该理论加以丰富和完善，"提出的产权理论也被视为解决外部性问题的经济基础理论；他指出，在产权界定明确且可以自由交易的前提下如果交易成本为零，那么无论初始权利分配是否合理都不会影响资源配置效率"。

根据经济主体之活动对他人或社会的影响有好有坏、有利有弊,外部性可以分为正外部性(positive externality,或称正外部经济、正外部经济效应)和负外部性(negative externality,或称外部不经济、负外部经济效应),对应的公共品则被分别称为公益物品(public goods)和公害物品(public bads),其典型的表现是"搭便车"和"公地悲剧"。

学者们普遍认为,正外部性会导致资源配置不当。因为在正外部性的条件下,"某个人(生产者或消费者)的一项经济活动会给社会上其他成员带来好处,但他自己却不能由此得到补偿。此时,这个人从其活动得到的利益就小于该活动带来的社会利益"。也就是说,经济主体的私人收益小于社会收益,但社会从私人经济活动中所得到的额外利益并未通过一定的手段或途径转移到该经济主体手中。这使该经济主体不会增加生产或消费,会导致具有正外部性的产品供应量不足。

针对这一问题,以庇古为代表的福利经济学认为,应采取措施对经济主体进行调节,以便实现资源的最佳配置。具体措施是由政府对微观经济部门进行调控,以达到资源的最佳配置,从而实现帕累托最优,鲍莫尔(W. J. Baumol)等经济学家继承了庇古的观点,并加以丰富和完善。此后大量理论和实证文献强调了地方政府在解决此类问题上的作用。正外部性需要通过政府的补贴、购买才能达到供求均衡点,政府部门在其中扮演着至关重要的角色,地方政府的激励措施能够带来地方公共品改善与经济增长。刘明广(2022)则认为,政府资助可以在一定程度上缓解由于正外部性和风险性而导致的企业投入不足问题,从而放大正外部性。

净菜的发展能够助力城市垃圾减量、降低餐饮企业用工成本、满足都市居民消费需求升级等,这增加了社会收益。本书首次提出净菜加工是有别于其他蔬菜加工业的正外部性产业,净菜是具有正外部性的蔬菜加工产品,其不仅能产生经济效益,更具有良好的社会效益与环境效益,需要政府予以支持。

2.2.3 供应链管理理论

供应链的概念最早提出于1982年,源于对物流管理的研究。1982年,

奥立夫（Keith R. Oliver）和韦伯（Michael D. Webber）在《观察》杂志上发表《供应链管理：物流的更新战略》一文，首次提出"供应链管理"。在1990年左右，供应链管理与传统物流管理的概念逐渐被区分开来。自1990年以来，随着外界环境的飞速变化，企业面临新的经营环境，学界对供应链的相关研究不断加深。学者们普遍认为，产品所处的供应链才是竞争力的根本决定因素，应该把供应链当作一个系统，企业在其中进行供应链管理活动，并与供应链伙伴进行合作，以求共同降低物流成本、改善物流服务。

目前关于供应链管理还没有统一的定义，学者们从不同角度对该理论进行研究，形成了不同的理解。有的将供应链定义为执行采购原材料，将它们转换为中间产品和成品，并且将成品销售到用户的功能网链。有的认为，供应链是"通过增值过程和分销渠道控制从供应商的供应商到用户的流程"，"它开始于供应的源点，结束于消费的终点"（Stevens，1990）。有的总结了供应链相关的概念和研究焦点：供应链管理的理念已经从传统的合作关系扩展成为管理从供应商到最终用户的全面物流的多企业的共同努力关系（Gentry，1996）。还有的认为，供应链管理是指对商品从最初的原材料采购到最终消费的整个过程中的物流和相关信息流进行管理，为顾客创造和提供附加价值（LaLonde，1997）。李季芳等将供应链概括为"围绕核心企业，对生产和流通中各个环节所涉及的物流、资金流、信息流进行整合，将原材料供应商、生产商、批发商、零售商以及最终消费者连接成一个具有整体功能的供需网络的结构"（见图2-3）。

从图2-3可知，供应链由所有节点企业组成，其中一般有一个核心企业，节点企业在需求信息的驱动下通过供应链的职能分工与合作（生产、分销、零售等），以资金流、物流或服务流为媒介实现整个供应链的不断增值。

尽管以上学者对供应链管理概念的说法各异，但其中的共同点有：①供应链流程贯穿最初的原材料供应商到产品最终用户；②供应链管理是以顾客为导向的，通过为顾客创造和提供价值，从而创造整个供应链的竞

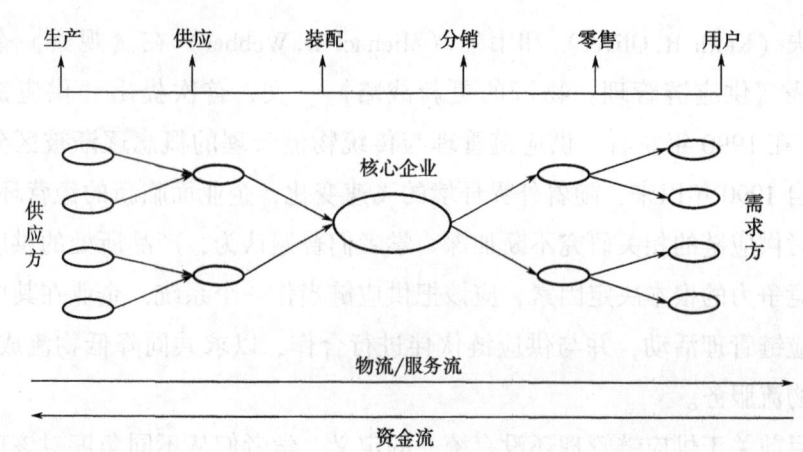

图 2-3 供应链示意图

争优势；③供应链中包含许多独立的经济主体，各主体需要相互合作紧密配合，来实现供应链收益的最大化与成本的最小化；④供应链管理包括产品实体和信息的双向流动。

本书基于供应链理论，以北京为切入点，对都市净菜供应链体系建设进行研究；围绕北京净菜供应链现状、净菜供应链运营模式、净菜供应链需求影响因素、净菜供应链发展瓶颈等方面对净菜供应链发展进行全方位的分析。

2.3 国内外相关文献综述

国内外学者对净菜的研究主要集中于净菜加工工艺及品质保存技术等方面，从经济学角度对净菜产业相关研究较为薄弱，而国内有关净菜产业的经济管理类文献更是屈指可数。根据研究需要，本节将从城市垃圾减量与净菜的关系、净菜产业、净菜供应链及供应链体系三个方面进行相关文献梳理。

2.3.1 城市垃圾减量与净菜关系研究

随着我国城市化和经济的高速发展，生产和消费迅速扩大，使得城市

垃圾处理问题日益突出。田华文（2015）分析了近十年城市垃圾领域的相关政策，发现"重视减量化"成为近年来垃圾管理政策的首要目标。而净菜正是推动城市垃圾减量化的有效途径。多数学者认为净菜上市能明显减少城市垃圾的产生，实现垃圾从源头减量。崔铁宁（2017）指出，当前我国面临的城市垃圾减量不能单依靠末端处理，而是要注重源头减量的前端治理，从源头减少垃圾排放量，净菜上市就能够实现厨余垃圾从源头减量，从根本上降低垃圾对环境的影响和破坏，降低垃圾处理成本。目前城市垃圾处理问题形势严峻，朱玫（2016）强调，政府要鼓励净菜入场，公众及企业要共同参与到垃圾的减量中，更多的社会主体需要有使用净菜的意识。

净菜上市主要减少的是餐厨垃圾（也称为厨余垃圾）。餐厨垃圾指居民日常生活及食品加工、饮食服务、单位供餐等活动在加工、消费食物过程中形成的废弃物，包括餐饮垃圾和厨余垃圾，属于城市生活垃圾的一部分。有研究表明，生活垃圾总量的半数左右为厨余垃圾，我国厨余垃圾占据生活垃圾的比重远高于欧美发达国家。厨余垃圾有机质含量高，极易滋生有害生物，造成污染环境，而且填埋处理时要占用大量土地。推动净菜进城是做好城市环境清洁的有效措施。洪岚等（2021）认为，净菜是具有正外部性的蔬菜加工产品，其广泛使用将大幅减轻特大型城市垃圾处理负担，实现资源化处理综合利用。

要想确保进城蔬菜的干净，就要从产地、田间地头做起。果蔬等农产品从原产地装车前便去掉多余部分，让不可食用部分直接还田，这样不仅对餐厨垃圾实现了资源化处理，而且可有效减少进入城市的垃圾总量；应该在蔬菜产地就近建立净菜加工基地，或者在产地集散中心内进行初加工处理，提高产地蔬菜垃圾处理能效，减轻市内垃圾处理负担。田华文（2015）提倡商户推出清洗、切割之后的成品净菜，提供给商超、餐厅、食堂以及市民，最大限度减少厨余垃圾的产生，同时加强净菜宣传，实现大都市垃圾减量，降低环卫成本。

总之，净菜的使用能有效促进城市垃圾减量，大大降低城市垃圾处理成本，提高城市治理水平。

2.3.2 净菜产业研究

目前关于净菜产业的经管类文献主要体现在以下四个方面：

一是净菜配送模式的研究。朱瑛（2013）就净菜社区配送提出了三种模式：网络展示模式、社区展示模式和电话订货模式。

二是关于净菜供应链竞争力。李健、徐艳聪等（2014）根据鲜切果蔬的加工特性，研究了其在生产流程中的潜在危害，并对国内外有关鲜切果蔬质量安全的防控措施进行了综述；郑雪清（2015）在净菜供应链竞争的 SWOT 分析的基础上，对净菜供应链上的原料采购、加工、销售和配送环节提出了相应的发展措施与建议；曹海艳（2017）结合我国净菜供应链发展的特点，建立农户与净菜加工商、净菜加工商与餐饮企业之间的演化博弈模型，探讨了现阶段我国净菜供应链中政府最优补贴额度和补贴方式以及相关主体的决策问题。

三是关于净菜电子商务国际经验的借鉴。张蓓和马如秋（2019）以美国的 Blue Apron 和德国的 Hello Fresh 等国外知名的净菜电商为例，分析国外净菜电商食品安全的实践经验，为促进我国净菜电商发展提供可借鉴经验。

四是消费者的净菜需求分析。有学者（Antonio，Francesca，and Lass，2014）在分析意大利人的净菜消费时，把消费者分为两类：第一类消费者对净菜持有较为消极的态度，不重视净菜带来的便利性，而更看中蔬菜的保质期；第二类消费者则看中净菜带来的便利性。该论文的研究结论是，低收入家庭通常更偏爱新鲜蔬菜而不是净菜，年长者往往也是第一类消费者，而且家庭规模和小孩数量是影响他们选择净菜的主要因素。另有学者（Sillani and Nassivera，2015）研究发现，对于低度加工蔬菜而言，工业技术使得净菜在健康和环境方面有了很大的改善，因此企业可以利用生态标签这一潜在优势，使消费者充分了解、认知净菜，以赢得消费者的偏好。

2.3.3 净菜供应链及供应链体系研究

净菜上市的流程包括田间地头、生产加工、流通配送、消费多个关键环节，学者们从供应链视角展开了净菜的相关研究。

在供应链生产环节，推行蔬菜规模化、标准化生产，能够保障净菜原料的质量和数量；产品从选种、采收到分级包装上市都有相关的生产规范，这样更容易促进生产基地和净菜加工企业的合作。高博等（2021）认为，净菜加工企业要严把农产品质量信息的源头，在种植端就要确保产品信息的准确性和完整性，加强产品溯源监管，争取从链条前端提升品质。

在供应链产地处理环节，应提高蔬菜产地净菜处理能力，培育果蔬农产品产地初加工工坊、净菜工坊，从而带来新的就业岗位，给农产品种植周边地区提供就业机会。

在供应链加工环节，支持在果蔬种植地附近建立进行蔬菜初加工和深加工的大型处理场所，就近建立净菜加工基地，提高蔬菜垃圾处理效能，将产地初加工与净菜进城相结合。韩薇薇（2022）认为，通过调整净菜加工企业的结构布局，采取加工企业与所在地大型农业生产基地合作的手段，将为蔬菜产业链价值增值，保证净菜原材料的数量和质量。

在供应链流通环节，Opara 认为，可追溯体系的建设会有效提升农产品质量信息安全水平。朱传言等（2015）认为，京津冀农产品供应链要短链化发展，构建新型流通业态。

在供应链推广环节，韩薇薇（2022）围绕净菜产业链的生产配送、商品化处理流程，探讨净菜推广中存在的困境，通过多元回归得出净菜安全状况与净菜本身价格是影响净菜消费的重要因素等结论。在推广中，政府部门可以通过宣传的方式，引导餐饮企业使用净菜，同时重点宣传净菜的性价比优势，逐步改变消费者对净菜的认知。祝华军等（2011）研究发现，改进产品供应销售方式能够有效促进净菜的推广作用。例如：在超市和网络销售的农产品，要按照不同数量规格进行包装；推进试点菜市场逐步实现全面净菜化，减少乃至杜绝毛菜销售，将净菜逐渐推广进入社区，

建立快速净菜配送系统。

从供应链消费环节来看，洪岚等（2020）基于北京531位消费者净菜行为的调查问卷，发现多数消费者对净菜不了解，对净菜的食品安全和行业规范有很大疑虑。陈鑫等（2019）通过研究上海市民消费绿色农产品的行为发现，市民对质量和价格格外敏感，消费者对农产品的消费行为也受到认知能力、意愿溢价、信任程度等因素的影响。

净菜的顺利上市，不仅要做好各环节的工作，还要形成上下游相衔接的完整链条。在净菜上市模式上，现已形成了生产配送型、专业配送型、全程型等销售服务模式。裴长洪（2020）认为，生产、加工、仓储、运输、销售等各个环节都要按照标准化、绿色化、智能化进行提升，要考虑供应链的绿色健康，建立从基地到餐桌的净菜产业链，实现资源化处理综合利用。

净菜的发展既要依靠外部环境即供应链环境的助力，也要发挥供应链成员的主导作用。政府、市场和第三方部门等相关主体应通过法律法规、标准等建设从供应链外部发挥作用。在供应链标准体系方面，由于鲜切果蔬比完整果蔬对保质要求高，农产品保鲜冷链物流要求高，一直以来，国内并没有专门为净菜上市各环节制定有针对性的标准，市场上各种所谓的净菜质量差别很大。

综上可见，净菜供应链涵盖农产品供应链源头环节、流通环节和消费环节，需要企业、政府和消费者多方参与。然而，以往的多数研究针对性不强，以专门都市净菜供应链为案例分析的成果较为缺乏，从供应链视角研究净菜供应链体系构建的成果更是少见。

2.3.4 文献总结

关于净菜方面的文献，国外学者更多是针对净菜消费者的影响因素研究。国内关于净菜产业的研究起步较晚，但发展速度快，主要集中于净菜与城市垃圾减量、净菜产业和供应链体系研究这三个方面，以定性研究为主。通过文献梳理可知，第一，关于净菜与城市垃圾减量这类文献的数量

呈现增长趋势，说明学界对这一问题的关注度逐渐提升，多数学者肯定了净菜上市在城市垃圾减量和降低垃圾处理成本上的贡献，并进行了积极呼吁。第二，净菜在发达国家已经得到普遍使用，而我国的净菜产业尚处于发展初期。第三，净菜供应链体系的研究应围绕净菜上市全流程，聚焦生产、加工、销售、推广等环节，实施净菜进城和净菜上市，这需要多方共同参与，各环节主体紧密配合。

但目前文献对净菜大多没有进行深入的研究探索，缺乏实地的调查分析。为有针对性地了解净菜产业，本研究以北京为例，通过实地访谈与问卷调查所收集到的客观资料和数据，运用扎根理论、层次分析法、案例分析、Logit 模型等进行归纳和分析，实证探究净菜产业发展中的主要问题与影响因素，以期为大城市净菜供应链体系建设提供相应的参考。

2.4 本章小结

本章是理论基础和文献综述部分，主要内容包括净菜概念界定、相关理论和文献综述。本章首先根据相关标准和文献，界定净菜的定义，并将净菜进一步细分为即用净菜和即食净菜；其次阐述了本书的理论基础，分别是计划行为理论、外部性理论和供应链管理理论；最后进行文献综述，梳理了净菜相关领域的研究成果，并指出现阶段研究存在的空白。

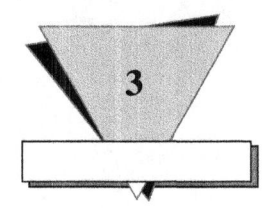

ant
净菜产业社会综合效益评价

3 净菜产业社会综合效益评价

本章运用扎根理论建构产业发展社会综合效益评价体系，并对净菜产业的社会综合效益进行评价。首先，通过业内专家综合评判，基于层次分析法得出净菜发展效益排名前三位的分别为绿色发展效益、民生福祉效益和经济发展效益。其次，以北京为例，采用灰色系统预测模型和多元线性回归模型详细分析净菜产业的绿色发展效益对社会效益的贡献。最后，分析净菜产业的民生福祉效益及经济发展效益的具体表现形式。

3.1 产业发展社会综合效益评价体系构建

当前，我国净菜产业仍处于起步阶段，学术界对该产业的社会综合效益评价体系尚未建立。对此，本节选用扎根理论对社会各产业综合效益评价的相关文献进行分析，遵循质性研究方法从资料中产生理论的研究思路，通过开放式编码、主轴编码、选择性编码依次对资料集进行归纳分析、整合精炼，得到主轴编码，从而构建产业社会综合效益评价体系。

选用扎根理论构建评价体系理论的优势在于：一是扎根理论可以用来执行新生社会事实的质性分析；二是扎根理论以"建构理论"为其第一要义，且要求建构能解决某一领域问题的实质理论，也适用于构建普适性的形式理论。本章利用此方法初步构建起产业社会综合效益评价体系，可为后文评价净菜产业社会综合效益奠定理论基础。

3.1.1 资料的选取

扎根理论强调从过往的经验数据中建构理论，研究过程是不断往返、螺旋进展的过程，其资料的选取也是不断比对、逐渐丰富的过程，资料集可包括访谈、反思、文本、文献、观察、问卷、备忘录等原始数据。

本书在历史文献研究方面，主要以社会效益、综合效益、效益评价等为关键词进行检索，通过中国知网（CNKI）学术期刊网络出版总库、万方学术论文与期刊数据库、EBSCO及Elsevier等学术资源平台，共获取相关性文献资料222篇。主要选取CSSCI核心期刊以及国内知名院校的博士

论文作为核心资料，其他资料作为补充，其中将核心期刊资料编号为Wn（n=1，2，3，…，129），学位论文编号为Dn（n=1，2，3，…，51），外文文献资料编号为En（n=1，2，3，…，42）。上述资料的收集与分析是交替进行的，每次分析所得概念或范畴都要和已有的概念与范畴进行比对，以确保利用该资料能够真实准确地构建产业发展社会综合效益评价体系。

3.1.2 实质性编码

在资料收集之后需立即对数据进行逐级编码，以便提取概念、展示意义、明确关联，主要通过开放式编码、主轴编码和选择性编码三个步骤完成。

3.1.2.1 开放式编码

在开放式编码过程中，研究者要对资料集中的所有文献资料进行逐句逐段编码，以免遗漏任何重要的信息。同时，为了尽可能贴近原始数据，要从中自然地提炼概念与范畴，不带任何预先形成的概念。对原始资料进行范畴化处理，即概念构建。为确保指标体系设计的可靠性、可操作性，拟将出现3次以上的词频作为初始概念，以便于界定范畴。最后，对已经得出的概念进行进一步提炼和归类，共得到20个副范畴（如表3-1所示）。

表3-1 开放式编码过程

原始资料	编码过程	
	概念化	副范畴
W6："生物燃气从生产到使用是无污染的，是一种对环境十分友好的清洁能源，发展生物燃气产业对生态环境有着不可忽视的影响"	L11 环境保护	L1 环境保护
D3："在城市，轨道交通建设可以有效调节绿地对于城市气候的调节作用，以及提高空气净化能力和水平……"		
D8："由于城市轨道交通项目相比于公共汽车、小汽车等其他公共交通工具具有运量大、能耗低、集约利用土地的优点，使城市环境得以保护与优化"		
D20："京冀合作造林工程的水源涵养效益主要包括蓄水效益和净化水质效益两部分"		
E22："从水产养殖中获取鱼类可以通过减少鱼类登陆和保护海洋栖息地而产生显著的环境效益"		
E34："意大利农业旅游为景观保护和农村发展做出了贡献"		

续表

原始资料	编码过程	
	概念化	副范畴
D22："工业规模快速扩张大幅增加了资源投入量和产污量，加大了资源的约束，对生态环境带来了很大的负面影响" D25："矿产资源采选过程中，产生大量的'三废'对矿山及周边环境造成污染，突出表现为瓦斯抽排形成的大气污染、矿井涌水和选矿废水直排造成的水体污染、土壤重金属污染，尾矿溢水、粉尘污染等" D30："环境治理主要体现了矿业产业的可持续发展能力，对因矿产资源开发利用造成的生态环境破坏进行治理恢复" D31："炭开采过程中的伴生产品——煤矸石的堆放不仅会加剧土地资源的短缺，更为重要的是，其会降低土壤的肥力和透气性，影响土壤在生态系统中功能和作用的发挥" E15："个体从理性人出发，在追逐利益最大化动机下，单个的渔业经营主体必然忽视渔场资源养护，引发过度捕捞、生态破坏等问题" E37："发展乡村旅游如果超出当地的承载能力，可能会造成当地文化环境和生态环境的破坏" E2："全球旅游业可持续发展的主要威胁，一方面来自旅游对资源需求的不断升级所导致的自然资源枯竭，另一方面在于旅游的能源消耗和碳排放对气候变化的负面影响"	L12 环境污染	L1 环境保护
D3："城市轨道交通产业建设能够降低空气污染改善环境，……能源消耗量和噪声产生量都是最低的" W9："战略性新兴产业的生产过程应该具有资源、能源消耗少，资源利用效率高的特点……，选取单位产值能耗和节能率作为战略性新兴产业资源效应的评价指标" W11："海洋风能产业化的过程中，可以减少煤炭、石油等原始能源的使用" E4："伴随电网公司对清洁替代能源发电项目的青睐与大力推进，节能减排、治理大气污染取得了极大进步" D15："风光储联合发电系统作为可再生能源综合利用的新型发电模式，将有效地减少化石能源消耗，提供清洁电力能源，明显降低二氧化碳等温室气体的排放量，实现节能与环保双收益" W124："食品供应短链治理机制可以减少食物里程、减少化石燃料能源的使用、减少污染和温室气体的排放、减少制冷技术的使用、减少过度宣传和浪费的食品包装" D47："旅游业就是一种非常环保的产业。从整体来看，旅游业是消耗能源很少的产业，对环境的恶劣影响也比较小"	L21 能源消耗	L2 资源消耗
W1："对自然资源的节约及综合利用应作为可行性评估因素" W67："绿洲现代农业节水技术体系的技术效益就是直接节水，即减少资源损耗" W96："秸秆代替燃煤发电，能有效减少煤炭的消耗"	L22 自然资源消耗	

续表

原始资料	编码过程	
	概念化	副范畴
D2:"装备制造业与生产性服务业融合的生态环境效应,减少了装备制造业生产制造等价值环节的有害物质排放,降低了其对环境的污染,实现了装备制造业的绿色化制造" W11:"海洋风能产业化的过程中,负环境外部效应主要表现在:风电场的施工期和维修期也会产生固体废弃物、辐射、噪声污染等……" W18:"观光农业虽然带来了大量的游客,但因此产生的垃圾、污水、废气等,给农村环境保护造成巨大的压力" E6:"共享单车系统效益由经济效益、社会效益和环境效益构成,可直接用货币估算,由此可见'提高绿色出行比例,减少碳排放'是共享单车系统的最大效益" D37:"机场建设有助于人们出行、推动城市发展,但不可避免地会对周围环境造成一定程度的污染和破坏,如土地资源消耗、尾气和噪声污染增加等" D49:"大力开发生物质发电具有显著的环境效益,不仅可以有效缓解秸秆焚烧引起的温室气体和烟尘颗粒的排放,同时也节约了大量的煤炭资源" E31:"城市交通基础设施的运营有利于降低城市空气中的污染物含量,改善城市空气质量"	L31 废弃物排放	L3 废弃物排放
W20:"大中型沼气工程建设可促进农业生产系统的物质和能量在其内部实现循环利用,使农业废弃物转化为再生资源,有利于减少农业、农村对不可再生能源的消耗" W93:"在德青源的循环农业模式中,以沼气工程为代表的清洁能源环节是核心。生物质能利用技术的使用可以把农作物秸秆、动物粪便、污水等转化为能源" D10:"有机农产品的生产、加工、储运以及销售过程中,依照循环再利用原则,尽可能降低外部物质投入,同时也尽可能循环利用农业废弃物,降低农业废弃物对外界的排放" E13:"生态工业园区评价指标体系包括资源循环利用程度、园区定位和公众参与程度等" W51:"现阶段江苏省推广实施的秸秆综合利用等生态补偿项目的生态效益初见成效,这一方面提高了农业/农村资源的利用率……" W54:"在物流信息化服务的推动下,逆向物流的实施有利于促进企业合理地利用资源并节约原材料的成本,促进企业经济效益水平的提高" W67:"大力推广高新节水技术,提高了水资源的利用效率和水资源产出效益" W74:"立体农业能有效地提高太阳能利用率、生态资源利用率、物质能量转化率……" W92:"通过林权制度创新,化解林业资源配置失调、林业资源利用低效问题" D27:"智能电网是高效环保的能源运输体系的主要组成部分之一,将显著提升能源生产、转换、输送和使用效率"	L41 资源循环利用	L4 资源循环利用

续表

原始资料	编码过程	
	概念化	副范畴
W111:"与俄罗斯的双边能源合作,是用从俄罗斯进口的石油、天然气等高热值能源,替代现有的低热值能源,以便大幅提高我国的能源使用效率"	L41 资源循环利用	L4 资源循环利用
W63:"实施京津风沙源治理工程,可提高当地群众的生活水平,改善他们的生活质量,推动脱贫致富工作" W69:"激励用户节电效益是指智能电网通过激励用户优化管理电器、用电方式与时间产生的效益" W89:"社会转型带来的生活压力释放所引发的森林休憩需求,让人们回归自然、亲近自然、探索自然的热情越来越高涨,越来越强烈,森林旅游的人次也逐年递增……" W92:"林权改革的生态环境理念引导林权相关主体,特别是林农的日常生活和生产消费习惯有所改变" E18:"信息通信业为服务和产品供给提供了新的平台、载体与商业模式,从而在有效减少能源使用的同时改变了大众的生活方式" E26:"而国家的强大体现在其消费理念、价值观以及生活方式对其他国家产生深刻的影响"	M11 生活水平	M1 生活品质
W32:"城市水环境治理使得广大的城市居民直接受益。他们作为优质环境的消费者,可以得到更好的健康保证和精神享受。这种福利水平提升,将提高民众幸福指数,促进社会和谐" W37:"公共体育供给的服务对象是居民,公共体育供给的目标需要尽量满足社区居民多样化的体育需求从而促使居民最大限度地获得健康效益" W93:"德青源鸡蛋满足了消费者对安全、高质、绿色鸡蛋的需求" W103:"道路运输安全运营是国民经济健康发展的基础保障,也关系到社会和谐与稳定" W105:"林业社会效益指森林提高人们健康水平、满足其精神需求、陶冶情操所带来的经济福利" D28:"由于轨道交通分流了地面公交客运量,缓解了地面道路交通拥堵,因而间接降低了地面机动车交通事故率" D37:"机场作为社会公共服务体系和应急救援的重要组成部分,每当重大灾害或疫情突发时,机场为相应的应急救援提供必要的服务平台" D12:"京沪高速铁路的修建每年可以节省旅客时间价值近亿元,且客运量越大、运行速度越高,其溢出效益越明显" D28:"乘客旅行时选乘轨道交通而不乘坐地面公交车辆所节省的时间效益,就是轨道交通为社会创造价值而产生的效益" D29:"电信通信在相当大的程度上可以替代交通"	M12 生活质量	

续表

原始资料	编码过程	
	概念化	副范畴
D34:"高速铁路正点率较普通铁路运输有了大幅提升,运输效率高,为限时运达服务提供了可能" D37:"机场兴建将为区域居民提供更为快速、高效、舒适的出行服务,提高了人们的生活便利性,快速提升了居民出行和货物运输能力"		M1 生活品质
E3:"对于医疗旅游的客源国来说,病人外流将导致医疗产品供应商的损失,引发本国医疗从业人员面临失业风险" W43:"我国房地产及相关行业具有资金密集的特性,不但有可能增加资金的稀缺性和重要性,而且对社会就业增长产生抑制作用" W81:"对于化石能源相关产业,加速能源转型情景下,去煤化进程将加速,化石能源行业 2035 年将减少约 71 万个岗位" W98:"尤其要关注那些受到项目负面影响的利益群体,特别是那些因为技能不高而在工业化过程中被淘汰的大量的农民工" D32:"随着劳动生产率的提高、机械化生产的普及、去产能的层层推进、环境规制压力的逐渐增强,煤炭部门及整个山西都将面临巨大的就业安置压力" W117:"江苏石油炼制业,主要以大型炼化一体化企业为主,技术装备水平较高、劳动生产率高,相应地,其单位产值劳动力需求量就不断下降"		M21 失业风险
E1:"房地产业的发展,促进社会解决就业问题,降低失业率,引导经济社会健康发展" D4:"旅游产业是为游客提供直接劳动服务的劳动密集型行业。旅游产业的从业门槛相对较低,这就为各层次的人才提供了广阔的就业空间" W10:"由于电力行业是一个资本密集、技术密集的行业,其对于劳动就业拉动较小" W24:"战略性新兴产业满足经济社会的就业、人口等硬性约束,就可在未来经济形势中保持就业稳定的发展态势" W25:"国民就业贡献率指标反映了文化创意产业在就业方面对国民经济的贡献,用一定时期内创意产业工业人员增量与该地区从业人员增长量的比率来表示" D7:"高新技术型主导产业的发展是否具有缓解就业压力、有效地利用劳动力就业这一比较优势,可用就业吸纳率这一指标衡量,具体为某产业年就业人数除以该产业增加值" W85:"旅游就业效益体现在两个方面,一是直接就业效益(DEB),即直接从事旅游业服务的各类人员所产生的效益,直接就业效益=就业总人数×年平均工资……" E11:"公共交通基础设施还可以提高就业水平……"		M2 改善就业 M22 直接就业机会

3 净菜产业社会综合效益评价

续表

原始资料	编码过程	
	概念化	副范畴
D15："风光储联合发电需要大量运行检修等人员，可有效解决周边技术人员的就业问题" D18："依据西北资源特点发展具有相对优势资源的加工业，才能很好地解决就业问题" D31："中国煤炭产业机械化程度偏低，这也就意味着行业需要大量的劳动力" W113："推进农业产业化发展，最直接的经济效益就是为农民提供大量就业机会，即围绕产业链上下游所形成的专业分工，将使得不同年龄段的人都能在产业化进程中寻找到合适的岗位" W116："美国制造业回归对美国的就业产生了较大的拉动效应" W119："就业效应是休闲体育产业创造了大量就业机会所产生的经济效益和社会价值，休闲体育产业创造了大量的工作岗位，对社会就业做出了巨大贡献" W121："我国房地产业从业人数稳步增长，……可见房地产业具有稳定增长的直接吸纳就业的能力" D19："促进社会就业功能。这种功能主要体现在就业率的增长上，通过公司员工人数增长量、公司员工年均离职率、员工在公司里的工作满意度、员工的收入满意度、员工学历结构等指标来进行评价" D44："奥运会建设工程在奥运会结束后的永久使用，是需要专人管理、运行的，将带来不少的就业岗位" D49："大部分生物质发电项目能够为当地及周边县市的农村劳动力提供约1 000个就业岗位，可以提高居民生活质量、增加就业机会" E22："石斑鱼水产养殖可以产生直接的社会效益。由于对持续养殖鱼类的需求增加而扩大水产养殖部门，也可以为从事相关活动的渔民创造就业机会" E29："交通基础设施建设能够创造出众多就业岗位，提高就业水平" E35："因为规模性因素和季节性因素的影响，以色列农业对经济效益提升效果不显著，但却因其提供的就业岗位使很多低收入女性得到工作"	M22 直接就业机会	M2 改善就业
W85："旅游就业的间接就业效益，是指旅游业发展的社会影响，其计算公式为：间接就业效益=地区年平均工资×（直接就业人数×带动系数）" W8："房地产业的发展有助于促进其他产业增加就业" W79："通过智能电网建设，推动能源开发、配置和消费三环节联动，实现上下游产业协调发展，将明显拉动社会就业" W81："风电和光伏产业规模的扩大将带动相关行业就业岗位增加" D23："投资城际高速铁路，将通过产业链和价值链传导，促进其他产业的间接投资作用，形成对其他产业新的就业机会，从而整体拉升城市经济发展"	M23 间接就业机会	

续表

原始资料	编码过程	
	概念化	副范畴
W117："推动石油化工业特别是其中下游延伸产品部门的投资建设，将进一步提高石油化工业的就业吸纳能力，提升石化产业部门对江苏就业增长的贡献率" W121："房地产业通过带动关联产业发展，间接拉动就业增长" D42："旅游业是一项综合性的产业，其发展必然会不同程度地带动相关行业的发展，也扩大了就业规模，但这种不是由于旅游直接消费产生的就业，称为旅游间接就业" D44："奥运会举办将极大地改善举办城市的基础设施和环境水平，为城市吸引更多的投资，而这些投资也将创造更多的就业机会"	M23 间接就业机会	
W31："退耕还林工程直接有效地改善了生态环境，促进农户增收，间接释放了多余劳动力，促进农村劳动力转移，调整就业结构……" W52："京冀水源涵养林建设过程中，在很大程度上改善了农村劳动力配置，让农户可以选择从事造林工作或成为苗木培育的种植专业户，从而降低了传统的农村家庭务农比重" W98："对就业的影响主要表现在建筑业从业人员数量、就业效益、就业结构的优化程度" W104："生态畜牧业合作社给所在村的产业发展、劳动力转移、吸纳富余劳动力等所带来的影响" D20："因京冀合作造林工程而使一部分劳动力从耕地中转移出来，参与到森林保护养护的工作中去" D36："退田还湖政策促使湖区农民职业结构发生了根本性变迁，但多以非正规、不稳定且工资低廉的职业为主"	M24 就业结构	M2 改善就业
W12："社会公平方面，主要考察粮食主产区利益补偿能否有效缩小区域之间和产业之间的收入差距" W14："乡村旅游业发展的起步阶段，旅游收入增长较快，旅游扶贫对当地经济和贫困人口收入的拉动效果明显" W78："工业生产的社会效益也表现在生产资源的分配与工业产品、收入再分配方面" W85："文化旅游资源开发能推动地方经济社会发展，也是民族地区脱贫致富的重要抓手之一" W98："住宅工业化提高了建筑业劳动生产率，改善了农民工生存状况，同时促进城乡差距的缩小" D13："基础设施的建设运营改善了城市和农村低收入群体的收入状况，使整个社会的贫困状况得到缓解" D46："特大型公共项目有利于改变地区间的发展不平衡，有利于促进地区间产业合理布局协调发展，有利于改善国民收入分配格局，帮助贫困落后地区交通基础设施的建成，助力脱贫致富，让就业人员通过便利交通更容易到达工作场所，从而吸引更多人就业，提高收入水平"	M31 收入分配公平	M3 收入分配

续表

原始资料	编码过程	
	概念化	副范畴
W12:"经济效益方面,主要考察粮食主产区利益补偿能否有效促进农民增收" W18:"观光农业的发展,确实在一定程度上发展了农业、农村,促进了农民增收" W31:"退耕还林工程在提高农户生计综合能力、减缓贫困、提高农户福利水平以及降低恩格尔系数方面有一定的作用" W44:"林业的发展提高了林农的收入水平,是社会效益子系统的评价因素之一……" E7:"基础设施有助于贫困地农民的收入增长,道路条件好的村庄,其经济状况明显较好" D17:"合理的种植业结构是提高农业效益、增加农民收入的有力保障,同时应保证作物间具有合理的比较收益" D20:"水源涵养林项目不仅转移了农村劳动力,促进了地区林农就业,而且增加了林农收入,改善了林农生活" W113:"参与药材产业的农户,相较于纯农业收入的农民家庭,能从药材市场及其产业链中获得较高的非农收入" E16:"食品供应短链有利于农民增收,这是由于中间商消除,其增加价值的很大一部分,来自食品链中中间商拿走的那部分利润" E30:"交通基础设施的建成,能够让就业人员更容易到达工作地点,从而有助于吸引更多人就业,提高收入水平" E42:"生态旅游在保护区的开展能够增加周边社区居民生计活动的多样性,但是生态旅游却不能替代种植和捕鱼等传统的家庭经济活动,因此对社区居民的经济贡献较小"	M32 收入增加	M3 收入分配
W39:"种养一体化农业系统能够拓宽农民收入渠道,增加农民的经济收益,有助于社会稳定发展,带动就业人数和雇工人均收入增加,能够较好地反映生猪养殖场的社会效益" W127:"沙棘产业拓宽了农牧民的增收渠道,增加了农牧民收入,提高了其消费水平" E32:"农业与旅游业融合能够为农民尤其是妇女创造就地替代农业的就业机会,拓宽收入来源" D48:"休闲农业对当地经济的发展起到了一定的助推作用,为当地农民的增收开辟了新的途径"	M33 收入渠道	

续表

原始资料	编码过程	
	概念化	副范畴
W64:"仰赖土地的保障功能,土地整理能为当地农民带来失业保险、养老保障等社会保障增量效益" D22:"从企业的角度,工业企业不能仅仅将劳动力简单地作为资源工具,应该保障企业职工的合法权益,保障职工的生命安全,综合考虑保险和福利的给予,最大限度地避免职业病伤害,依照国家有关规定充分保障劳动者合法权益" D45:"农业发展是从根本上消除农村贫困的重要乃至唯一可行的途径,而拥有农业资源可以在一定程度上替代社会保险"	M41 社会保障	M4 社会保障
W90:"武家嘴乡村振兴产业共同体模式的另一个方面是可更好地履行社会责任,通过创办实验学校和养老公寓,有效地解决村内及周边村民的优质入学和养老服务问题" E23:"加纳渔业的渔船船员和渔民可以在国内获得高质量和负担得起的医疗保健服务"	M42 社会服务	
W32:"退耕还林后,种植农户教育支出和医疗支出占总支出的比例在上升。这说明农户生活方式由注重吃、住向注重文化素质和身体健康方向转变" W94:"广告在社会环境等方面的宣传,如提倡消费环保节能产品,已影响了消费者的消费理念,对社会生活也产生了积极向上的影响" D33:"发展老龄事业可以在很多个方面影响居民消费。一是提高城镇居民的消费能力,改变城镇居民的可支配收入结构,同时改变城镇居民的消费结构和消费习惯" W124:"食品供应短链有可能增加社区健康食品的选择范围,同时鼓励消费者更加倾向选择健康食品"	J11 消费理念	J1 促进消费
W87:"北京国际马拉松赛对消费需求具有短期的刺激作用,对体育产业及其他相关产业的发展具有一定的拉动作用" D23:"京津城际高铁还实现了运营后的产出效益,其建成通车后,客观上增加了居民出行次数和使用城际间铁路的频率" W114:"人寿保险之所以能促进消费,主要是因其具有保障居民风险、降低预期不确定性的重要作用" W115:"通过发展具有地域特色的文化、旅游等产业,并吸引外地顾客来小镇当地进行消费" W123:"实施新疆农村文化惠民工程,拉动了本区域居民对文化产品的消费,尤其是农村居民对文化产品的消费" W125:"发展博彩业与会展业,将刺激人们的购买欲望,改变人们的预期支出,激发一些潜在的投资和消费需求,让人们把潜在的消费与投资转化为现实需求"	J12 拉动消费	

续表

原始资料	编码过程	
	概念化	副范畴
E26:"城市通过文化产业提升自身的形象,吸引游人,从而刺激城市的文化消费,促进城市经济水平得以发展" W8:"房地产财富的增加对居民消费存在显著的带动效应……" W26:"文化创新产业的市场化水平,可以用城镇居民文化消费在总支出中的比重来衡量。它也是文化产业能否长期健康、稳定发展的关键" W27:"流通产业和消费水平是互相影响的关系,消费水平的改善带动了流通产业的发展,流通产业发展又促进了消费水平的提升" W73:"供电作为国民经济基础产业,它的发展必然会带动国民经济的发展,进而带动消费的增长和就业规模的增加" W80:"体育产业高质量发展能提升品牌形象,满足大众多元化体育需求,成为消费增长的强力引擎" W100:"旅游产业与文化产业、体育产业、养老产业、健康产业共同构成了新时代'五大幸福产业',其快速发展拉动了消费增长,促进了消费升级" D10:"国内外消费者出于对身体健康和生态环境的考虑,对有机食品的消费越来越多,有机食品的市场不断扩大" W120:"网络零售业态发展能拉动消费增长,主要表现在,首先降低产品价格……"	J12 拉动消费	J1 促进消费
D2:"装备制造业与生产性服务业的融合发展,催生了许多改良或全新的产品及服务,满足了市场上日趋多元化和高层次的消费需求" W22:"随着生产的发展和生活水平的提高,社会的电力消费量急剧增加。'西电东送'的直接效应之一是满足输入地的电力消费" W24:"社会需求是推动产业发展的原动力,战略性新兴产业应该是社会需求较大、市场扩张能力较强的产业" W26:"蔬菜生产作为农业生产的重要内容,其社会效益也不能小觑。提供蔬菜产品保障食品供应、吸纳农村劳动力保障社会稳定、调节农业生产结构等都是蔬菜生产对国民经济的效用" W30:"从供给层面看,产业的产品或服务要能为市场和社会所接受……" W35:"社区教育社会效益评价应有两个衡量标准,一是要完成教育需求,即社区教育的任务需求和居民的教育需求" W109:"旅游产业和文化产业融合的经济效应也体现在,旅游产业与文化产业融合后满足客户的多元化需求,不断为客户提供更优质的服务" W110:"数字贸易使消费者更便捷地了解更多产品和服务信息,直接增加了可贸易品的种类和数量,从而提高了消费者福利" W118:"随着中国产业转型升级,对研发业的需求会逐步增强,其产品作为中间产品的比例会逐步上升"	J13 消费需求	

续表

原始资料	编码过程	
	概念化	副范畴
W120:"在网络零售业发展时期,消费者与生产商的距离大大缩短,通过预先需求引导、大数据分析,生产商基本可实现个性化、定制化的订单生产模式"	J13 消费需求	J1 促进消费
D3:"城市轨道产业的发展可以大大缩短沿线居民的出行时间,提高城市居民工作效率和出行效率,提高城市居民出行的准时性和舒适度" W20:"发展大中型沼气工程优化农村能源消费,有利于促进农民生活方式的改变,改善农村的卫生和生活环境" W43:"秸秆打捆直燃供暖采暖费相比燃煤供暖和天然气取暖费用更低。多数用户反映供暖温度稳定,与燃煤供暖相比,无煤烟味,用户认可度和满意度很高" E5:"共享单车系统的社会效益被夸大,因为该研究运用成本效益分析方法,得出共享单车系统只是时间节省效益十分明显" W61:"用户对图书馆文献资源丰富程度的满意度、用户对图书馆借阅图书和使用网络便捷性满意度归为隐性社会效益" W65:"销售产品的最终目的是满足人民的需求,社会产品也具有一定的社会效益,因此应注意提高顾客对商品的满意度" W72:"电网投资提高了用户和政府的满意度等。社会效益往往是无形的,无法用货币精确计量" D21:"产品生产过程提供的农产品质量、数量、种类对人们生活的影响可以通过农产品质量满意度、农产品供给满意度衡量" D34:"高速铁路由此也会对沿线居民的生产和生活观念产生影响,并且会提升沿线城市居民的优越感和主观幸福感" W129:"城市交通设施的改善,可以缩短乘车时间、提高舒适度" D45:"农产品贸易,扩大了消费的选择范围,这就使一国消费者在同等收入情况下,获得更大的消费满足,相应地提高了消费水平"	J14 消费满意度	
W52:"随着后续工程的不断开展,京冀流域沿岸生态环境将得到明显改善,为当地进一步招商引资提供了良好的环境" W53:"城市主干道改造对城市发展的贡献度可以从是否拉动投资、增加居民消费等方面衡量" W60:"加强城市景观照明建设,可以起到改善投资软环境的作用,吸引大批商家来渝置业和投资办企业是现代城市文明的外在体现" W84:"西藏通过实施国家级农业综合开发项目,明显加快了西藏新农村建设步伐,为西藏农牧区经济发展创造了良好的投资环境,为西藏实现农牧业现代化和新农村建设夯实了基础"	J21 招商引资	J2 扩大投资

3 净菜产业社会综合效益评价

续表

原始资料	编码过程	
	概念化	副范畴
W102:"这些项目的建成极大改善了西藏的交通、通信、能源等基础设施的面貌,对发展优势产业、改善投资环境有积极、重要的作用" D25:"矿产资源的综合利用必然需要进行相关的直接投资,这部分投资又带动区域内相关产业的发展,促进区域经济增长" D33:"发展老龄事业的同时也会转变社会投资方向,因为老龄事业的发展具有产业协同效应,所以发展老龄事业会带来投资扩大效应,特别是第三产业——服务业会扩大投资" W118:"研发业投资吸引力增强,对产业发展有较强的促进作用" W125:"会展业与博彩业的发展需要场地,而会展场馆或赌场的建设,则需要大量的投资" D37:"机场及其相关经济活动为城市创造了良好的交通和其他服务条件,极大促进了机场所在城市的对外交流与合作,进而吸引大量外资流入" D44:"与举办奥运会密切相关的,举办城市投资环境的改善主要包括城市基础设施、环境、治安等方面条件的改善,这为举办城市进一步吸引外资流入并促使其提高效率创造了良好的投资环境"	J21 招商引资	J2 扩大投资
W3:"石油产业社会效应还需要考虑产业与当地环境的相互适应性" W49:"融入度是评价易地移民搬迁精准扶贫的社会效益的重点维度之一" W95:"社会评价主要应该评价项目所设计的服务送达机制的合理性及可行性等,……来发现调整项目、环境和社会的相互适应问题,规避项目可能遭遇的社会风险,并使投资项目真正造福于民" W98:"产业社会效益很重要的一方面就是其与社会环境条件的适应程度,如果适应程度较高,则会减少项目实施过程中遇到的阻力" D46:"社会影响分析是分析拟建项目对当地或波及地区,乃至全社会的影响和社会条件对项目的适应性和可接受程度" D50:"社会接受程度指标,反映文化产业各行业所提供的产品与服务被广大消费者的接受程度,在广大消费者心里留下的整体印象" E40:"政府主导的特色小镇开发必须符合当地民众的意愿,满足大多数民众的意见才有可能获得小镇建设的成功"	J31 产业适应性	J3 产业发展
W4:"对于中部六省:文化产业产出水平评价指标,使用产业增加值就可以衡量该产业产出规模" D1:"高铁经济增加值是指所有从事高铁经济相关产品的生产或销售的常住单位所创造的附加值,是衡量高铁经济总量最重要的指标之一" D5:"旅游收入是旅游经济效应形成的基础,是衡量某一国家或地区旅游业发展程度和旅游经济收益的重要指标" W84:"西藏农业综合开发项目的经济效益,主要体现在农牧业综合生产水平显著提升、畜牧业整体发展能力显著提高"	J32 产业经济收益	

续表

原始资料	编码过程	
	概念化	副范畴
D14："生态旅游经济效益主要表现在以下几个方面：生态旅游开发所带来的景区直接经营收入，如门票、餐饮、住宿等" D20："京冀合作造林工程的经济效益主要体现在林木产品效益和林副产品效益" D26："经济利益反映的是单位的或个人的局部利益，以及微观经营主体方面获得的蔬菜生产经济收益" W111："俄罗斯通过与中国的合作，为本国能源产业开拓了一个巨大的市场，使该国能源产品收获了大量、稳定的需求，扩大能源产业的收入，促进俄罗斯经济发展"	J32 产业经济收益	J3 产业发展
W2："城市公共基础设施促进整个国民经济总产出，通过外部性对其他生产部门产生作用，从而间接带来总产出增加，可以称为溢出效应" D4："由于旅游产业与其他产业的高关联性和高相关度，旅游产业的发展会带动其他相关产业的发展，尤其对上游产业的发展产生较大影响，推动区域经济结构的调整与优化" W13："举办国际体育大赛能显著优化城市产业结构，极大促进第三产业的发展，并促进举办城市旅游业的发展" W8："房地产业的投资对其他行业投资和国民经济发展有着相互影响的关系，适度的房地产投资会给其他行业投资乃至整个社会经济发展带来协同带动效应……" W23："风电产业涉及气象、电力、机械、材料、电子等多个行业和多种技术，产业链长，附加值高，对地方经济发展的拉动力强"		
D7："高新技术型主导产业对一产业带动其他产业发展作用的综合测度，可以用产业关联度来衡量" W93："金鸡生态园还通过上下游关联产业为当地提供稳定的玉米种植、物流、包装、服务等订单，带动村集体的经济发展" D18："加工业发展了，才能通过关联带动第一产业的建设，通过后向关联带动第三产业的建设" D23："会展活动在对会展举办地产生可观且直接的经济利润的同时，也直接提升了会展举办地的餐饮、旅游、休闲、房地产等一系列关联产业和基础设施建设等方面的发展水平" D33："在促进老龄产业发展的同时，也促进了第三产业的协同发展……极大地促进房地产业、建筑业、居民服务业的协调发展" W119："休闲体育产业发展过程中带动交通、住宿、旅游等相关产业的产生和发展，从休闲体育产业的感应度和影响力可以分析出，休闲体育产业具备较强的产业关联效应"	J33 产业关联性	

3　净菜产业社会综合效益评价

续表

原始资料	编码过程	
	概念化	副范畴
E17:"由本地品牌和休闲购物机会而带来的旅游业发展,创造本地食品系统的额外经济效应。因为所有这些本地企业获得的收入倾向于保留在本地,通过增加本地社区其他服务行业的就业,从而产生一个乘数效应" E21:"民航运输与城市其他服务设施的连通程度对当地相关产业发展有显著影响,说明机场对区域发展有较强的带动作用"	J33 产业关联性	
W17:"房地产业的扩张对其他行业的'挤出效应'愈加明显,……不利于产业结构高级化和合理化" W24:"战略性新兴产业是技术创新和产业结构演进的代表,能够引导区域经济和产业往某一战略目标方向发展" W50:"积极开发利用太阳能、风能等可再生能源,降低能源对外依存度,推进新能源技术改进,带动相关产业发展,为我国提升产业结构和走能源可持续发展道路创造条件" W58:"通过发展生态旅游,为当地人民群众创造就业机会,让更多当地居民从传统农牧业中解放出来,实现西藏产业结构调整和升级" W80:"高质量发展体育产业,将优化产业结构。产业结构优化具体表现在以服务业为主的第三产业稳步提升" W99:"通过把丰富的乡村文化产业资源开发成文化产品及其相关服务,将有效地推动乡村文化产业的发展,增加非农产业在乡村经济中的比重,改善乡村产业结构,助力乡村经济转型升级" W107:"对于产业结构的优化是文化产业创新经济的效应的最大体现。而结构优化也主要体现在产业高度的调整和产业结构的优化上" W123:"实施农村文化惠民工程,促进了第三产业的发展,改善了新疆的产业结构,助推新疆产业结构升级" E19:"第三产业的快速增长对产业结构的转型升级产生正向作用" E41:"退耕还林工程对农业产业结构调整与优化、农村劳动力转移方面并没有产生明显的促进作用" D2:"装备制造业与生产性服务业融合发展对区域经济的促进作用,具体表现在以下几个方面:一是装备制造业与生产性服务业的融合发展催生了更符合市场需求的新型产业,从而优化了区域产业结构,因此有助于实现区域产业结构的多样化和合理化……"	J34 产业结构高级化	J3 产业发展
W63:"伴随工程实施以及退耕还林还草项目的推进,沽源县大农业经济结构发生巨大改变,农业生产逐渐转向以畜牧业为主" W33:"城市水环境治理将促进城市产业结构的转型升级。大量从事治污技术研发、咨询和应用的企业应运而生,这对于新材料、新能源、节能环保和新一代信息技术等战略性新兴产业具有强大的带动作用"	J35 产业业态发展	

续表

原始资料	编码过程	
	概念化	副范畴
W41:"尤其是在农业与服务业融合上……两者的融合发展,就产生了创意农业、体验农业、观赏农业等" W48:"休闲农业作为旅游业与农业相交叉结合的新型产业,在各个方面体现出旅游业与农业的显著特征"	J35 产业业态发展	
D2:"生产性服务业与装备制造业的融合发展,一方面增强了生产性服务产品和装备产品间的替代性,另一方面还促使更多企业进入同一市场,从而有效增加了区域经济的竞争性" D23:"通过会展活动的举办,国家和城市的知名度得到提升,国家在会展领域的竞争力和影响力得到很大提升" W107:"日本的文化产业有着极强的竞争优势,而且国际竞争力还在不断地上升,日本作为文化产业强国,在国际上有着极大的优势地位" D38:"我省客车行业在节能与新能源方面的研究快速发展,可扩大并增强我省在全国汽车制造业的影响力和在节能与新能源客车研发及产业化方面的领先地位" E25:"国际竞争力可视作是人民生活水平改善的一个重要指标,注重将其作为提升一个国家或地区经济增长率指标,可对其从动态角度进行评价对比"	J36 产业竞争力	J3 产业发展
W28:"有关产业国际竞争力指标方面,选取了国内市场集中度、国内市场份额、国际市场份额、贸易竞争力指数、显性比较优势指数几个主要指标" D22:"区域发展提升效益是指工业企业的建设增强了区域竞争实力,带动了区域良性发展的效益,通常表现为产业集聚度提升" W15:"高速铁路促进经济向西部地区集聚,有利于经济均等化发展" E8:"高速铁路会引起经济资源向拥有网络化服务的大都市聚集,致使大城市受益、小城市受损,导致区域发展不平衡" D39:"在国家政策的大力支持下,我国软件和信息服务产业集聚经济效应开始显现" W106:"交通体系的网络化与高密度布局能够提高区域间的经济联系程度,扩展城市或城市群的边界,增加知识溢出的可能性,提升创新空间,增加经济活动的集聚效应" W108:"跨海通道有助于交通成本的大幅降低,在运输能力的提高上作用也非常明显。两地相近产业产生聚集经济优势……" W109:"文化产业和旅游产业之间逐渐融合,许多企业为了追求品牌效应,对市场进行整合,造成旅游产业和文化产业的市场结构都趋向垄断,提高了市场集中度" W120:"网络零售企业在拓展市场时几乎不需要开设实体店,只要有互联网就有市场。因此网络零售企业更容易形成规模经济,从而提高市场集中度"	J37 产业集中度	

续表

原始资料	编码过程	
	概念化	副范畴
E28:"交通基础设施的建设有利于生产要素向其沿线布局,进而产生集聚效益,带动当地的经济发展" E38:"高速铁路网络可以用来连接两个强劲的经济中心,可达性的提升将提高区域集聚的能力"	J37 产业集中度	
W26:"经济效益类指标是反映文化产业生存、发展状态的关键类指标,劳动生产率经济可作为衡量指标之一" D6:"产业的全员劳动生产率是经营管理水平、产业技术水平和劳动力技术熟练程度的综合体现,也是反映一国产业经济效益和高质量发展的重要指标。我国知识密集型产业比普通制造业有更高的劳动生产率,并呈现稳步增长的态势" D9:"可以通过考核科技项目对企业劳动生产率的带动情况来反映企业的生产技术水平、经营管理水平、职工技术熟练程度和劳动积极性" W29:"低碳产业在生态经济区发展过程中所显现出来的经济效益,可以用低碳产业全员劳动生产率进行评价" W45:"鄂尔多斯市以牧业生产为主,在国家'稳粮优经扩饲'的政策要求下,可以激发农民发展农业、牧业生产积极性……" W103:"道路运输业的发展使劳动力的流动更加自由,促使劳动力由低效率行业向高效率行业流动,市场整体的劳动生产率得到提高" W109:"发展渔业产业化组织、建设渔业园区经济,可以聚合生态、品牌、科技、加工等经营和发展要素,基于先进技术水平和发展理念,推动产业融合发展,带动渔户标准化生产和经营增收增效" W84:"农牧业生产基础得到了极大提高,农牧业资源利用率、劳动生产率和土地产出率不断增长,有效巩固和提高了农牧业综合生产水平" W63:"通过退耕还林项目实施,转变广种薄收的旧习,有益于生态环境改善。通过禁牧、人工种草、围栏封育等调整牲畜饲养模式,实现畜牧生产集约化经营,提高了生产效率" W97:"在社会效益方面,智慧农业会影响农业用水、用电量及农业投入品的使用,还能提高农产品的产量和品质等" W110:"数字贸易背景下,产品追踪溯源系统以及供应链实时跟踪系统的推广使用,将显著提升整个供应链过程的透明度,链上企业对上下游产品将拥有更多信息,从而提高市场化生产效率" W128:"展览会通过展示先进技术和产品,带来了技术示范和模仿效应,将促进优势生产要素的异地重组,提高生产效率,催生新产业,加速新产品的产业化进程" E24:"微电网的灵活需求响应,通过取代缓慢或低效的发电,降低了与部分负荷发电站运行相关的成本"	J38 产业生产效率	J3 产业发展

续表

原始资料	编码过程	
	概念化	副范畴
W28:"从农产品制造业的产业安全来看,原料的对外依存度对于农产品制造业来说是命脉,是当前农产品制造业的大环境基本因素,也是衡量一个国家产业安全的重要影响因素" W88:"保障国家粮食安全是我国的基本国策之一。我国财政对农业投入的主要目标就是稳定粮食等主要口粮作物的播种面积,确保粮食供给充足" D17:"合理的种植结构应同时满足社会需求、产业协调发展,并且要保障国家粮食安全" D31:"而煤炭产业的有效转型可以丰富产业结构、增加产业抵御市场风险的能力" D27:"坚强智能电网是通过其自身强大的自愈功能、多能源互助和电力资源配置能力提升,增强电网自身的安全性;同时通过对传统石化能源的替代,降低我国能源对外依存度"	J39 产业安全性	J3 产业发展
D37:"机场给区域之间带来便捷、舒适的运输服务,促进区间要素流动和资源优化配置" D40:"如通信业、金融保险业长时期得到高利润率,则意味着该产业存在过度垄断,阻碍了资源的流入,并导致了资源分配不合理,社会资源配置和利用效率低下" W31:"退耕还林工程,不仅改善要素配置,还推进了农业种植结构的转变,进而影响整个农业结构的调整"	J41 区域资源配置	
W19:"能源产业产出效应评价可以从区域(地带)分析,国家和地区工业化初期阶段特征越是明显,能源生产对国家和地区经济发展的推动作用也更加强烈" W25:"用国民经济贡献率来衡量文化创意产业在经济增长方面对国民经济的贡献,即在一定时期内文化创意产业增加值的增长量与同期国内生产总值的增长量之比" D18:"利用西北地区的资源,发展优势产业,加快民族地区的经济发展,有利于促进民族和谐和国家繁荣发展" D27:"跨区域输电有益于促进区域分工,将当地资源禀赋优势转化为经济发展优势,延长资源富集地区的产业链条,推动形成具有一定规模和竞争力的主导产业,促进送、受端地区经济联动协调发展,缩小东、西区域差距" E14:"电信投资不仅对投资者个人有益,还对整个社会,尤其是对农村社会有益,具体表现在电信通信降低了农村社会服务传递的成本,降低了农村经济活动的成本,有助于农村地区经济利益更平等地分配" D34:"高铁以其高速度著称,能大幅拉近大城市之间的距离,增强沿线地区城市吸引力,促使区域经济获得长足发展"	J42 区域协同发展	J4 区域发展

3 净菜产业社会综合效益评价

续表

原始资料	编码过程	
	概念化	副范畴
W108："跨海通道的建成，减少了区域间的相关交通成本，增加了区域间的频繁交往，扩大了各类市场活动寻求合作的机遇，从而提高区域整体的经济活动能力"	J42 区域协同发展	
E9："其中积极的社会影响包括促进城市发展、提高经济效益、增强民族凝聚力、促进社会文化交流、树立城市形象等" D8："城市轨道交通项目会带来城市知名度的提高，投资环境的优化以及提供更多的就业岗位等社会效益" D23："作为会展的重要功能之一，形象的树立与宣传对举办方和参展方知名度的提升具有不可替代的重要作用" W122："高铁的开通运营极大改善了沿线城市、区域的投资环境，不仅使其形象变得美好，而且知名度扩大、美誉度提高" D37："机场是一个城市对外的门户与窗口，作为重要的基础设施，对提升城市形象意义重大"	J43 城市品质	J4 区域发展
W47："我国公共文化场馆建成运营过程中对人口素质提高也产生了重要影响。对提高人口文化程度，降低文盲率产生了积极影响" W55："社会发展质量是城市化发展的基本标志，社会保障程度和科教水平直接影响社会发展质量" W62："图书馆的隐性收益，指通过对读者的文化熏陶和知识传播，提升了社会劳动者素质，发展成为强大的社会进步的精神动力" W68："退耕还林工程的实施有力地提高了农民的文化水平和科技素质……" W82："手机游戏业涉及科学、文化、艺术等知识，用户为取得胜利积极发动力量查找、学习各领域相关信息，提升了自身和周围用户的知识储备" E10："产业对就业的辐射带动能力可以通过劳动力素质提升或者就业质量提高来体现，一般使用就业人员平均受教育年限来衡量" E23："加纳……目前公立中学教育的费用由国家承担。这些福利适用于渔船船员、鱼类加工商和工人" W86："西藏文化产业提高了群众的文化素质，对西藏整体社会发展贡献人" W18："观光农业发展对经营者的素质提出了更高的要求，它不仅需要经营者具备专门的技术技能，而且还需具备一定的管理才能" W34："园区社会效益是一种间接效益及辅助效益。它是基于社会角度评价园区效益的，可从以下几个方面进行评价：园区职业农民培训数、带动劳动力就业人数等" W41："网络文学产业其内部运营是实现社会效益的中心环节，人才培养是文学精品产生的原动力，通过写手、编辑校对人员以及培训制度体现"	S11 文化水平	S1 文化素质

续表

原始资料	编码过程	
	概念化	副范畴
W75："工程建设项目在建过程中需要不断地进行工人培训，项目投入使用后也需要预先培训职工，通过不断提高员工的科技水平和实操能力，以适应项目新设备和新工艺的管理和操作" W78："在劳动过程中，劳动者能够获得专业化技能与素养的培养，工业生产因而为国家培养了优秀的人力资源" W84："开展农牧民先进适用技术培训7万人次，通过典型示范、辐射带动，开发区农牧民科技素质、科技应用水平显著提高" W93："鼓励通过技术培训的致富带头人在企业中从事技术管理岗位，通过智慧和劳动获取市场化的薪资" W98："建筑行业从业人员知识、技能、素质低下而不能满足工业化技术进步的要求这一矛盾必然推动建筑行业加大对农民工的教育和培训"	S11 文化水平	S1 文化素质
D14："通过发展生态旅游对社区居民传统的生产生活方式的影响，获得社区居民精神素质和文化素质的提高" W56："雨水景观化利用有利于增强居民惜水、爱水的意识" D35："传媒影视行业除了丰富社会大众的精神文化生活，还得担当起道德教育的重任" W109："旅游产业通过借助文化产业的不断创新，让旅游者在娱乐的同时，提升综合文化素养" W123："文化惠民工程的实施使农村文体设施多了起来，激发了农民群众参与文体活动的热情，而且通过形式多样的文化活动，让各族人民群众在观看和参与演出的过程中逐渐提高了文明素养" D50："文化产业是不同于一般产业的特殊产业，其根本目的不单单是赚取利润，更多的是提高公民的思想道德水准和科学文化素质，最终提高全社会的文明程度，进而增强国家软实力，使国家成为文化强国" E33："毛里求斯的飞地旅游与农业旅游相比，显然农业旅游促进了社区文化和社会治理" E36："产业融合，特别是通过文化功能实现的融合可以促进文化遗产的传承，增强文化认同和自豪感" W38："网络文学作品在以人民为中心的创作导向下，弘扬了传统优秀文化，倡导了道德公序良俗，表现为社会主义核心价值观等政治思想方面上的价值引导、精神引领和审美启迪能力"	S21 精神素质	S2 精神素质
W40："大规模的养殖产生了较好的社会效益，即能够吸纳更多数量的劳动力以及更高教育水平的劳动力的就业" W50："电网公司在新能源领域的发展也将有力提升公司品牌影响力，吸引人才为社会提供更多的就业机会" W71："海南省高技术产业的园区发展，特别是海南生态软件园入园企业达309家，每年为海南省提供近5万名高新技术人才"	C11 人才聚集	C3 人才资源

3 净菜产业社会综合效益评价

续表

原始资料	概念化	副范畴
W74:"在基地建设过程中,先后涌现出 500 多名农民技术员和花椒'土专家',推动了农村科技进步" W101:"冬奥会作为国际体育盛会,从筹办到举办再到后效益发挥,需要大量的专业类体育人才,其中包括专业的赛事管理人员、专业的运动员、教练员、科研人员以及专业的技术人员等" D31:"煤炭产业转型有利于吸引高素质人才,丰富工人职业技能,促进科教文化事业的发展" W122:"高铁的建设既能引来人才、企业、资金,有利于'引进来',又可吸引外地招徕当地的人才" E20:"大型枢纽机场对城市技术创新有很多贡献,因为枢纽机场的存在极大地提高了城市对外交流的便利程度,能够吸引高科技人才到当地就业"	C11 人才聚集	C1 人才资源
D15:"产业发展效益是指风光储联合发电工程的标杆性作用,通过示范性基地的建设,有效推进风光储产业的发展,培养储备大量优质技术人才,为进一步产业提升提供坚实的技术支持" D19:"社会经济效益准则层包括培养人才功能。随着生态环境问题的日益突出和生态环境治理力度的不断加大,绿化等相关企业对专业人才的需求量也越来越大" D45:"农产品加工贸易企业,尤其是外商投资型加工贸易企业,对企业员工的素质通常要求较高,因此,往往对企业人力资本培训花费较大投资"	C12 人才培养	
W76:"'创新专利数'是衡量城市创新力最为关键的指标。因此,选取 IPI 作为城市空间社会效益评价的关键指标" W82:"手游产品的市场需求推动了新技术、创新价值的发展" W98:"住宅工业化是一次对建筑行业生产方式的变革,这就给建筑行业现有的施工技术带来了一定的冲击" D22:"工业企业科技投入和产出水平是工业用地社会效益的首要体现,工业是科技创新最频繁的领域,主导了国家的整体科研实力和技术水平,决定了国家在工业竞争上的话语权" W112:"加工贸易可以增加发展中国家的外汇收入、解决就业,并通过外资企业的技术外溢提高本国企业的技术水平" W126:"高铁缩短了知识传播的空间距离,促进了行业间的知识外溢,有利于技术创新" D44:"奥运会是一场大规模的国际体育盛会,在道路、交通、通信等基础设施方面需要新建、改建、扩建,且伴随奥运会开展的各项工作,都需要最先进的技术助力,从而推动了相关的技术进步"	C21 技术进步	C2 技术创新

续表

原始资料	编码过程	
	概念化	副范畴
E24:"与微电网开发相关的直接投资包括能源效率、电网升级和将微电网技术扩展到其他'智能'技术的研究和开发" W13:"以国际体育大赛为代表的会展业发展,为主办城市带来了大量的高新科学技术成果,而且更重要的是为主办城市培训出了一批相关领域的高科技人才,为该城市的可持续发展夯实了基础" W21:"战略性新兴产业具有先导作用,有新技术支撑、能形成新的市场需求,……人才培养将会聚焦在这些产业上" W25:"用累计专利申请数、累计专利授权数来衡量一国或一地区自主创新产出能力,可反映出产业研发能力与创新能力,体现文化创新产业技术核心竞争力,与产出高附加值产品的能力" W36:"国防工业军民融合社会效益包含军民融合科技效益。军民融合科技效益,是指国防工业军民融合发展投入与其产生的科技自主创新、科技进步发展等之间的对比关系……" W59:"信息服务业,作为一个科技密集型产业,对其衡量知识产出是非常必要的。另外,发明专利的授权量作为知识产出,能够体现一个地区将发明、知识创造转化为潜在经济效益的能力" W61:"直接经济效益包括图书馆对知识信息的传播程度,如师生利用图书馆文献资源而产生的科研论文、专著的数量,发明专利的数量,科研成果获奖情况等"	C21 技术进步	C2 技术创新
W5:"城市会展业竞争力问题与制度政策因素有关,具体指会展业地方性法律法规及制度建设" W66:"海洋经济绿色发展系统的制度层面应包括绿色评价体系、资源环境立法、绿色市场制度等" W70:"建立统一尺度和共同标准来实现知识门户网站的组织与管理" W109:"政府部门强化对文化旅游的改革,为旅游产业与文化产业融合发展打造一个良好的市场环境,推进形成规范公平合理的市场运行机制" W46:"国有文化企业的人、财、物、技、数据等要素保障和制度建设行为为社会效益实现提供必要支撑,主要包括软硬件基础设施建设水平、组织制度健全与否、人才队伍先进性等" W83:"园区发展的软环境,主要包括园区的产业发展等配套政策、政务环境、管理制度等" D11:"企业准入制度是特色小镇运营发展的重要一环。倘若门槛过高,企业进不来,小镇无法运营;门槛过低,企业良莠不齐,最终导致小镇运营失败" W92:"林业碳汇供给法律促进机制又反过来推进和保障林权改革的主体和配套制度的完善"	Z11 法制建设	Z1 法制建设

续表

原始资料	编码过程	
	概念化	副范畴
D45："为提高满足国际市场需求的效率和国际竞争力，进出口企业会自觉不自觉地学习、模仿进而创新企业生产、经营和管理制度" W98："项目与社会的适应程度体现在与国家方针政策的符合程度和现有技术、文化状况适应项目的建设和发展的程度两个方面" D38："新能源产业产品主要是节能与新能源汽车的研发、生产和销售，本产业的建设和实施符合聊城市经济和社会发展的规划政策" W51："国家有关部门对野生动物园的建设有宏观调控的责任，特别是对动物的引进制定了一系列的条款和文件。因此，建设野生动物园，必须有国家有关部门的支持和协作" D45："农产品贸易在制度创新上的正外部性表现在企业制度创新、贸易习惯创新和国家政策法规创新等多个方面"	Z11 法制建设	Z1 法制建设
W7："海洋产业发展不仅直接贡献更多财政收入……" W10："西电东送对输入地所产生的税收效应是正效应还是负效应，要取决于置换资本投资于哪个行业" W12："主要考察粮食主产区利益补偿是否能有效增加粮食主产区政府的财政收入，提高财政保障能力" W46："企业以高效的运营管理和市场收益实现更多的税收缴纳、就业吸纳，相应地为社会发展进步做出了贡献……" D6："人均利税是反映企业和产业状况的重要指标，它反映了某产业所有劳动者对社会的贡献程度。我国知识密集型产业的人均利税水平远远高于普通制造业" W57："西藏生态旅游的发展，将直接增加旅游目的地居民的经济收入和政府的财政收入" W83："经济效益主要从人力资源服务业的经济功能角度考量，主要指土地资源利用率、入园企业的营业收入、缴纳税收等" E9："举办大型体育赛事的消极的社会影响包括增加政府财政支出、产生交通问题、增加安保问题和社会矛盾" W91："依法纳税是企业最基本的社会责任，产业的税收贡献能够反映出产业发展对社会经济发展的整体推动作用" D14："生态旅游开发为当地政府带来了税收收入等" D16："电网规划项目建设及运营后为税收和上下方企业带来的贡献，主要包括项目建设期纳税、工程运营期纳税等" D25："与矿产资源综合利用直接相关的税费包括：资源税、矿产资源补偿费、增值税、企业所得税、城建税等" D36："退田还湖也造成乡镇财政困难，农村经济结构调整的步伐相对较慢，税收贡献率较低"	Z22 纳税收入	Z2 财政税收

续表

原始资料	编码过程	
	概念化	副范畴
D37:"纳税水平是评价机场社会经济效益的一项重要指标,民航运输机场对税收的贡献是其社会经济效益的重要表现" D42:"在国外,政府主要通过税收形式从旅游业获得经济利益"	Z21 纳税收入	Z2 财政税收
W101:"冬奥会的政治效益主要体现在国家政府层面的收益,体现在政府的深化改革能力、组织管理能力、品牌营销能力等方面" W103:"在道路运输市场中,行业管理部门负责协调市场各方主体的利益诉求,规范市场秩序,促进行业健康发展;负责制定道路运输市场营运安全标准,指导机动车维修和营运车辆综合性能检测,保障道路运输安全运营……" E39:"在大多数发展中国家,很多技术和管理不善,而管理、技术及相关举措结合可以极大促进行业的发展"	Z31 市场秩序	Z3 市场管理
W42:"当前房地产业的迅猛发展、高房价的获益小于其带来的社会成本,即房地产市场在追求利润最大化过程中对社会造成福利损失,其经济绩效是局部、片面的,而社会成本是全局性的" W43:"'农场+用户'区域集中供暖模式也为政府节约因禁烧秸秆采取各种措施而形成的大量社会费用,降低秸秆禁烧成本和农户生活用能成本" W22:"社会效应评价指标包括污染治理费用等,将会对社会生存环境造成一定的影响。铁路废弃物治理费用指标的高低,直接与社会对污染物治理的支出费用相关" W128:"沙棘对环境的适应能力极强,是涵养水源、疏松土壤、防风防尘的优良树种,可以提高植被覆盖率水平,有效地治理水土流失,间接地减少了政府用于生态治理方面的支出" W81:"以新能源为主体的能源转型还将避免大量的碳排放造成社会成本"	Z41 社会成本	Z4 社会成本

3.1.2.2 主轴编码

开放式编码所获得的初始范畴之间的关系相对松散,故通过主轴编码在不同范畴之间建立联系,可得到更具有逻辑性的主范畴,且达到理论完整性。本书通过归纳辨析 20 个副范畴的概念内涵与外延、作用机理,建立起各范畴之间的联系与类属关系,生成 6 个主范畴(见表 3-2)。

表 3-2　主轴编码过程

序号	主范畴	副范畴
1	L 绿色发展	L1 环境保护
		L2 资源消耗
		L3 废弃物排放
		L4 资源循环利用
2	M 民生福祉	M1 生活品质
		M2 改善就业
		M3 收入分配
		M4 社会保障
3	J 经济发展	J1 促进消费
		J2 扩大投资
		J3 产业发展
		J4 区域发展
4	S 社会文明	S1 文化素质
		S2 精神素质
5	C 创新驱动	C1 人才资源
		C2 技术创新
6	Z 政府治理	Z1 法制建设
		Z2 财政税收
		Z3 市场管理
		Z4 社会成本

（1）绿色发展（L）

产业作为介于企业和国家间的中观主体，同样需要遵循可持续发展战略。通过保护环境、节约资源、减少废弃物排放与资源循环利用等多种方式发挥生态效益。

（2）民生福祉（M）

产业的发展有助于地区扩大就业容量，提升就业质量，优化就业结构，进而增加居民收入来源。特别是对于发展较为落后的地区而言，产业

发展有利于增加当地人民的收入来源，同时为其提供社会保障。伴随着收入的增长，消费者生活品质也应有相应的提升。

(3) 经济发展（J）

产业作为经济发展的主要载体和体现形式，其发展直接关系一个国家或地区的经济发展水平，进而影响区域发展。此外，产业发展在促进消费和扩大投资方面的作用也不容忽视。

(4) 社会文明（S）

产业的发展水平也关联着社会文明的进步，通过社会整体文化素质、从业者知识、技能水平的提升及精神素质提高来体现产业发展的社会效益。

(5) 创新驱动（C）

在一个国家或地区的高质量发展进程中，技术与知识日益成为新的发展要素。因此，人才资源与技术因素构成创新驱动的子范畴。

(6) 政府治理（Z）

产业发展也间接体现政府的治理效能，如发展过程中推动产业政策建设、增加政府财政税收、强化市场管理职能及降低社会成本，无不有益于提高政府执行力和公信力。

3.1.2.3 选择性编码

选择性编码的主要目的是从主范畴中挖掘出核心范畴，分析核心范畴与其他范畴之间的关联关系，形成一个完整的解释架构。为检验理论饱和度，从初始资料中随机抽取出部分文本，对其进行再次编码与分析，结果没有产生新的范畴与关系，可以说明上述模型已经达到理论饱和。

图 3-1 展示了产业发展社会综合效益评价分析框架。

3.1.3 产业发展社会综合效益评价体系

结合以上扎根理论的分析过程和框架，建立产业发展社会综合效益评价体系（见表 3-3）。

3 净菜产业社会综合效益评价

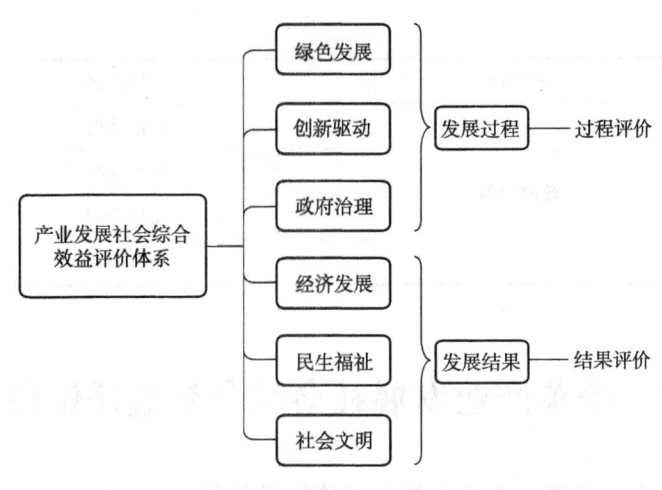

图 3-1 产业发展社会综合效益评价分析框架

表 3-3 产业发展社会综合效益评价体系

序号	一级指标	二级指标
1	绿色发展	废弃物排放
		环境保护
		资源循环利用
		资源消耗
2	民生福祉	生活品质
		改善就业
		收入分配
		社会保障
3	经济发展	促进消费
		扩大投资
		产业发展
		区域发展
4	社会文明	文化素质
		精神素质
5	创新驱动	人才资源
		技术创新

续表

序号	一级指标	二级指标
6	政府治理	法治建设
		财政税收
		市场管理
		社会成本

3.2 净菜产业发展社会综合效益评价模型

在得到产业发展社会综合效益评价体系的基础上，需要进一步对净菜产业发展社会综合效益评价进行量化分析。考虑到层次分析法具有系统性、实践性、简洁性的优势，可以将复杂的思维过程数学化，把问题分解为若干个相互联系的层次，因此选用层次分析法对净菜产业发展社会综合效益评价问题进行量化分析。

3.2.1 建立层次指标体系

应用层次分析法时，首先要对目标问题进行条理化和结构化处理，以便建立层次分析的指标体系。分析层次包括总目标层、准则层和指标层三类。

根据前文所得评价范畴，对净菜产业发展社会综合效益评价建立三层次的指标体系。将净菜产业发展社会综合效益评价设为总目标层（U）。将绿色发展效益（u_1）、民生福祉效益（u_2）、经济发展效益（u_3）、社会文明效益（u_4）、创新驱动效益（u_5）、政府治理效益（u_6）设为准则层，是总目标层的集合，即 $U=\{u_1, u_2, u_3, u_4, u_5, u_6\}$。指标层是在准则层的基础上设置的次级指标，共包含20个因素，命名为 $u_i = \{u_{1p}, u_{2p}, u_{3p}, u_{4p}, u_{5p}, u_{6p}\}$，其中 $i=1, 2, \cdots, 6$，代表准则层数量；$p=1, 2, 3, 4$，代表每个准则层下的指标个数（见表3-4）。

表3-4 净菜产业发展社会综合效益评价指标体系

总目标层	准则层	指标层
净菜产业发展社会综合效益评价（U）	绿色发展效益（u_1）	废弃物排放（u_{11}）
		环境保护（u_{12}）
		资源循环利用（u_{13}）
		资源消耗（u_{14}）
	民生福祉效益（u_2）	生活品质（u_{21}）
		改善就业（u_{22}）
		收入分配（u_{23}）
		社会保障（u_{24}）
	经济发展效益（u_3）	促进消费（u_{31}）
		扩大投资（u_{32}）
		产业发展（u_{33}）
		区域发展（u_{34}）
	社会文明效益（u_4）	文化素质（u_{41}）
		精神素质（u_{42}）
	创新驱动效益（u_5）	人才资源（u_{51}）
		技术创新（u_{52}）
	政府治理效益（u_6）	法制建设（u_{61}）
		财政税收（u_{62}）
		市场管理（u_{63}）
		社会成本（u_{64}）

3.2.2 构造判断矩阵及一致性检验

3.2.2.1 原理与步骤

为保证研究结果的科学性与客观性，本书以问卷调查的形式邀请高校及科研院所的学者、净菜相关企业的高级管理人员、净菜行业协会会长以及政府机关单位人员等19名业内专家参与调查，对评价体系中的各关联因素进行两两比较评分，给出相对重要性的定量评价，形成判断矩阵。

首先，以总目标层 $U = \{u_1, u_2, \cdots, u_m\}$ 的 m 个指标为例说明判断矩阵的构造方法。设 $\vec{W} = \{w_1, w_2, \cdots, w_m\}$ 为权重分配向量，w_i 表示 u_i 的权重 ($i = 1, 2, \cdots, m$)，权重分配向量反映各因素的重要程度，$\sum_{i=1}^{m} w_i = 1$。本书采用"九级尺度法"评判两个因素的相对重要程度，因此用数字 1~9 及其倒数作为判断矩阵的标度（见表3-5）。

表3-5 判断矩阵的标度

a_{ij}	含义
1	表示两因素相比，具有相同的重要性
3	表示两因素相比，前者比后者稍微重要
5	表示两因素相比，前者比后者明显重要
7	表示两因素相比，前者比后者非常重要
9	表示两因素相比，前者比后者极其重要
2, 4, 6, 8	表示上述两相邻判断等级的中间值
倒数	表示两个因素交换次序比较的重要性

表3-5中的标度表示因素 u_i 和另一个因素 u_j 相比对目标层的影响程度之比，将 m 个因素进行两两比较，构成判断矩阵 $A = (a_{ij})_{m \times m}$。

$$A = \begin{pmatrix} a_{11} & \cdots & a_{1m} \\ \vdots & \ddots & \vdots \\ a_{m1} & \cdots & a_{mm} \end{pmatrix}_{m \times m}, \text{其中} a_{ij} > 0, a_{ij} = (a_{ji})^{-1}, a_{ii} = 1$$

其次，简要说明一致性检验步骤。净菜产业发展的社会综合效益评价受到诸多因素影响，判断矩阵无法保证严格充分的一致性，因而仍需要对判断矩阵进行一致性检验。运用公式 $CR = \dfrac{CI}{RI}$ 计算一致性比例，当 $CR < 0.10$ 时，我们就认为判断矩阵通过了一致性检验，是可以接受的。其中，一致性指标 $CI = \dfrac{\lambda_{\max} - m}{m - 1}$，$\lambda_{\max}$ 是判断矩阵的最大特征值，m 为判断矩阵的阶数；RI 为平均随机一致性指标，RI 随判断矩阵阶数 m 变化而变化（见表3-6）。

表3-6 平均随机一致性指标 *RI* 取值表

判断矩阵阶数 m	1	2	3	4	5	6	…
RI	0	0	0.52	0.89	1.12	1.24	…

最后，计算权重分配向量 $\vec{W}$。以 m 个准则层为例说明计算方法。在上一步已经得到通过一致性检验的判断矩阵 $A = (a_{ij})_{m \times m}$，由算式 $A\vec{W} = \lambda_{max} \vec{W}$，且 λ_{max} 存在且唯一，求解可得 $(W_1, W_2, \cdots, W_m)$，$\forall W_i \geq 0$。进一步将所得结果 $(W_1, W_2, \cdots, W_m)$ 归一化处理，可得权重分配向量 $\vec{W} = \{w_1, w_2, \cdots, w_m\}$，其中 $\sum_{i=1}^{m} w_i = 1$。

3.2.2.2 计算结果

将准则层绿色发展效益（u_1）、民生福祉效益（u_2）、经济发展效益（u_3）、社会文明效益（u_4）、创新驱动效益（u_5）及政府治理效益（u_6）进行两两比较，得到总目标层与准则层的集结判断矩阵，如表3-7所示。

表3-7 净菜产业社会综合效益评价总目标层与准则层的集结判断矩阵

	绿色发展效益（u_1）	民生福祉效益（u_2）	经济发展效益（u_3）	社会文明效益（u_4）	创新驱动效益（u_5）	政府治理效益（u_6）	权重（w_i）	一致性检验（*CR*）
绿色发展效益（u_1）	1	2.277 4	3.915 7	5.894 7	5.767 1	5.540 9	0.408 8	
民生福祉效益（u_2）	0.439 1	1	3.193 7	5.162 6	4.824 9	4.894 7	0.278 8	
经济发展效益（u_3）	0.255 4	0.313 1	1	3.010 2	3.837 4	3.813 4	0.145 4	0.047 7
社会文明效益（u_4）	0.169 6	0.193 7	0.332 2	1	2.384 8	2.229 8	0.073 3	
创新驱动效益（u_5）	0.173 4	0.207 3	0.260 6	0.419 3	1	1.418 4	0.049 2	
政府治理效益（u_6）	0.180 5	0.204 3	0.262 2	0.448 5	0.705 0	1	0.044 6	

进一步地，将准则层u_1的各级指标$u_{11}\sim u_{14}$相互比较，得到绿色发展效益层面的集结判断矩阵（见表3-8）；同理，将$u_{21}\sim u_{24}$两两比较，得到民生福祉效益层面的集结判断矩阵（见表3-9）；$u_{31}\sim u_{34}$两两比较，得到经济发展效益层面的集结判断矩阵（见表3-10）；u_{41}和u_{42}两两比较，得到社会文明效益层面的集结判断矩阵（见表3-11）；u_{51}和u_{52}两两比较，得到创新驱动效益层面的集结判断矩阵（见表3-12）；$u_{61}\sim u_{64}$两两比较，得到政府治理效益层面的集结判断矩阵（见表3-13）。

表3-8 绿色发展效益层面（u_1）的集结判断矩阵

	废弃物排放减少（u_{11}）	环境保护（u_{12}）	资源循环利用（u_{13}）	资源消耗减少（u_{14}）	权重（w_i）	一致性检验（CR）
废弃物排放减少（u_{11}）	1	3.088 8	5.067 8	5.036 2	0.549 0	0.056 6
环境保护（u_{12}）	0.323 8	1	3.842 1	4.485 9	0.279 8	
资源循环利用提高（u_{13}）	0.197 3	0.260 3	1	1.878 3	0.100 0	
资源消耗减少（u_{14}）	0.198 6	0.222 9	0.532 4	1	0.071 3	

表3-9 民生福祉效益层面（u_2）的集结判断矩阵

	生活品质提升（u_{21}）	改善就业（u_{22}）	收入分配调节（u_{23}）	社会保障提高（u_{24}）	权重（w_i）	一致性检验（CR）
生活品质提升（u_{21}）	1	3.137 1	4.431 4	4.750 0	0.537 6	0.059 3
改善就业（u_{22}）	0.318 8	1	4.150 1	4.572 5	0.290 5	
收入分配调节（u_{23}）	0.225 7	0.241 0	1	1.346 9	0.093 8	
社会保障提高（u_{24}）	0.210 5	0.218 7	0.742 5	1	0.078 0	

表3-10 经济发展效益层面（u_3）的集结判断矩阵

	促进消费（u_{31}）	扩大投资（u_{32}）	产业发展（u_{33}）	区域发展（u_{34}）	权重（w_i）	一致性检验（CR）
促进消费（u_{31}）	1	2.551 2	4.452 4	4.768 1	0.512 1	0.052 5
扩大投资（u_{32}）	0.392 0	1	4.198 0	4.434 5	0.308 8	
产业发展（u_{33}）	0.224 6	0.238 2	1	1.920 7	0.105 2	
区域发展（u_{34}）	0.209 7	0.225 5	0.520 6	1	0.073 8	

表3-11 社会文明效益层面（u_4）的集结判断矩阵

	文化素质提高（u_{41}）	精神素质提高（u_{42}）	权重（w_i）	一致性检验（CR）
文化素质提高（u_{41}）	1	4.052 6	0.802 1	0.000 0
精神素质提高（u_{42}）	0.246 8	1	0.197 9	

表3-12 创新驱动效益层面（u_5）的集结判断矩阵

	人才资源培育（u_{51}）	技术创新（u_{52}）	权重（w_i）	一致性检验（CR）
人才资源培育（u_{51}）	1	3.368 4	0.771 1	0.000 0
技术创新（u_{52}）	0.296 9	1	0.228 9	

表3-13 政府治理效益层面（u_6）的集结判断矩阵

	法治建设加强（u_{61}）	财政税收增加（u_{62}）	市场监管健全（u_{63}）	社会成本降低（u_{64}）	权重（w_i）	一致性检验（CR）
法制建设加强（u_{61}）	1	1.563 6	3.557 8	2.645 5	0.419 2	0.024 1
财政税收增加（u_{62}）	0.639 5	1	3.315 2	3.002 6	0.338 1	
市场监管健全（u_{63}）	0.281 1	0.301 6	1	1.375 1	0.124 7	
社会成本降低（u_{64}）	0.378 0	0.333 0	0.727 2	1	0.118 0	

3.2.3 综合效益评价

将准则层因素权重与指标层因素权重相乘，即得到指标层因素相对总目标层因素的综合权重。对所得综合权重进行排序，可得到净菜产业社会综合效益评价模型中最显著的效益指标（见表3-14）。

表3-14 净菜产业发展社会综合效益评价的综合权重

准则层因素	准则层权重	准则层因素排序	指标层因素	指标层权重	指标层因素排序	综合权重	总排序
绿色发展效益（u_1）	0.4088	1	废弃物排放减少（u_{11}）	0.5490	1	0.2244	1
			环境保护（u_{12}）	0.2798	2	0.1144	3
			资源循环利用（u_{13}）	0.1000	3	0.0409	8
			资源消耗减少（u_{14}）	0.0713	4	0.0291	10
民生福祉效益（u_2）	0.2788	2	生活品质提升（u_{21}）	0.5376	1	0.1499	2
			改善就业（u_{22}）	0.2905	2	0.0810	4
			收入分配调节（u_{23}）	0.0938	3	0.0262	11
			社会保障提高（u_{24}）	0.0780	4	0.0217	12
经济发展效益（u_3）	0.1454	3	促进消费（u_{31}）	0.5121	1	0.0745	5
			扩大投资（u_{32}）	0.3088	2	0.0449	7
			产业发展（u_{33}）	0.1052	3	0.0153	14
			区域发展（u_{34}）	0.0738	4	0.0107	18
社会文明效益（u_4）	0.0733	4	文化素质提高（u_{41}）	0.8021	1	0.0588	6
			精神素质提高（u_{41}）	0.1979	2	0.0145	16
创新驱动效益（u_5）	0.0492	5	人才资源培育（u_{51}）	0.7711	1	0.0379	9
			技术创新（u_{52}）	0.2289	2	0.0113	17
政府治理效益（u_6）	0.0446	6	法制建设加强（u_{61}）	0.4192	1	0.0187	13
			财政税收增加（u_{62}）	0.3381	2	0.0151	15
			市场监管健全（u_{63}）	0.1247	3	0.0056	19
			社会成本降低（u_{64}）	0.1180	4	0.0053	20

依据表3-14，净菜产业社会综合效益评价的准则层权重依次为：绿色发展效益（0.408 8）、民生福祉效益（0.278 8）、经济发展效益（0.145 4）、社会文明效益（0.073 3）、创新驱动效益（0.049 2）、政府治理效益（0.044 6）。其中，绿色发展效益、民生福祉效益、经济发展效益的评价权重均超过0.1，表明参与调研的业内专家认为，上述三个层面所发挥的社会综合效益较为突出。进一步，净菜产业发展在废弃物排放减少（0.224 4）、生活品质提升（0.149 9）、环境保护（0.114 4）、改善就业（0.081 0）、促进消费（0.074 5）等方面效果明显，在20个指标层评价因素中排名前五位。

3.3 净菜产业的绿色发展效益估算——以北京为例

经过净菜产业内相关专家的综合评判，得出绿色发展效益对社会综合效益贡献最大，其中的废弃物排放减少指标效果最明显。本节将以北京为例，首先测算未来10年北京的净菜销售量，在此基础上计算净菜产业在减少生活垃圾、降低碳排放方面的具体数值，以直观反映"净菜进城"对减少废弃物排放等的绿色发展效益。

3.3.1 城市固体废弃物产生特点

（1）北京固体废弃物以生活垃圾为主

根据《中华人民共和国固体废物污染环境防治法》，可将城市固体废弃物分为生活垃圾、工业固体废弃物、农业固体废物及危险废物。2019年，北京产生固体废弃物1 529.6万吨，其中工业固体废物409.54万吨，工业企业产生危险废物14.87万吨，医疗卫生机构共产生医疗废物（不含重点管控生活垃圾）3.99万吨，本市生活垃圾产生量为1 101.2万吨（见表3-15）。北京生活垃圾产量占城市固体废弃物产量的72%，而厨余垃圾是城市生活垃圾的重要组成部分，约占50%。可见，解决厨余垃圾产量过多已成为社会亟待解决的问题。

表 3-15 2019 年北京固体废弃物产生量

	产生量（万吨）	占比（%）
工业固体废弃物	409.54	26.77
危险废物	18.86	1.23
生活垃圾	1 101.2	72.00
合计	1 529.6	100

资料来源：中华人民共和国生态环境部《2020 年全国大、中城市固体废物污染环境防治年报》。

(2) 北京生活垃圾产量逐渐上升

近年来，北京人口规模呈现出下降趋势，但北京作为大都市经济发展水平较高，居民生活习惯和消费观念有了很大提升，食品类消费支出逐渐增长，伴随而来的就是越积越多的家庭厨余垃圾，这给环境治理带来了很大压力。

此外，北京现代服务业不断发展，第三产业比重已达到 83.8%。随着疫情得到有效控制，北京餐饮市场稳定复苏。北京市统计局数据显示，2021 年 1—7 月，北京餐饮消费逐步恢复，餐饮收入达 672.2 亿元，总量处于全国首位，增速高于全国 23.4%，第三产业已成为北京经济增长的动力所在。但餐厅、饭店等餐饮企业的厨余垃圾作为当地生活垃圾的一个重要来源，其数量之大不容忽视，已成为环境治理的难点。

根据生态环境部公布的《2020 年全国大、中城市固体废物污染环境防治年报》，2010—2019 年北京生活垃圾产生量呈现出明显的上升趋势。2019 年，北京年生活垃圾产生量高达 1 011.2 万吨，在 196 个大、中城市中，城市生活垃圾产生量排名第二，仅次于上海市。2020 年受疫情影响的餐饮业大面积停业，北京生活垃圾产生量出现明显下降，降幅达到 21.13%（见表 3-16）。由此可见餐饮业对城市生活垃圾数量影响作用之强，给城市生活垃圾处理问题带来严峻挑战。

表 3-16 2010—2020 年北京生活垃圾产生量

年份	生活垃圾产生量（万吨）	增长率（%）
2010	634.86	—

续表

年份	生活垃圾产生量（万吨）	增长率（%）
2011	634.90	0.006 3
2012	634.35	-0.007 9
2013	648.31	2.20
2014	671.69	3.61
2015	733.84	9.25
2016	790.33	7.70
2017	924.80	17.01
2018	975.69	5.50
2019	1 011.20	3.63
2020	797.50	-21.13

资料来源：《北京市统计年鉴》。

3.3.2 净菜产业发展预测

为引领绿色发展，建设宜居城市，城市垃圾处理问题成为生态建设的重中之重。对此，北京市人大常委会制定《北京市生活垃圾管理条例》，要求餐饮服务单位开展厨余垃圾减量化工作；此外，北京市商务局、农业农村局制定印发了《关于逐步推进净菜上市工作的指导意见》，强调在农产品生产和流通领域，加强净菜基地及加工企业建设，发展鲜切菜龙头企业，逐步推进净菜上市工作，实现农产品垃圾源头减量。政府对"净菜进城"的大力支持，为净菜产业注入了发展动力，当前政策正逐步发挥作用，政策红利尚未完全显现。对此，本书将利用现有数据对北京净菜产业发展进行预测。

我们常用灰色系统预测模型、线性统计回归模型和成分分析模型等方法进行预测分析。本节将采用 GM（1，1）灰色系统预测模型和多元线性回归模型，利用已掌握的北京净菜销售量与其相关因素的变化与影响，推测未来北京净菜销售量，以此探究未来十年北京净菜产业发展空间。

3.3.2.1 GM (1, 1) 灰色系统预测模型

GM (1, 1) 作为常见的灰色系统预测模型,能对北京未来净菜销售量进行较为精准的预测。而难点在于北京净菜产业尚在起步阶段,缺乏净菜产业的统计数据。对此,笔者访问了净菜行业协会及北京两家大型净菜加工企业,获得了相关资料,整理得到 2010—2020 年北京净菜年销售量(见表 3-17)。

表 3-17　2010—2020 年北京净菜年销售量

年份	北京净菜年销售量(万吨)	年份	北京净菜年销售量(万吨)
2010	5.23	2016	30.30
2011	6.84	2017	40.80
2012	8.37	2018	60.00
2013	13.24	2019	69.00
2014	16.00	2020	42.00
2015	20.00		

资料来源:本书作者根据访谈结果汇总整理得到。

(1) 原理与步骤

首先,经调研获得 2010—2020 年 11 个原始数据观察值 $X^{(0)} = \{X^{(0)}_{(1)}, X^{(0)}_{(2)}, \cdots, X^{(0)}_{(11)}\}$。

其次,将原始数据序列一次累加生成新序列 $X^{(1)} = \{X^{(1)}_{(1)}, X^{(1)}_{(2)}, \cdots, X^{(1)}_{(11)}\}$。

再次,对上式建立微分方程 $\dfrac{dX^{(1)}}{dt} + \alpha X^{(1)} = \mu$,$\alpha$ 为发展系数,μ 为内生控制系数,解得 $X^{(0)}_{(k+1)} = \left[X^{(0)}_{(1)} - \dfrac{\mu}{\alpha} \right] e^{-\alpha k} + \dfrac{\mu}{\alpha}$,$k$ 表示第 k 个预测期。

最终可得:$X^{(0)}_{(k+1)} = X^{(1)}_{(k+1)} - X^{(1)}_{(k)} = (1 - e^{\alpha}) \left[X^{(0)}_{(1)} - \dfrac{\mu}{\alpha} \right] e^{-\alpha k}$,解得 $\alpha = -0.1873$,$\mu = 10.1502$。

(2) 预测准确性

在获得北京净菜年销售量数据的基础上进行销售量预测,将 2010—

2020年的预测值与真实值进行对比，描绘出实际曲线和预测曲线图，并将两者进行对照和分析。如图3-2所示，预测曲线和实际曲线增长趋势基本一致，预测值与真实值的总体误差不大，拟合度较好，仅在2020年误差较大，其主要原因在于疫情防控导致餐饮业大面积歇业闭店。一方面，新冠肺炎疫情限制了部分人员流动，服务人员大幅减少使餐饮业不具备开业条件。另一方面，消费者主动减少集聚性活动，降低了外出就餐的次数。而餐饮业作为净菜的主要购买者，其人员不足和消费需求降低势必会减少净菜购买量。

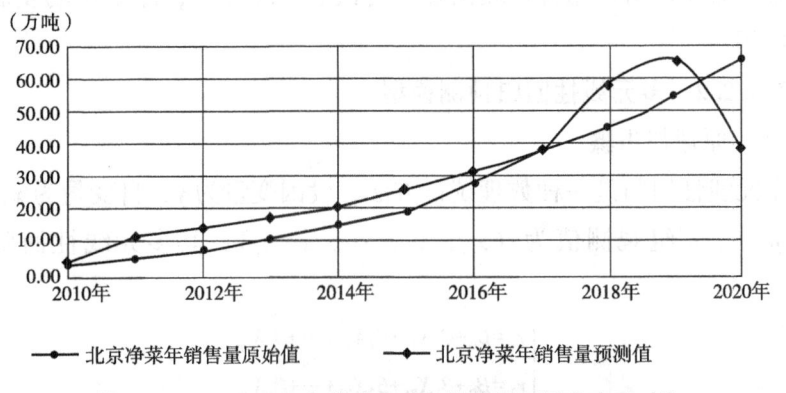

图3-2　2010—2020年北京净菜年销售量预测准确度对比

同时，以发展系数 α 的绝对值大小来判断模拟值精度，当 $0<-\alpha<0.3$ 时，模拟值精度比较高。本模型计算得到 $-\alpha=0.1873$，因此可使用该方法对未来北京净菜销售量进行预测。

（3）预测结果

根据灰色GM（1，1）的预测原理，计算出2021—2030年北京净菜年销售量预测值，结果如表3-18所示。

表3-18　2021—2030年北京净菜年销售量预测值

年份	北京净菜年销售量预测值（万吨）	年份	北京净菜年销售量预测值（万吨）
2021	78.79	2026	201.00
2022	95.02	2027	242.41

续表

年份	北京净菜年销售量预测值（万吨）	年份	北京净菜年销售量预测值（万吨）
2023	114.59	2028	292.34
2024	138.20	2029	352.56
2025	166.67	2030	425.19

资料来源：本书作者根据计算结果编制。

由预测值可以看出，2021—2030 年北京净菜年销售量将大幅提升，年平均增长率预计保持在 20% 左右。这表明当前北京净菜市场尚未达到饱和，且随着疫情防控态势持续向好、餐饮业有序复工，净菜市场发展空间十分广阔。

3.3.2.2 多元线性回归预测模型

(1) 原理与步骤

多元线性回归是一种数理统计方法，设因变量为 y，自变量为 x，自变量有 p 个，n 组观测值为 $(x_{1i}, x_{2i}, \cdots, x_{pi}, y_i)$，其多元线性回归表达式为：

$$\begin{cases} y_1 = \beta_0 + \beta_1 X_{11} + \beta_2 X_{12} + \cdots + \beta_p X_{1p} \\ y_2 = \beta_0 + \beta_1 X_{21} + \beta_2 X_{22} + \cdots + \beta_p X_{2p} \\ \cdots\cdots\cdots\cdots \\ y_n = \beta_0 + \beta_1 X_{n1} + \beta_2 X_{n2} + \cdots + \beta_p X_{np} \end{cases}$$

写成矩阵形式为：$y = x\beta$。其中：

$$\beta = \begin{bmatrix} \beta_0 \\ \beta_1 \\ \vdots \\ \beta_p \end{bmatrix}, \quad y = \begin{bmatrix} y_1 \\ y_2 \\ \vdots \\ y_n \end{bmatrix}, \quad x = \begin{bmatrix} 1 & x_{11} & x_{12} & \cdots & x_{1p} \\ 1 & x_{21} & x_{22} & \cdots & x_{2p} \\ \vdots & \vdots & \vdots & & \vdots \\ 1 & x_{n1} & x_{n2} & \cdots & x_{np} \end{bmatrix}$$

β 为多元线性回归方程系数。

(2) 变量设定

净菜相较于毛菜价格较高，其销售量与该地消费者的消费能力有很大关系。北京作为拥有超过 2 000 万人口的世界级大都市，人均可支配收入

水平较高。因此选取家庭人均可支配收入（x_1）和食品类人均消费支出（x_2）代表消费者的消费水平。

从净菜消费渠道来看，净菜消费者主要是餐饮企业或食堂，以及居民消费者。一方面，随着消费结构改变，消费者外出就餐频率增加，为餐饮业带来了发展机遇，而现代社会的快生活节奏也要求企业提高生产效率。餐饮企业或食堂使用净菜可简化烹饪流程，降低人工成本，提高出餐效率，因此成为净菜的主要消费者。另一方面，居民消费者还可以通过在超市便利店、仓储会员店等零售业态直接购买净菜进行烹饪。因此，选取零售业态数量（x_3）与北京餐饮业地区生产总值（x_4）作为自变量（见表3-19）。

表3-19　2010—2020年北京净菜年销售量预测变量设定

年份	因变量 净菜销售量 y（万吨）	自变量 家庭人均可支配收入 x_1（元）	食品类人均消费支出 x_2（元）	零售业态数量 x_3（个）	餐饮业地区生产总值 x_4（亿元）
2010	4.58	29 073.00	3 121.00	2 863	346.3
2011	6.28	32 903.00	6 905.00	2 629	380.6
2012	8.49	36 469.00	7 535.00	2 573	408.8
2013	11.32	40 321.00	8 170.00	2 570	413.1
2014	15.09	43 910.00	8 632.00	2 804	404.4
2015	18.87	48 458.00	7 584.00	2 795	441.7
2016	28.30	52 530.00	7 609.00	2 931	447.0
2017	37.70	57 230.00	7 549.00	2 551	470.4
2018	56.60	62 361.00	8 065.00	4 268	515.1
2019	65.00	67 756.00	8 489.00	4 524	538.1
2020	37.70	69 434.00	8 374.00	5 045	391.1

资料来源：《北京市统计年鉴》。

（3）模型的检验

统计检验是运用数理统计的方法对方程进行检验，并对模型参数估计值的可信度进行检验。常用的检验方法有拟合优度检验、多重共线性检

验、模型显著性检验等。

拟合优度检验。如表3-20所示，方程调整后的R^2达到0.975，大于95%，故认为该多元线性方程拟合优度很好，具备合理性。此外，实际问题中，当德宾-沃森统计量的值在2左右时，可判定回归模型不存在残差自相关。在此方程中，德宾-沃森统计量为2.469，接近2，可认为回归模型有效，不存在残差自相关。

表3-20 模型拟合优度检验

R	R^2	调整后的R^2	标准估算的误差	德宾-沃森
0.992	0.985	0.975	3.283 52	2.469

资料来源：统计软件计算输出。

多重共线性检验。使用容差和VIF指标来衡量各个变量间的多重共线性。一般情况下，容差的范围取值为0~1，容差越小，则有较大概率表明因变量与自变量存在多重共线性；反过来则表明自变量之间的独立性越强。当VIF的取值<10时，各变量间不存在多重共线性关系。如表3-21所示，共线性统计列中容差在可接受范围，VIF值均小于10，表明方程的变量之间不存在多重共线性关系。

表3-21 模型多重共线性检验

自变量	共线性统计	
	容差	VIF
家庭人均可支配收入x_1	0.139	7.175
食品类人均消费支出x_2	0.542	1.845
零售业态数量x_3	0.411	2.433
餐饮业地区生产总值x_4	0.272	3.674

资料来源：统计软件计算输出。

模型显著性检验。如表3-22所示，在显著性为95%的条件下，F值小于0.05，故可以认为方程的各个自变量总体上对因变量的影响很显著。

3 净菜产业社会综合效益评价

表3-22 模型显著性检验

模型	平方和	自由度	均方	F	显著性
回归	4 209.999	4	1 052.500	97.621	0.000
残差	64.689	6	10.781		
总计	4 274.688	10			

资料来源：统计软件计算输出。

（4）回归结果

在多元线性回归方程通过拟合优度检验、多重共线性检验和模型显著性检验后，可认为该方程设定有效合理，利用 SPSS 23 对该方程进行多元线性回归，回归结果如表3-23所示。

表3-23 模型拟合表

模型	未标准化系数 β	标准误差	标准化系数 β	t	显著性
（常量）	−94.572	10.176	—	−9.294	0.000
家庭人均可支配收入 x_1	0.001	0.000	0.387	2.876	0.028
食品类人均消费支出 x_2	−0.002	0.001	−0.163	−2.383	0.055
零售业态数量 x_3	0.208	0.028	0.580	7.404	0.000
餐饮业地区生产总值 x_4	0.006	0.002	0.263	2.732	0.034

资料来源：统计软件计算输出。

餐饮业地区生产总值、家庭人均可支配收入、零售业态数量显著性小于0.05，食品类人均消费支出显著性为0.055边缘显著。通过置信水平为95%的显著性检验，可判定以上4个自变量对北京净菜销售量均有显著影响。

得到回归方程：

$$y = -94.572 + 0.01 x_1 - 0.002 x_2 + 0.208 x_3 + 0.006 x_4$$

（5）净菜销售量预测值

进一步，可以利用 GM（1，1）灰色预测模型对自变量 $x_1 \sim x_4$ 进行预测，并将预测值代入回归方程中，得到未来十年北京净菜年销售量预测值。如表3-24所示，北京年净菜销售量预测值呈现出上升趋势，年增长

率呈现出递减趋势。这表明在北京常住人口保持平稳的条件下，净菜产业不断发展，消费群体对净菜的需求逐渐趋于稳定。

表 3-24 2021—2030 年北京净菜年销售量预测

年份	预测值					
	家庭人均可支配收入（元）	食品类人均消费支出（元）	餐饮业地区生产总值（亿元）	零售业态数量（个）	北京净菜销售量（万吨）	年增长率（%）
2021	78 417.22	8 439.65	498.82	5 101.58	101.33	—
2022	85 180.12	8 544.37	510.30	5 573.47	113.10	11.61
2023	92 526.27	8 650.39	522.05	6 089.01	125.77	11.20
2024	100 505.97	8 757.72	534.06	6 652.23	139.42	10.85
2025	109 173.87	8 866.39	546.35	7 267.55	154.12	10.54
2026	118 589.30	8 976.41	558.93	7 939.79	169.96	10.28
2027	128 816.75	9 087.75	571.79	8 674.21	187.05	10.06
2028	139 926.23	9 200.55	584.95	9 476.56	205.48	9.85
2029	151 993.83	9 314.71	598.41	10 353.13	225.38	9.68
2030	165 102.17	9 430.29	612.19	11 310.78	246.87	9.53

资料来源：本书作者计算得出。

3.3.2.3 模型预测值对比

通过 GM（1,1）灰色系统预测模型和多元线性回归模型，得到两组预测数据。相同点在于两组数据均表现出明显的上升趋势。而不同之处是 GM（1,1）灰色系统预测模型预测的年增长率稳定在 20% 左右，无下降趋势；多元线性回归模型的预测的增长率表现出逐年递减的趋势。综合考虑 GM（1,1）灰色系统预测模型和多元线性回归模型的预测结果，两模型预测数据在 2024 年基本重合，此后 GM（1,1）模型预测增长幅度明显大于多元线性回归模型（见图 3-3）。

进一步，"根据统计模型特点对预测数据差异进行分析。传统的 GM（1,1）模型在预测较长时间的数据时，由于数据累加常常出现预测结果发散的现象，且在预测处理数据起伏较大的情况下结果并不十分理想"。因此，选取 GM（1,1）模型中 2021—2024 年的预测数据作为短期内的净菜销售量。此外，结合实际情况来看，北京净菜产业发展空间并不是无限

3 净菜产业社会综合效益评价

图 3-3 净菜销售量预测值对比

的，当前北京居民的膳食营养水平已经满足人体所需，随着北京常住人口数量保持平稳，消费群体对净菜的需求最终会趋于稳定，达到饱和。因此，选取多元线性回归模型中 2025—2030 年的预测数据作为北京长期的净菜销售量，得到如表 3-25 所示的结果。2020 年北京蔬菜供应量约为 803 万吨，预计 2021 年北京净菜销售量将达到 78.79 万吨，占北京年蔬菜供应量的 9.81%，2030 年北京净菜销售量将增长至 246.87 万吨，占北京年蔬菜供应量的 30.74%。

表 3-25 2021—2030 年北京净菜销售量预测值

年份	北京净菜年销售量预测值（万吨）	占全市蔬菜供应量的比重（%）	预测方法
2021	78.79	9.81	GM (1, 1)
2022	95.02	11.83	
2023	114.59	14.27	
2024	138.20	17.21	
2025	154.12	19.19	多元线性回归
2026	169.96	21.17	
2027	187.05	23.29	
2028	205.48	25.59	
2029	225.38	28.07	
2030	246.87	30.74	

本书采用两种模型对未来十年内北京净菜年销售量进行预测，以期客观反映产业发展趋势。但产业的发展受政策影响较大，预测数值的准确性有待进一步检验。相信随着政府对"净菜进城"的支持，以及政策的不断推进，北京净菜年销售量有望进一步攀升。

3.3.3 净菜产业发展对垃圾减量的预测分析

当前，我国都市蔬菜供给仍然以初级农产品为主，即毛菜。这种未经加工的农产品包含了很多菜叶、菜根、病虫害及破损部分，造成较多不可食用的部分进入城市和居民家庭，又以生活垃圾的形式排放出来，给城市环境治理带来困难。而"净菜进城"可以减少蔬菜供应中"无效供应"成分，通过改革蔬菜供给端，降低城市生活垃圾产生量。

2020年，北京日均蔬菜供应量约为2.2万吨，全年蔬菜供应量达到803万吨。随着北京常住人口数量保持平稳，居民蔬菜消费量在短期内不会有明显增长，因此本书假设未来北京蔬菜供应量将稳定在803万吨。此外，每1 000克蔬菜平均产生300克左右的废料，这意味着1 000克毛菜可生产净菜700克，产生300克厨余垃圾，且1 000克毛菜与700克净菜的可食用部分数量相同。

以2020年为例进行计算，该年度销售量为37.7万吨，生产该数量净菜需要毛菜53.86万吨，在假定北京蔬菜供应量803万吨的前提下，该年度仍有749.14万吨毛菜进京，将产生224.74万吨的厨余垃圾。同理可得到其他年份的数据，如表3-26所示。

表3-26　2021—2030年厨余垃圾产生量预测

年份	净菜销售量预测值（万吨）	占全市蔬菜供应量比重（%）	生产净菜所需的毛菜量（万吨）	进城毛菜量（万吨）	进城毛菜厨余垃圾产生量（万吨）	与2020年相比厨余垃圾减量（万吨）
2020	37.70	4.69	53.86	749.14	224.74	—
2021	78.79	9.81	112.56	690.44	207.13	17.61
2022	95.02	11.83	135.74	667.26	200.18	24.56

续表

年份	净菜销售量预测值（万吨）	占全市蔬菜供应量比重（%）	生产净菜所需的毛菜量（万吨）	进城毛菜量（万吨）	进城毛菜厨余垃圾产生量（万吨）	与2020年相比厨余垃圾减量（万吨）
2023	114.59	14.27	163.71	639.29	191.79	32.95
2024	138.20	17.21	197.43	605.57	181.67	43.07
2025	154.12	19.19	220.17	582.83	174.85	49.89
2026	169.96	21.17	242.80	560.20	168.06	56.68
2027	187.05	23.29	267.21	535.79	160.74	64.00
2028	205.48	25.59	293.55	509.45	152.84	71.90
2029	225.38	28.07	321.97	481.03	144.31	80.43
2030	246.87	30.74	352.67	450.33	135.10	89.64

注：2020年为基数值。下同。

2030年净菜销售量预计占全市蔬菜销售量的30.74%，因毛菜进城而产生的厨余垃圾量为135.10万吨，相较于2020年可减少89.64万吨。

3.3.4 净菜产业发展对降低碳排放量的预测分析

"十四五"时期，北京生态环境保护以降碳为重点战略方向，依靠减污降碳协同增效，促进社会全面绿色发展。净菜产业对减少都市废弃物产生，降低二氧化碳排放的作用不容忽视。

通过"净菜进城"降低二氧化碳排放量，主要有以下两种途径：一是避免运输蔬菜中不可食用部分，减少城际间的无效运输，同时减少都市内厨余垃圾清运量，以此实现节能减排。二是在生活垃圾焚烧过程中，厨余垃圾产生量减少直接降低二氧化碳排放；同时，将厨余垃圾焚烧发电，可替代部分化石能源燃烧，避免二氧化碳排放。

3.3.4.1 降低无效运输的减排作用

（1）毛菜供应量降低可减少城际间的运输碳排放

当前北京蔬菜自给率仍然较低，绝大部分的蔬菜来源于河北和山东等省份。未来，随着外埠对京净菜供给量提高，毛菜供应量降低，收购商可逐渐缩减对蔬菜中不可食用部分的运输，减少非必要的能源消耗，提升运

输效率。

据北京新发地市场调研测算，北京冬春季节以山东大棚蔬菜为主，供应量约占北京当季蔬菜总需求量的27.3%；夏季以北方露地菜为主，其中河北蔬菜夏季供给量约占北京当季蔬菜总需求量的40%。秋季河北和山东当季供给蔬菜约占北京蔬菜总需求量的30%。综合以上情况，本书将按照上述比例，分别计算山东省和河北省的对京蔬菜供应量（见表3-27）。

表3-27　2021—2030年山东和河北对京蔬菜供应量预测

年份	山东省 净菜进城量（万吨）	山东省 毛菜进城量（万吨）	山东省 合计（万吨）	河北省 净菜进城量（万吨）	河北省 毛菜进城量（万吨）	河北省 合计（万吨）
2020	15.95	316.89	332.83	20.74	412.03	432.76
2021	33.33	292.06	325.39	43.33	379.74	423.08
2022	40.19	282.25	322.44	52.26	366.99	419.25
2023	48.47	270.42	318.89	63.03	351.61	414.64
2024	58.46	256.16	314.62	76.01	333.06	409.07
2025	65.19	246.54	311.73	84.76	320.56	405.32
2026	71.89	236.96	308.86	93.48	308.11	401.59
2027	79.12	226.64	305.76	102.88	294.68	397.56
2028	86.92	215.50	302.42	113.02	280.20	393.21
2029	95.34	203.47	298.81	123.96	264.56	388.52
2030	104.43	190.49	294.92	135.78	247.68	383.46

山东寿光蔬菜基地与河北张家口蔬菜基地是北京重要的蔬菜供应地，因此，本书选取山东寿光和河北张家口为例，分别计算两地到北京的蔬菜年运输往返总里程。其中山东寿光距北京约474.6公里，河北张家口距北京约196.3公里。经实地调研走访发现，北京蔬菜运输车大多为9.6米的中型厢式货车，载货量约为10吨，我们以此为基础数据进行估算（见表3-28）。

表 3-28　2021—2030 年山东和河北对京蔬菜年运输总里程预测

年份	山东寿光—北京			河北张家口—北京		
	蔬菜年运输量（万吨）	年运输车数（万车）	年运输往返总里程（万公里）	蔬菜年运输量（万吨）	年运输车数（万车）	年运输往返总里程（万公里）
2020	332.83	33.283 5	31 592.65	432.76	43.276 4	16 990.30
2021	325.39	32.538 5	30 885.59	423.08	42.307 8	16 610.04
2022	322.44	32.244 3	30 606.30	419.25	41.925 2	16 459.85
2023	318.89	31.889 5	30 269.49	414.64	41.463 9	16 278.71
2024	314.62	31.461 5	29 863.29	409.07	40.907 4	16 060.26
2025	311.73	31.173 0	29 589.41	405.32	40.532 3	15 912.97
2026	308.86	30.885 8	29 316.77	401.59	40.158 5	15 766.34
2027	305.76	30.576 0	29 022.74	397.56	39.756 0	15 608.22
2028	302.42	30.241 8	28 705.52	393.21	39.321 5	15 437.62
2029	298.81	29.881 1	28 363.10	388.52	38.852 4	15 253.47
2030	294.92	29.491 5	27 993.35	383.46	38.345 9	15 054.62

9.6 米的中型厢式货车，百公里油耗约为 20 升，"柴油每升换算成质量系数为 0.85 千克/升，含碳量为 20.2 千克/十亿焦耳，二氧化碳排放因子为 74.07 千克/万亿焦耳。单位质量柴油完全燃烧排放的二氧化碳质量转化系数计算得 3.185，即 1 千克柴油二氧化碳排放量为 3.185 千克"[1]。

在保障北京蔬菜稳定供应的条件下，2020 年往返城际间的蔬菜运输车行驶总里程约为 4.86×10^4 万公里，二氧化碳排放量约为 26.31 万吨；到 2030 年行驶总里程约为 4.30×10^4 万公里，二氧化碳排放量预计可降至 23.31 万吨（见表 3-29）。综合来看，预计 2030 年蔬菜供应的城际运输总里程将减少 11.52%，二氧化碳排放量可减少 3 万吨。

---

[1] 杜林军，李林蔚，解莹，等. 城市生活垃圾低碳管理及碳减排潜力估算 [J]. 环境卫生工程，2010，18（5）：1-3.

表3-29　2021—2030年山东和河北蔬菜运输二氧化碳排放量预测

年份	山东—北京 年运输往返总里程（万公里）	年总油耗（千克）	二氧化碳排放量（万吨）	河北—北京 年运输往返总里程（万公里）	年总油耗（千克）	二氧化碳排放量（万吨）	二氧化碳合计排放量（万吨）
2020	31 592.65	5 370.75×10^4	17.11	16 990.30	2 888.4×10^4	9.20	26.31
2021	30 885.59	5 250.55×10^4	16.72	16 610.04	2 823.7×10^4	8.99	25.72
2022	30 606.30	5 203.07×10^4	16.57	16 459.85	2 798.1×10^4	8.91	25.48
2023	30 269.49	5 145.81×10^4	16.39	16 278.71	2 767.3×10^4	8.81	25.20
2024	29 863.29	5 076.76×10^4	16.17	16 060.26	2 730.2×10^4	8.70	24.87
2025	29 589.41	5 030.20×10^4	16.02	15 912.97	2 705.2×10^4	8.62	24.64
2026	29 316.77	4 983.85×10^4	15.87	15 766.34	2 680.2×10^4	8.54	24.41
2027	29 022.74	4 933.87×10^4	15.71	15 608.22	2 653.4×10^4	8.45	24.17
2028	28 705.52	4 879.94×10^4	15.54	15 437.62	2 624.3×10^4	8.36	23.90
2029	28 363.10	4 821.73×10^4	15.36	15 253.47	2 593.0×10^4	8.26	23.62
2030	27 993.35	4 758.87×10^4	15.16	15 054.62	2 559.2×10^4	8.15	23.31

（2）厨余垃圾清运量减少可降低都市内的运输碳排放

当前，垃圾焚烧是北京垃圾处理的主要方式，北京36家垃圾处理厂中，有11家以焚烧为主要处理工艺。本书利用百度地图测距功能，对各垃圾处理厂与所在城区中心的距离进行测量，得到厨余垃圾清运的平均距离约为19.22公里（见表3-30）。

表3-30　北京厨余垃圾运至垃圾处理厂距离估计

序号	垃圾处理厂名称	设施位置	距离城区距离（公里）	清运平均距离（公里）
1	高安屯垃圾焚烧厂	朝阳区	14.6	19.22
2	朝阳垃圾焚烧中心	朝阳区	7.7	
3	海淀区循环经济产业园再生能源发电厂	海淀区	20.2	
4	鲁家山垃圾焚烧厂	门头沟区	18.5	
5	通州区再生能源发电厂	通州区	12.5	

续表

序号	垃圾处理厂名称	设施位置	距离城区距离（公里）	清运平均距离（公里）
6	顺义区垃圾综合处理厂	顺义区	28.0	19.22
7	阿苏卫垃圾焚烧发电厂	昌平区	31.7	
8	南宫生活垃圾焚烧厂	大兴区	16.2	
9	怀柔区生活垃圾焚烧发电厂	怀柔区	14.6	
10	平谷区垃圾综合处理厂	平谷区	21.9	
11	密云垃圾综合处理中心	密云区	25.5	

资料来源：根据百度地图测距计算所得。

北京厨余垃圾密度约为0.25吨/立方米，厨余垃圾收运车装载量普遍为3吨左右，以此装载量为标准进行计算，每车实载质量约为0.75吨。按照前文预测的进城毛菜厨余垃圾产生量，可计算出北京每年厨余垃圾运送至垃圾处理厂的清运总距离（见表3-31）。

表3-31　2021—2030年北京厨余垃圾年清运距离估算

年份	进城毛菜厨余垃圾产生量（万吨）	年运输车数（万车）	年清运距离（往返）（万公里）
2020	224.74	299.657 1	11 518.82
2021	207.13	276.177 1	10 616.25
2022	200.18	266.902 6	10 259.74
2023	191.79	255.717 7	9 829.79
2024	181.67	242.228 7	9 311.27
2025	174.85	233.133 8	8 961.66
2026	168.06	224.079 9	8 613.63
2027	160.74	214.316 0	8 238.31
2028	152.84	203.781 5	7 833.36
2029	144.31	192.410 7	7 396.27
2030	135.10	180.132 0	6 924.27

进一步计算厨余垃圾清运所需要的能源消耗以及二氧化碳排放量。查

阅相关资料，装载量为3吨的厨余垃圾收运车百公里油耗约为10升，单位质量柴油完全燃烧排放的二氧化碳质量转化系数计算得3.185，即1千克柴油二氧化碳排放量为3.185千克。

经计算，北京2020年的生活垃圾收运过程中的预计二氧化碳排放量为3.12万吨，预计到2030年因净菜进城，可减少厨余垃圾清运里程4 594.55万公里，由此二氧化碳排放量能降低25%（见表3-32）。

表3-32 2021—2030年北京厨余垃圾清运二氧化碳排放量预测

年份	进城毛菜厨余垃圾产生量（万吨）	年运输往返距离（万公里）	年总油耗（万千克）	二氧化碳排放量（万吨）
2020	224.74	11 518.82	979.10	3.12
2021	207.13	10 616.25	902.38	2.87
2022	200.18	10 259.74	872.08	2.78
2023	191.79	9 829.79	835.53	2.66
2024	181.67	9 311.27	791.46	2.52
2025	174.85	8 961.66	761.74	2.43
2026	168.06	8 613.63	732.16	2.33
2027	160.74	8 238.31	700.26	2.23
2028	152.84	7 833.36	665.84	2.12
2029	144.31	7 396.27	628.68	2.00
2030	135.10	6 924.27	588.56	1.87

3.3.4.2 生活垃圾焚烧的减排作用

生活垃圾焚烧过程中二氧化碳排放源包括直接排放、间接排放、避免排放。结合《北京市企业（单位）二氧化碳排放核算和报告指南（2016版）》，本书对生活垃圾焚烧过程中三种排放方式给出如下定义：二氧化碳直接排放是指垃圾焚烧厂对生活垃圾进行焚烧处理时产生的二氧化碳排放；二氧化碳间接排放是指耗电设施电力消耗所隐含的电力生产时化石燃料燃烧的二氧化碳排放，即化石燃料燃烧以供焚烧厂内用电，该发电过程所产生的二氧化碳排放；避免排放是指厨余垃圾焚烧可以用于发电，以减少二氧化碳排放（如图3-4所示）。

3 净菜产业社会综合效益评价

```
生活垃圾        ┌ 直接排放 ── 生活垃圾进行焚烧处理时产生的二氧化碳排放
焚烧中的        │
二氧化碳        ├ 间接排放 ── 消耗外购电力生产时化石燃料燃烧所产生的二氧化碳排放，
排放源          │              约等于零
                └ 避免排放 ── 厨余垃圾焚烧发电，避免二氧化碳产生
```

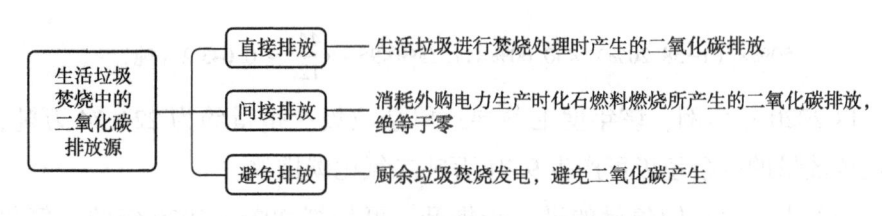

图 3-4 生活垃圾焚烧中的二氧化碳排放源

为了便于计算，本书将垃圾焚烧所产生的部分电量用于企业运转，剩余的电量再上网。这样垃圾焚烧企业无需外购电力，即间接排放量为零。后文将直接计算直接排放量和避免排放量。

（1）厨余垃圾减量可直接降低二氧化碳排放

生活垃圾中的碳元素由生物质碳和矿物碳两部分组成，其中生物质碳的释放参与自然界碳循环，不增加大气碳含量，其燃烧产生的温室气体（二氧化碳）不计入排放总量中；而矿物碳燃烧是生活垃圾在焚烧炉内燃烧产生温室气体的主要来源，是计算的主要目标。随着净菜销售量的提高，厨余垃圾减量效果明显，其焚烧产生的二氧化碳排放量计算方法如下：

$$E_t = W \sum (F_W F_{dm} F_c F_{FC} K) \times \frac{44}{12}$$

其中，E_t 为生活垃圾中矿物成因碳焚烧导致的二氧化碳排放量（t）；W 为生活垃圾焚烧量（t）；F_W 为厨余垃圾占生活垃圾的比例（%）；F_{dm} 为厨余垃圾中的干物质比例（%）；F_c 为厨余垃圾干物质中碳元素比例（%）；F_{FC} 为厨余垃圾碳元素中矿物碳比例（%）；K 为氧化因子（%），生活垃圾焚烧碳氧化率按95%确定；44/12 为碳转化成二氧化碳的转换比例。相关数据引用业内学者的研究数据，如表 3-33 所示。

表 3-33 北京入炉厨余垃圾可燃组分参数推荐值   单位：%

物理组分	含水量	碳元素	矿物碳
厨余垃圾	58.20	50.60	11.73

经确定入炉生活垃圾中可燃组分的占比与含水率后，1吨入炉生活垃圾中厨余垃圾可燃组分矿物碳焚烧排放二氧化碳如下：

$$50\% \times (1-58.20\%) \times 50.60\% \times 11.73\% \times 95\% \times \frac{44}{12} \approx 0.043\,2\,(吨)$$

以 2020 年为例，该年度毛菜导致厨余垃圾产生量约为 224.74 万吨，焚烧该数量的厨余垃圾可产生 9.71 万吨二氧化碳排放。

随着未来净菜销售量的进一步提升，可计算 2021—2030 年的二氧化碳排放量（如表 3-34 所示）。当净菜销售量由 2021 年的 9.81% 上升至 2030 年的 30.74% 时，二氧化碳排放量可减少 3.11 万吨。

表 3-34　2021—2030 年净菜进城对降低二氧化碳排放量的预测

年份	净菜销售量预测值（万吨）	进城毛菜厨余垃圾产生量（万吨）	二氧化碳排放量（万吨）	与 2020 年相比直接排放减少量（万吨）
2020	37.70	224.74	9.71	—
2021	78.79	207.13	8.95	0.76
2022	95.02	200.18	8.65	1.06
2023	114.59	191.79	8.29	1.42
2024	138.20	181.67	7.85	1.86
2025	154.12	174.85	7.55	2.16
2026	169.96	168.06	7.26	2.45
2027	187.05	160.74	6.94	2.77
2028	205.48	152.84	6.60	3.11
2029	225.38	144.31	6.23	3.48
2030	246.87	135.10	5.84	3.87

（2）厨余垃圾焚烧发电可避免二氧化碳排放

生活垃圾焚烧企业焚烧发电上网的二氧化碳排放，按下式计算：

$$E_{bd} = A_{bd} K_{bd}$$

式中：E_{bd} 为生活垃圾焚烧发电上网导致的二氧化碳避免排放量（t）；A_{bd} 为生活垃圾焚烧发电上网电量（MWh）；K_{bd} 为电力避免排放的二氧化碳排放因子，单位为 t·(MWh)$^{-1}$。

根据国家发改委最新发布的《中国区域电网基准线排放因子》，华北区域电网电量边际排放因子（$K_{grid,OM,y}$）和容量边际排放因子（$K_{grid,BM,y}$）分别为 1t·(MWh)$^{-1}$ 和 0.450 6t·(MWh)$^{-1}$。华北区域电网组合边际排

放因子（$K_{grid,CM,y}$）计算如下：

$$K_{grid,CM,y} = 1 \times 0.5 + 0.450\ 6 \times 0.5 = 0.725\ 3\ [t \cdot (MWh)^{-1}]$$

1吨原生厨余垃圾产生的甲烷（CH_4）可发电162 kW·h，除去厂用电量50%，上网电量为81（kW·h/t），可计算E_{bd}：

$$E_{bd} = 81 \times 10^{-3} \times 0.725\ 3 \approx 0.058\ 7\ （吨）$$

以2020年为例，毛菜厨余垃圾产生量约为207.13万吨，该年厨余垃圾发电量＝0.058 7t×2 247 429＝13.19万吨，同理可得到2021—2030年数据（见表3-35）。

表3-35　2021—2030年厨余垃圾发电避免二氧化碳排放量预测

年份	净菜销售量预测值（万吨）	进城毛菜厨余垃圾产生量（万吨）	避免二氧化碳排放量（万吨）
2020	37.70	224.74	13.19
2021	78.79	207.13	12.16
2022	95.02	200.18	11.75
2023	114.59	191.79	11.26
2024	138.20	181.67	10.66
2025	154.12	174.85	10.26
2026	169.96	168.06	9.87
2027	187.05	160.74	9.44
2028	205.48	152.84	8.97
2029	225.38	144.31	8.47
2030	246.87	135.10	7.93

3.3.4.3　净菜产业发展的综合减排效果

将城际间蔬菜运输、城市厨余垃圾清运及厨余垃圾焚烧过程中产生的二氧化碳排放量，与厨余垃圾焚烧发电减少二氧化碳排放量进行合计。发现净菜进城在厨余垃圾焚烧减少二氧化碳排放方面发挥的作用最大，其次是减少城际蔬菜运输二氧化碳排放及城市厨余垃圾清运二氧化碳排放。相较于2020年，2030年二氧化碳排放量将累计减少2.94万吨，且二氧化碳减排率呈现上升趋势（见表3-36）。这一趋势表明，净菜进城可有效降低

社会化石燃料燃烧，减少二氧化碳排放，同时厨余垃圾焚烧发电实现了资源循环利用，总体达到环境保护的效果，有助于碳中和目标达成。

表 3-36　2021—2030 年北京净菜产业发展的综合减排效果预测　　单位：万吨

年份	净菜销售量预测值	城际蔬菜运输二氧化碳排放量	城市厨余垃圾清运二氧化碳排放量	厨余垃圾焚烧二氧化碳排放量	厨余垃圾焚烧发电二氧化碳排放量	二氧化碳排放量合计	相较于2020年二氧化碳减排量
2020	37.70	26.31	3.12	9.71	-13.19	25.95	—
2021	78.79	25.72	2.87	8.95	-12.16	25.26	0.69
2022	95.02	25.48	2.78	8.65	-11.75	25.04	0.91
2023	114.59	25.20	2.66	8.29	-11.26	24.78	1.17
2024	138.20	24.87	2.52	7.85	-10.66	24.47	1.48
2025	154.12	24.64	2.43	7.55	-10.26	24.25	1.70
2026	169.96	24.41	2.33	7.26	-9.87	24.03	1.92
2027	187.05	24.17	2.23	6.94	-9.44	23.81	2.14
2028	205.48	23.90	2.12	6.60	-8.97	23.56	2.39
2029	225.38	23.62	2.00	6.23	-8.47	23.30	2.65
2030	246.87	23.31	1.87	5.84	-7.93	23.01	2.94
十年间差值	209.17	-3	-1.25	-3.87	5.26	-2.94	—

为简便计算，本书在计算城际蔬菜运输造成二氧化碳排放方面，仅以北京周边的山东和河北为例，而东北、云南等地区未列入计算对象；这意味着推广净菜进城后的实际效果可能大于本书的预测结果，即实际二氧化碳减排效果更好。

3.4　净菜产业的其他社会效益分析

3.4.1　民生福祉效益

（1）生活品质提升

以北京为代表的大都市，社会生产效率不断提升，经济发展向好，人

们对生活品质的要求越来越高。一方面，净菜产业属于农产品加工业，在具备相对成熟的产业供应链的条件下，可确保产品在源头供应－中间物流运输环节－终端销售各环节中得到科学的监管。净菜质量安全可靠性较高，保障了人民群众"舌尖上的安全"。另一方面，连锁餐饮企业使用净菜，可减少洗菜用菜等工序，提升出餐率，减少顾客等待时间；更重要的是，原料标准和工艺标准是餐饮标准化的先决条件，净菜能保证其原料和加工尽可能一致，有助于稳定菜品质量，进而提升顾客满意度。

（2）提高就业水平

劳动力是净菜加工企业得以正常运转的重要因素之一。一是净菜企业的建设可带动直接就业。净菜原材料进入冷库之前，需要进行第一道清洗工序，耗费大量人工进行去除杂叶、剥皮、大小分离等。同时，该工作技术含量较低，可以解决文化水平较低者的就业问题，促进社会和谐稳定。实地调研发现，净菜加工企业用工人数在40～300人。例如，北京南河北星农业发展有限公司、天津劝宝生鲜食品加工有限责任公司提供了40余个就业岗位；康安利丰公司、兴芦集团等企业员工人数在300人以上。二是在农产品产地建设净菜加工企业，有助于当地三产协同发展，可间接提高相关产业的就业水平。

3.4.2 经济发展效益

净菜是未经加工农产品的产物，不仅有利于提高蔬菜产业链价值，同时也是推动农产品消费升级的重要渠道。目前，净菜的销售主要集中在京沪穗深等一线城市，这些城市的餐饮企业和居民家庭对净菜的需求都在持续增长。一方面，我国餐饮企业主要成本即食材、人力和租金，人力和租金成本上涨幅度远超食材，在减少成本的迫切需求下，越来越多的连锁餐饮企业会倾向于使用净菜，以降低一部分人工和租金成本。这将促进餐饮企业对净菜的消费。另一方面，快节奏和高品质成为一线城市居民家庭生活的常态。相比传统蔬菜，净菜便利性明显，省去了清洗、切分等环节，即食即用，大大缩短了烹饪时间，受到城市消费者的青睐，成为促进农产

品新消费的途径。

3.5 本章小结

为了客观评价净菜产业发展的社会综合效益问题，本章首先运用扎根理论构建社会综合效益的评价体系；经过净菜产业内相关专家综合评判，通过层次分析法得出结论：净菜发展效益所产生的绿色发展效益>民生福祉效益>经济发展效益>社会文明效益>创新驱动效益>政府治理效益。其中，在绿色发展效益中的减少废弃物排放指标上效果最明显。

为评价净菜产业中绿色发展效益对社会效益的贡献，采用GM (1, 1)灰色系统预测模型和多元线性回归模型，推测未来北京净菜销售量，预计2030年北京净菜年销售量将达到246.87万吨，占北京年蔬菜供应量的30.74%。在此供应水平下计算，相较于2020年，2030年因净菜进城可减少厨余垃圾89.64万吨。

进一步推算净菜进城减少二氧化碳排放的具体数值。首先，以山东寿光与河北张家口为例，按照两省实际对北京的蔬菜供应量，计算得出因城际间的无效运输减少可降低的二氧化碳排放量，预计至2030年可减少3万吨二氧化碳排放。其次，以北京11处垃圾焚烧厂为厨余垃圾清运终点，计算厨余垃圾清运量减少可降低市内运输的碳排放量。预计至2030年可减少1.25万吨二氧化碳排放。再次，在生活垃圾焚烧过程中，厨余垃圾减少可直接降低二氧化碳排放，预计至2030年可减少3.87万吨二氧化碳排放。最后，计算厨余垃圾焚烧发电，可替代部分化石能源燃烧从而避免二氧化碳排放。随着厨余垃圾产量逐年下降，焚烧发电相应减少，二氧化碳排放也将有所下降。综合来看，二氧化碳排放量呈现下降趋势，表明净菜进城可有效降低社会化石燃料燃烧，减少二氧化碳排放。同时，厨余垃圾焚烧发电实现了资源循环利用，总体上有利于环境保护，有助于碳中和目标达成，预计至2030年将减少2.94万吨的二氧化碳排放。

净菜产业的民生福祉效益主要体现在生活水平提升和改善就业两个

方面。

在生活水平提升方面：一是净菜质量安全可靠性较高，保障了人民群众"舌尖上的安全"。二是连锁餐饮企业使用净菜，可提升出餐率，减少顾客等待时间；同时，净菜能保证其原料和加工的水准接近统一，有助于稳定菜品质量，进而提升顾客满意度。在改善就业方面，净菜加工企业通过直接提供就业岗位以及带动相关产业发展间接提供就业机会，可以提高当地就业水平。

净菜产业的经济发展效益主要体现在促进消费方面。一方面，我国餐饮企业在减少人力和租金成本的迫切需求下，将加大净菜消费。另一方面，净菜因其方便、快捷的特点而受到一些城市消费者的喜爱，净菜消费量不断增加。

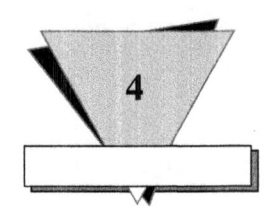

都市净菜供应链现状分析

暗市场产业链治理研究

4 都市净菜供应链现状分析

本章主要研究都市净菜供应链的现状。首先,调查分析全国蔬菜市场现状及京津冀地区的蔬菜生产现状,发现蔬菜的产量及市场需求均呈上升态势。其次,通过资料搜寻、实地调研等方式对全国和环京净菜加工现状进行分析。最后,介绍以中央厨房、以连锁餐饮、以电商平台为核心的三种典型净菜供应链运营模式,并针对上述运营模式选取代表性企业进行深度案例分析。

4.1 全国蔬菜市场现状

4.1.1 全国蔬菜生产现状

蔬菜是被人们用于烹饪的一类植物或菌类,是日常饮食中不可缺少的食物之一,也是我国栽培面积第二大的农作物(仅次于粮食作物),其经济地位十分重要。我国作为全球最大的蔬菜生产国和消费国,自改革开放以来,蔬菜产业总体呈现平稳较快发展的态势,从过去的供不应求到现在的供求总量基本平衡,蔬菜品种日益丰富,菜品质量不断提升,市场体系逐步完善,产业各方面均表现良好。国家统计局数据(见图4-1)显示,2015—2020年,蔬菜播种面积及产量均呈增长态势,其中,蔬菜种植面积由2.94亿亩增加至3.22亿亩,产量由6.64亿吨提升至7.49亿吨。

从蔬菜生产的区域格局来看,我国蔬菜种植按照不同地区气候条件和比较优势生产和上市,形成了有中国特色的、不同纬度依次推进的梯次消费,即按茬口衔接上市的蔬菜供应链体系(计有华南与西南热区冬春蔬菜优势区域、云贵高原夏秋蔬菜优势区域、长江流域冬春蔬菜优势区域、黄淮海与环渤海设施蔬菜优势区域、黄土高原夏秋蔬菜优势区域、北部夏秋蔬菜优势区域六大区域蔬菜供应链体系);蔬菜生产主体小,产业集中度高,规模化和商品化率高。2020年,我国蔬菜产量达74 912.9万吨,与2019年的72 102.6万吨相比,增量达2 810.3万吨,增幅约3.90%。在主产省域中,山东省的蔬菜产量始终遥遥领先,在全国蔬菜总产量74 912.9

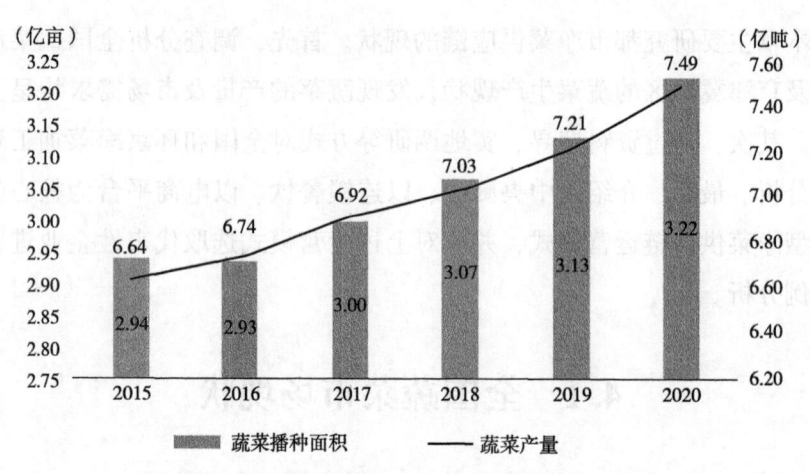

图 4-1　2015—2020 年全国蔬菜播种面积及产量

资料来源：根据国家统计局数据整理。

万吨中比重达 11.26%；河南省和江苏省分别以 7 612.4 万吨和 5 728.1 万吨位列全国第二和第三，占比分别为 10.16% 和 7.65%；河北省、四川省、湖北省、湖南省、广西壮族自治区、广东省、贵州省分别以 5 198.2 万吨、4 843.4 万吨、4 119.4 万吨、4 110.1 万吨、3 830.77 万吨、3 706.8 万吨、2 990.9 万吨位列 2020 年全国蔬菜产量第四至十位（见图 4-2）。

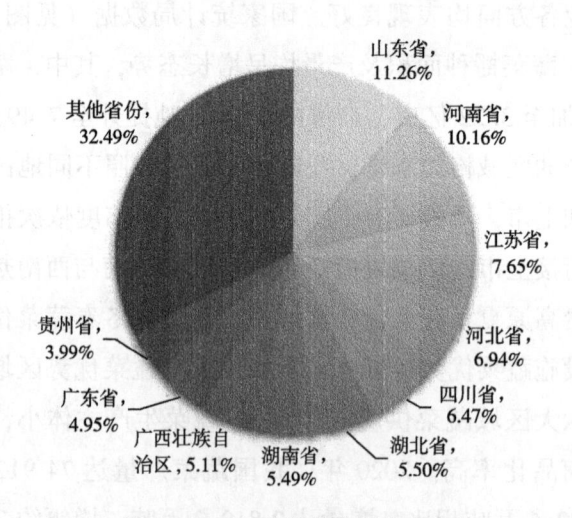

图 4-2　2020 年蔬菜产量前十省份

资料来源：根据国家统计局数据整理。

4.1.2 全国蔬菜批发现状

随着生活方式及消费方式的转变,在经济发达的城市或地区,传统蔬菜市场将逐步退出市场舞台。2015—2020年我国成交额亿元以上蔬菜市场数量逐年减少,2020年中国亿元以上蔬菜市场共有219个,较2019年减少了5个,较2015年减少了80个。2015—2020年亿元以上蔬菜市场摊位数整体也呈下降趋势,其中2019年相较前年略有增长,2020年减少至164 774个(见图4-3)。随着中国亿元以上蔬菜市场数量的减少,亿元以上蔬菜市场也连续3年呈下降趋势,2020年中国亿元以上蔬菜市场成交额为3 547.91亿元,其中批发市场成交额占比为97.46%。2020年中国蔬菜市场营业面积为1 548.04万平方米,较2019年增加了55.16万平方米(见图4-4)。

图4-3 2015—2020年亿元以上蔬菜市场数量及摊位数

资料来源:根据国家统计局数据整理。

4.1.3 全国蔬菜消费及进出口现状

从全国蔬菜的需求端来看,我国居民对蔬菜的需求呈逐年上升趋势。

图 4-4　2015—2020 年亿元以上蔬菜市场营业面积及成交额

资料来源：根据国家统计局数据整理。

据前瞻产业研究院统计，蔬菜表观消费量①由 2015 年的 65 431.5 万吨，增长至 2019 年的 70 989.5 万吨，5 年间复合增速达 2.06%。如图 4-5 所示，2020 年居民人均蔬菜及食用菌消费量为 103.7 千克，较 2019 年增加了 5.1 千克，较 2015 年增加了 5.9 千克，由此可见我国居民对蔬菜的需求仍在小幅增长。在蔬菜价格方面，农业农村部信息中心对黄瓜、西红柿、胡萝卜、芹菜等 28 种蔬菜的价格调查统计显示，在 2018 年 8 月到 2020 年 6 月期间，我国蔬菜平均价格在持续上升后有所回落，总体呈现波动性变化。2020 年受到新冠疫情的影响，2 月份我国蔬菜的平均价格为 5.69 元/公斤，创下近年来的新高，随后在国家及各级政府的大力调控、支持下，疫情逐步得到控制，蔬菜价格有所回落，至 6 月份 28 种蔬菜的平均价格降至 4 元/公斤。2021 年 6 月份，全国 28 个蔬菜产品平均地头价为 2.17 元/公斤，连续第 5 个月下降，但降幅收窄，价格趋于平稳。

此外，我国还是全球主要的蔬菜供应基地，蔬菜的进出口总量及总额均趋于上升，且出口量明显大于进口量。据海关总署统计，我国蔬菜主要出口至日本、中国香港、越南、韩国和马来西亚等地。2019 年，我国出口日本的蔬菜量最多，达到 148.28 万吨；出口额最大，为 22.25 亿美元，占

---

① 表观消费量是指当年产量加上净进口量。

4 都市净菜供应链现状分析

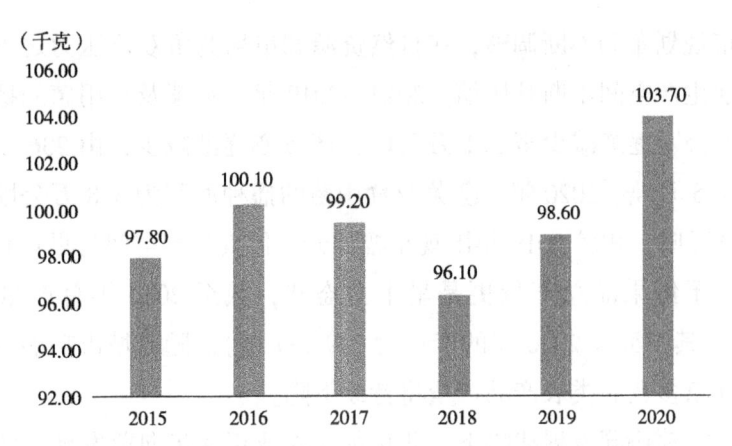

(千克)
- 2015: 97.80
- 2016: 100.10
- 2017: 99.20
- 2018: 96.10
- 2019: 98.60
- 2020: 103.70

图4-5　2015—2020年居民人均蔬菜及食用菌消费量

资料来源：根据国家统计局数据整理。

我国蔬菜出口总额的14.36%。但是从蔬菜出口的单价看，出口到中国香港地区的蔬菜单价最高，为2 216.74美元/吨，其余地区蔬菜出口单价均低于2 000美元/吨。2020年，中国蔬菜出口数量为1 017万吨，同比增长3.9%，出口金额为119.51亿美元，同比下降4.9%。[①]

4.2　京津冀蔬菜生产及北京批发消费现状

实地调研中发现，北京及环京地区净菜加工厂使用的原料蔬菜多数来自京津冀三地，故本书在此对京津冀三地的蔬菜生产现状进行梳理。京津冀地区位于华北平原北部，地形以平原为主，是温带大陆性季风气候，夏季高温多雨，冬季寒冷干燥。此外，三地均位于海河流域，区域内各水系呈扇形分布，具有良好的农业生产条件。

4.2.1　北京蔬菜生产现状

北京作为全国政治中心、文化中心、国际交往中心以及科技创新中

---

① 资料来源：国家统计局官网。

心，城市规划布局不断调整，在自然资源和市场竞争双重压力之下，北京蔬菜产业生产空间不断被压缩。2014—2019 年，蔬菜及食用菌的播种面积由 5.7 万公顷逐渐减少至 3.1 万公顷，产量亦逐渐减少，由 236.2 万吨减少至 111.5 万吨。2020 年，蔬菜及食用菌的播种面积为 3.8 万公顷，产量达 137.9 万吨，相较 2019 年出现小幅回升，但其生产空间与早年相比仍显著下降。干鲜果品总产量更是呈下滑态势，截至 2020 年总产量缩减至 43 万吨（其中鲜果 2020 年的产量为 399 281 吨）。随着城市功能的进一步扩张，北京多数品类农产品产量将持续下降。

在京津冀协同发展战略下，北京都市农业正逐步向前发展，蔬菜产业着力发展具有北京地域特色、附加值高或不耐长途运输的蔬菜品类，而资源利用率低的蔬菜生产方式逐步退出，特别是喜水蔬菜。目前北京的蔬菜产业逐步呈现如图 4-6 所示的生产格局①：城市周边形成以休闲为主的现

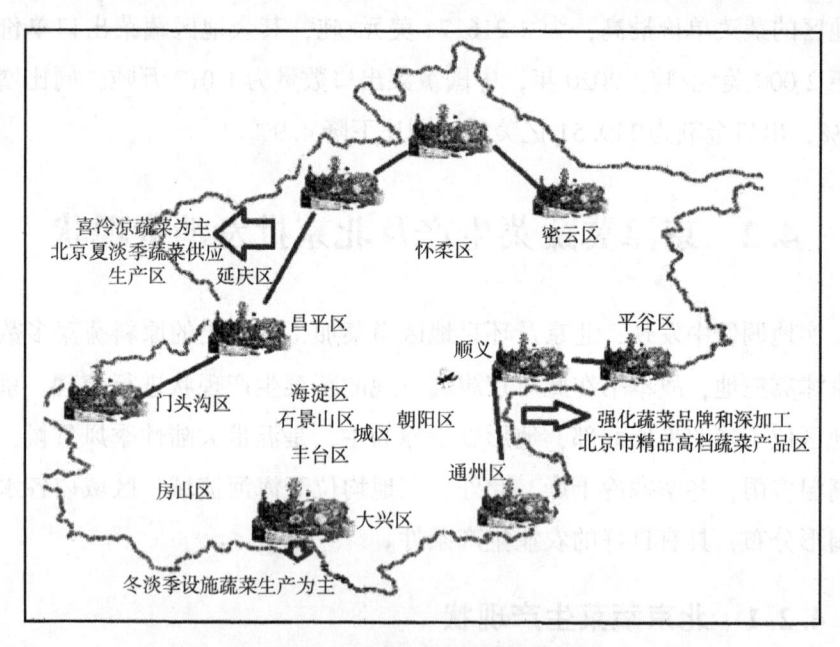

图 4-6 北京蔬菜产业带布局示意图

资料来源：根据北京市农业农村局官方网站相关资料绘制。

---

① 该图与图 4-7、图 4-8 均为示意图，并未严格按照实际地理位置绘制。

代都市蔬菜种植体验展示区，南部的大兴、房山形成以冬淡季设施蔬菜生产为主的京郊蔬菜主导产区，北部的延庆、怀柔、密云、昌平以及门头沟发展成喜冷凉蔬菜为主的北京夏淡季蔬菜供应生产区，通州、顺义、平谷三个区则形成北京特色、精品、高档蔬菜产品优势区。

4.2.2　天津蔬菜生产现状

天津目前共有16个区，其中9个区存在农业生产活动。目前天津范围内物联网种养殖应用示范基地达到800个，建成中以农业科技合作示范园区10个，规模化规范化设施园区100个，绿色循环畜产品生产基地10个建设，一村一品专业村79个。2020年天津蔬菜种植面积达5.29万公顷，蔬菜产量为266.47万吨，为近5年来的首次上涨。此外，2020年天津多种农产品的产量有所提升，其中禽蛋产量为20.83万吨，奶类产量为50.07万吨，水产品产量为28.48万吨[①]。

在蔬菜生产上，天津逐步形成了"三区五带"的发展格局，即北部远郊区设施蔬果生产聚集区、武清北部"京津鲜菜园"生产聚集区、宁河蓟运河东外向型蔬菜生产聚集区以及津西传统设施蔬菜产业带、潮白河沿岸设施果菜产业带、龙海都市型设施蔬菜产业带、南部设施瓜菜产业带、环城休闲观光设施蔬菜产业带，示意图如图4-7所示。

4.2.3　河北蔬菜生产现状

相比京津两地，河北具有区位、土地、劳动力等农业生产方面的优势，在京津两地蔬菜供给上发挥着重要作用。从2016年7月到2017年底，河北一共有118个市县的63种农产品进入北京市场，累计交易量近370万吨，交易额约180亿元。河北坝上地区，由于气候特点，主要生产夏秋陆地蔬菜以及食用菌、马铃薯、燕麦、荞麦、中药材等特色农作物。2020年，河北蔬菜播种面积80.4万公顷，比上年增长1.1%；蔬菜总产量5 198.2

---

① 天津市统计局．天津统计年鉴2021。

图 4-7 天津蔬菜产业带布局示意图

资料来源：根据本课题组 2018 年暑期天津市农业农村委员会实地调研资料绘制。

万吨，上涨 2.06%[①]。未来，随着京津冀一体化的推进、农产品冷链完善以及农产品批发市场的升级改造，京津两地的蔬菜供给将越来越依赖于河北。

目前河北境内蔬菜产业带布局如图 4-8 所示。冀东唐山、秦皇岛两市，冀北承德山区和张家口坝下山间盆地，生产设施主要以日光温室为

---

① 河北省统计局：河北统计年鉴 2021。

主，用来生产黄瓜、西红柿等各类喜温果菜。环京津地区廊坊、沧州、保定以及石家庄、衡水等地，日光温室与塑料拱棚平分秋色，用来生产各类果菜。南部邢台和邯郸地区生产设施以塑料拱棚居多，是冬季新鲜叶菜和耐寡照的西葫芦等果菜生产供应基地。

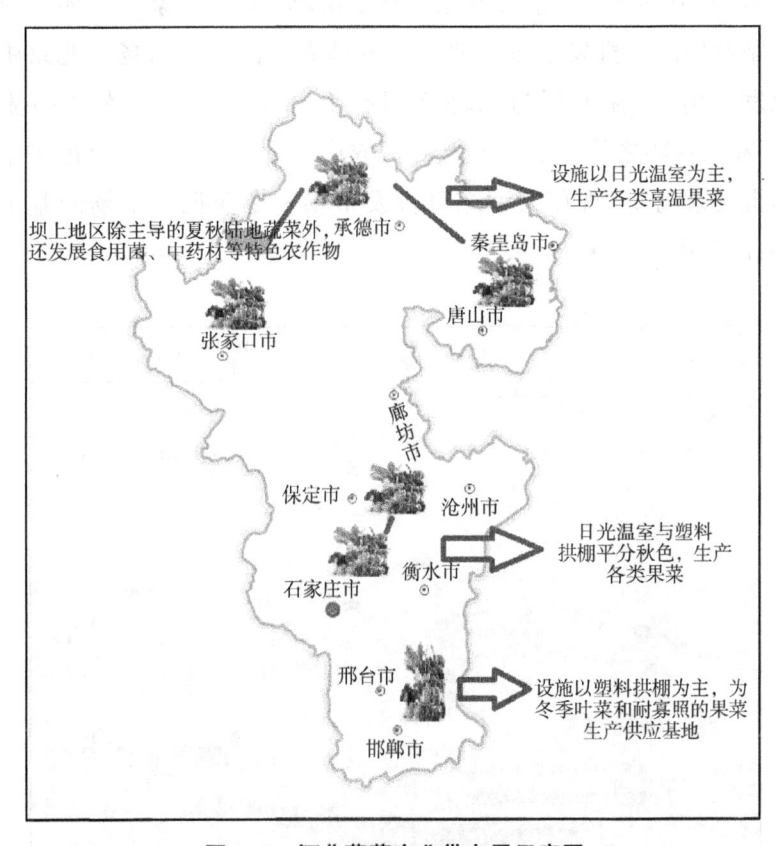

图 4-8　河北蔬菜产业带布局示意图

资料来源：根据本课题组 2018 年暑期河北实地调研资料绘制。

4.2.4　北京蔬菜批发消费现状

目前北京拥有现存和在建的大型综合批发市场 6 家、专业批发市场 4 家、区域性批发市场 7 家和产地批发市场 2 家。北京现有流通模式是以新发地为核心，区域二级市场为节点的"1 个一批+7 个二批+专业市

场"。新冠疫情发生后，北京市内批发市场的果蔬经由率下降了20%左右，原来从批发市场驻点采购的连锁超市，绝大多数改为产地直接配送或供应商直接配送，机关团体食堂、酒店餐饮企业多数改由采购配送企业送货上门。批发市场分布图见图4-9。北京主要农产品批发市场流通情况如图4-10所示。6家大型综合批发市场，其中3家在五环之内（北京大洋路农副产品批发市场、北京新发地农产品批发市场、北京中央农产品批发市场），在五环与六环之间有1家（北京鲜活农产品流通中心），2家在六环之外（北京顺鑫石门农产品批发市场、北京昌平水屯农副产品批发市场）。现存大型综合批发市场和专业批发市场的基本情况如表4-1所示。

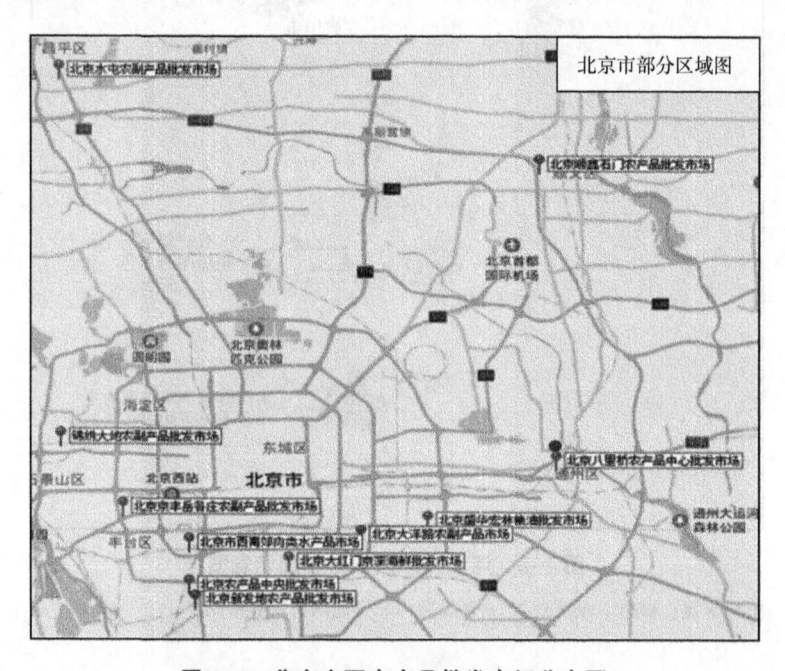

图 4-9　北京主要农产品批发市场分布图

资料来源：本课题组调研绘制。

4 都市净菜供应链现状分析

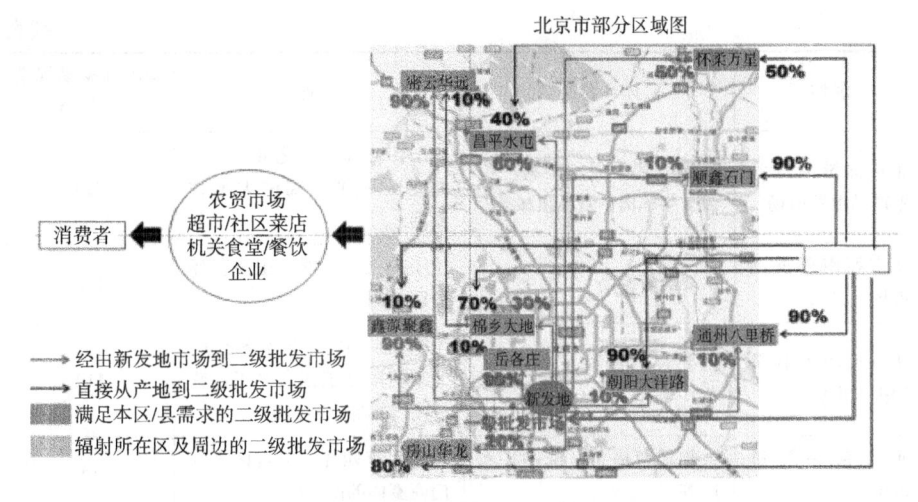

图 4-10 北京主要农产品批发市场流通情况

资料来源：根据全国城市农贸中心联合会提供资料绘制。

表 4-1 北京现存大型和专业农产品批发市场基本情况

名称	具体经营类别	位置	2019年交易规模（万吨）
北京中央农产品批发市场	特菜、食用菌、粮油、酒水、饮料、包装食品等	位于北京西南部，四环和五环之间。临近京开高速、京石高速、京津塘高速，交通便捷	91
北京新发地农产品批发市场	以蔬菜、果品批发为主，同时经营肉类、粮油、水产、调料等十大类农副产品	位于四环和五环之间，临近京开高速公路	1 749
北京大洋路农副产品批发市场	主要经营蔬菜、生鲜肉批发，同时经营水产品、禽蛋、水果、粮油、烟酒、副食调料等十大类商品	位于北京东南，三环路与四环路之间，处于京津塘高速与京沈高速交会处	284
北京昌平水屯农副产品批发市场	主要经营蔬菜、果品、粮油、肉蛋奶等的批发业务，并兼营日杂百货、家居建材等	位于北六环外，毗邻中关村科技园区昌平园、八达岭高速公路	35
北京顺鑫石门农产品批发市场	主要经营蔬菜、果品、粮油、水产、肉蛋禽、调料、副食百货等	位于六环东北角附近，顺义区仁和地区石门村	302

续表

名称	具体经营类别	位置	2019年交易规模（万吨）
北京锦绣大地农副产品批发市场	主要经营干果、调料、粮油、牛羊肉、食品机械等	位于四环和五环之间，北京海淀区田村路锦绣大地物流港	550
北京西南郊冻品市场	主要经营冻品	位于南三环西路，玉泉营环岛西北侧	102
北京盛华宏林粮油批发市场	主要经营粮油、水产品、花卉等	位于北京四环和五环路之间，北京朝阳区王四营乡王四营桥南，毗邻京哈高速	112
北京京深海鲜市场	主要经营海鲜、冻品、水产等	位于北京四环，丰台区大红门商圈内的南顶路	19

资料来源：全国城市农贸中心联合会百强市场调研资料。

2015—2019年，北京自产农产品产量逐年下降，且已成为长期发展趋势。农产品批发市场是北京蔬菜流通的主要渠道，北京新发地农产品批发市场供应了全市70%的蔬菜、80%的果品。2020年北京蔬菜批发市场数量为13个，相比2019年下降了18.75%，蔬菜批发市场出租摊位数为2 308个，2020年蔬菜批发市场成交额为221.2亿元，也较2019年有所下降。

目前，北京农产品零售市场主要包括连锁超市、农贸市场（社区菜市场）、网上菜市场和便民社区直通车等。截至2020年9月底，北京各类蔬菜零售网点已达9 000个，其中连锁品牌零售网点已达3 000个，形成"15分钟生活圈"。同时，对于一些暂时不具备固定蔬菜网点建设条件的，由蔬菜直通车补位。根据抽样数据加权统计，北京202家菜市场日供应蔬菜量约700吨。新冠疫情发生后，电商生鲜销售占比上升最快，约占全市生鲜零售量的18%左右；其次是社区菜店，约占26%；超市生鲜销售疫情前后变化不大，约占28%；农贸市场生鲜销售略有下降，约占28%。传统的社区菜店和农贸市场生鲜零售量占比超过了50%，加上超市生鲜销售量，总占比超过了80%。随着市场消费主力向更加年轻的一代迁移，生鲜线上销售比例会进一步提高。

从消费方面来看，近年来北京常住人口稳定在2 100万人左右，未来

规划常住人口规模长期稳定控制在 2 300 万人以内，生鲜农产品的消费总量趋于稳定。2020 年北京居民家庭蔬菜及菜制品人均消费量为 122.7 公斤。此外，以 2019 年为基期，2020 年菜类的零售价格指数为 106.6，蔬菜及食用菌的生产者价格指数为 102.5，菜类的居民消费价格指数为 106.6，其中鲜菜为 107.5。

4.3 净菜加工现状分析

4.3.1 全国净菜加工现状

(1) 净菜加工产业及预制菜行业市场现状

伴随着市场经济的发展和社会的进步，人们对生活质量的要求不断提高，城市蔬菜消费需求逐渐由数量型向质量型转变。蔬菜消费的社会化为净菜加工行业提供了良好的商机，随着城市化进程的加快和餐饮消费市场的不断成熟，净菜产品逐渐进入人们的视线，各类即食即用菜品也越来越受到餐饮企业和居民消费者的欢迎。我国的净菜产业虽然起步较晚，但受益于我国丰富的果蔬原料和巨大的消费市场，我国净菜产业发展迅速。随着净菜加工工艺、保鲜技术的不断进步，逐步由 20 世纪 80 年代的"免择菜"（即毛菜初级加工），90 年代的"免淘（切）菜"，发展到净菜进城。

在政府各项政策的有力推动和餐饮市场不断成熟的背景下，以京沪穗深为代表的一、二线城市出现了一批净菜产业的龙头企业，其中北京、上海净菜按照冷链鲜食和初级农产品对即食鲜切菜和即用鲜切菜的相关要求进行分类管理。例如，上海亚太国际蔬菜有限公司的即食鲜切蔬果产品，年产量由 2014 年的 5 740 吨增加到了 2017 年的 7 698 吨，增长了 34.11%；年销售收入由 2014 年的 8 902.5 万元增加到了 2017 年的 16 308 万元，增长了 83.18%。北京康安利丰农业有限公司的净菜产品，年产量由 2015 年的 11 360 吨增加到了 2017 年的 28 790 吨，增长了 155.02%；年销售收入由 2015 年的 8 047 万元增加到了 2017 年的 24 483 万元，增长了 204.25%。

产品、渠道的多样化，使净菜的产销模式初步呈现"净菜基地+中央厨房+餐饮企业""净菜基地+鲜食工厂+连锁餐饮（包括中西餐）""净菜基地+商超等终端零售""净菜基地+中央厨房+互联网终端"四种主要产销模式。

我国的预制菜脱胎于净菜，是在净菜基础上的进一步深加工。据NCBD（餐宝典）统计，我国预制菜行业销售额从2015年的650.3亿元增长至2020年的2 527亿元，2020年预制菜行业收入314亿元（出厂口径），过去5年复合增速为95%。2011—2020年，预制菜相关企业数量呈上升趋势，从2015年起，行业进入快速发展期。企查查数据显示，2020年我国与预制菜相关的企业数量达7.2万家，受新冠疫情影响，家庭预制菜消费量出现井喷，新注册企业达1.25万家，同比增长9%。目前，我国预制菜消费市场主要集中在一、二线城市，其中一线城市占比为45%，二线城市占比为20%，三线城市占比为16%。从预制菜行业区域分布来看，2021年华东地区市场占比最大，为32%；其次是华南、华北、西南和华中地区，占比均在10%以上。

（2）净菜产业发展驱动因素分析

餐饮企业对增效降本的需求推动了净菜产业的发展。第一，连锁餐饮品牌的一体化管理、对口味的一致化要求，促进了净菜产业的发展。2020年，在我国正餐类餐饮企业的平均成本构成中，人力成本占比为22.41%，仅次于原材料成本占比。随着门店租金和人力成本的持续提升，餐饮企业将更加关注成本效率问题，使用净菜可以有效降低餐饮企业后厨的面积、员工数量，降低对厨师的依赖，帮助餐饮企业降低成本提升效率，从而提升企业的盈利能力。2020年，我国餐饮连锁化率为15%，且各层级的餐饮连锁化率均呈上升趋势。中国连锁经营协会的数据显示，国内已有超过74%的连锁餐饮企业自建了中央厨房，其中真功夫、吉野家、西贝、小南国等头部连锁餐饮企业食用预制菜的比例高达80%。第二，团餐业态的高速发展推动净菜行业进一步市场化。作为我国餐饮行业中占比较大的类型，2020年我国团餐的市场份额达38.3%，其市场规模达到了1.5亿

元，团餐采购量大、时效性高的特点增加了市场对于净菜的需求。第三，外卖行业的兴起使得小型餐饮企业对净菜的需求增加。自 2011 年起，我国外卖行业快速发展，市场规模从 2011 年的 216 亿元增长至 2020 年的 6 646 亿元。考虑到对后厨烹饪时间及外卖员配送时间的要求，全程人工操作的后厨很难在约定的半小时至一小时将菜品送到用户手中，这也推动了净菜产业的发展，小型餐饮企业通过使用净菜可以大大提升出餐效率。

净菜产业的发展迎合了当下年轻人的消费需求趋势。随着经济的快速发展，我国居民收入不断提升，但人们的休闲时间也受到了挤压，生活节奏加快，年轻人在做饭上投入的时间和精力减少。虽然当下我国外卖行业高速发展，但是让人们顿顿吃外卖或外出就餐不切实际，也不能满足各类人群的就餐需求。特别是在新冠疫情的影响下，人们不得不减少外出就餐的频次。在生活节奏快、工作压力大、年轻人烹饪技术不足及其他不确定因素的影响下，居家烹饪使得人们对快捷方便的即食或即用净菜的需求上升。此外，城市垃圾分类政策的强制实施，也进一步推动了 C 端消费者对净菜的需求。在消费升级的趋势下，人们越来越注重生活品质的提升，净菜的方便快捷，不仅激发了人们居家下厨的热情，还免去了洗菜择菜、垃圾分类的繁杂工作，进而使消费者对净菜的接受度有所提升。

（3）净菜加工产业现存痛点

我国净菜加工产业在保鲜技术、冷链贮运、产业技术管理体系等方面与发达国家相比仍存在较大差距，且市场规模仍然较小。有专家估计，目前一线城市净菜进城率不到 10%。净菜加工产业现存痛点主要有以下几个方面：一是冷链物流设施条件与运营水平影响了净菜加工行业的发展。据中冷联盟统计，美国的肉类、水产品和果蔬冷链流通率高达 97%，日本达 90%，而我国的果蔬冷链流通率只有 35% 左右，与发达国家相比有明显差距。净菜保鲜所需的冷链系统需要大笔资金投入，是商品预冷—冷藏—保温运输—冷藏柜的全链销售，投入大，物流费用也很高，而且资金大量投

入后，由于净菜等商品附加值低，可能会出现投资收不到相应回报的尴尬局面。二是目前净菜生产、流通损耗难以大幅降低。净菜作为加工产品，易腐烂变质，且不耐贮藏运输，即使有冷链支持，相对于粮油等其他农产品加工商品，其损耗要高得多，新鲜蔬菜从产地、批发、加工、运输、零售，最后到达消费者手中，各环节中消耗可达20%，在夏季损耗率更高，这也是影响蔬菜经营企业经济效益的主要原因之一。三是价格随行就市，难以把控。目前我国蔬菜生产经营处于小生产、大流通局面，面临的产与销的季节性、区域性、风险性和消费需求多样性矛盾突出，加上政府对农副产品批发市场、集市贸易市场缺乏规划和有效的调控手段，经常在局部地区短时间内出现蔬菜价格的暴涨暴跌。四是蔬菜质量难以保持稳定。由于净菜原料来源地多，蔬菜品类繁多，以餐饮企业为代表的消费端对净菜的规格和质量要求差异较大，加上不同地区存在着季节性差异，生产和流通受到诸多因素的影响，且缺少从生产到加工、流通各环节的统一的商品标准体系和物流操作规范，因此净菜商品质量时好时坏。以上问题都成为我国净菜行业扩张的掣肘。

4.3.2 环京净菜加工现状

本课题组通过中国合作贸易企业协会净菜产业专业委员会的推荐，对北京康安利丰农业有限公司、北京裕农优质农产品种植有限公司、北京同得发农产品加工有限公司等9家规模以上的环京净菜加工企业进行了实地调研访谈和问卷调查，以了解北京净菜产业情况。环京净菜加工企业分布示意图如图4-11所示。

通过实地调研和问卷调查，我们发现为满足首都净菜需求的环京净菜加工带正在形成中。这些净菜加工企业主要以满足B端客户（餐饮企业或机关食品）需求、订单生产为主。一些净菜加工企业会严格监控原料菜农药残留，并提供食材储存、配送等其他延伸服务。总体来说，北京净菜市场初步形成了以中央厨房、以连锁餐饮、以电商平台等为核心的典型供应链模式。

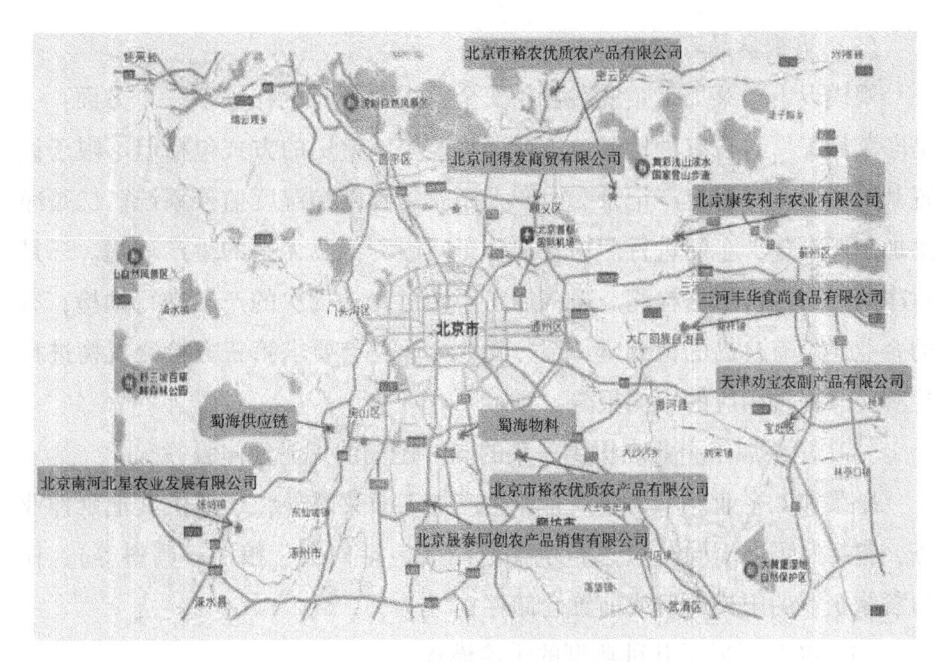

图 4-11 环京净菜加工企业分布示意图

(1) 以满足 B 端客户的净菜需求为主

实地调研中发现，净菜加工企业的下游需求方主要是大型连锁餐饮企业、机关与企事业单位食堂以及学校餐厅。家庭消费者由于对净菜了解不足、认为净菜价格高昂、购买途径缺乏等原因，使得 C 端客户（家庭）还未形成购买净菜和食用净菜的普遍消费趋势。

(2) 净菜供给以订单形式为主

根据实地调研获取的资料发现，当前净菜加工企业主要采用订单式生产加工模式。餐饮企业和机关、企事业单位或学校食堂的净菜产品订单更新周期也不尽相同，时间范围在 3~7 天，且连锁餐饮企业的不同门店的订单也不一样。对于终端为便利店的净菜供给，也采用订单形式，但与餐饮企业和食堂订单相比，具有一定的差异性：便利店的净菜供给多以水果、蔬菜沙拉等即食净菜为主，而餐饮企业和市场的净菜供给以土豆丝等即用净菜为主。

(3) 重视食品安全

规模以上净菜加工企业对食品安全重视主要体现在以下三个方面：一是净菜加工厂对自有种植基地进行严格监控，使用的方式包括但不限于设置基地督导、填写生产记录、生产大棚安装温度和湿度监控系统。二是净菜加工厂对生产车间进行严格管制，车间内为低温无菌的生产环境。三是对净菜产品进行严格检测。净菜加工厂会对每一批次的产品进行抽检，有的企业还设有自己的检测室，部分餐饮企业还会要求第三方检测机构进行检测，并提供相应的检测报告。

(4) 净菜加工企业在提供净菜的同时还提供其他延伸服务

净菜加工企业除了为餐饮企业生产加工净菜之外，还提供其他延伸业务，包括但不限于同时配送非净菜产品（包括肉类、粮油、调料等）、作为餐饮企业的中央厨房或前置仓储存食材。

(5) 初步形成了几种典型的供给模式

供给模式包括：以中央厨房为供应链核心的供给模式，以连锁餐饮企业为供应链核心的供给模式，以电商平台（连锁超市）为供应链核心的供给模式，以及其他模式。

4.4　净菜供应链运营模式分析[①]

经过走访调查发现，北京净菜供应链的上下游主体包括：①净菜的原材料供应商，如农户、农副食品基地、农村合作社、农产品批发市场等；②净菜加工企业，负责对产品等进行洗切加工；③净菜销售对象，如企事业单位食堂、连锁餐饮企业、电商平台、消费者等；④负责净菜配送的主体，主要是第三方物流企业或自营物流部门。净菜供应链是指生产及流通过程中，由将净菜提供给最终用户活动的上下游企业所形成的网链结构。结合实地调研，本书总结出目前北京净菜供应链呈现三大运营模式，分别

[①] 根据本研究团队调研资料、该公司官方网站及相关新闻报道编写。

是以中央厨房为核心、以电商平台（连锁超市）为核心和以连锁餐饮企业为核心的净菜供应模式。

4.4.1 以中央厨房为核心的净菜供应链模式

中央厨房是具有独立场所及设施设备，集中完成食品成品或半成品加工制作，并直接配送给餐饮服务单位的单位，即由中央厨房负责统一购买食材，并对食材进行清洗、粗加工和分装，有的还包括对菜品的预制，然后送由各大门店完成最后的加工烹饪步骤。中央厨房具有集中采购、标准化生产、检验、统一包装、冷冻储藏、配送、信息处理等功能。以中央厨房为核心的净菜供应链模式多见于连锁餐饮企业，如连锁火锅店，或专门为某特定区域餐饮企业供菜的专业净菜公司。其优点在于：中央厨房能够利用成规模的采购、加工方式来降低成本；提升餐饮出品效率；节约后厨面积；减少后厨损耗，降低人工、食材、租金成本；保证口味统一，提高食品安全水平。

该供应链模式下，中央厨房为核心企业，具备采购、加工、仓储、配送等功能。中央厨房有三种采购渠道：一是通过供应商供货；二是在自建基地处进行产地直采；三是在批发市场进行采购。统一采购原材料后，中央厨房对原材料进行集中处理加工，最后送往对应客户（如图 4-12 所示）。

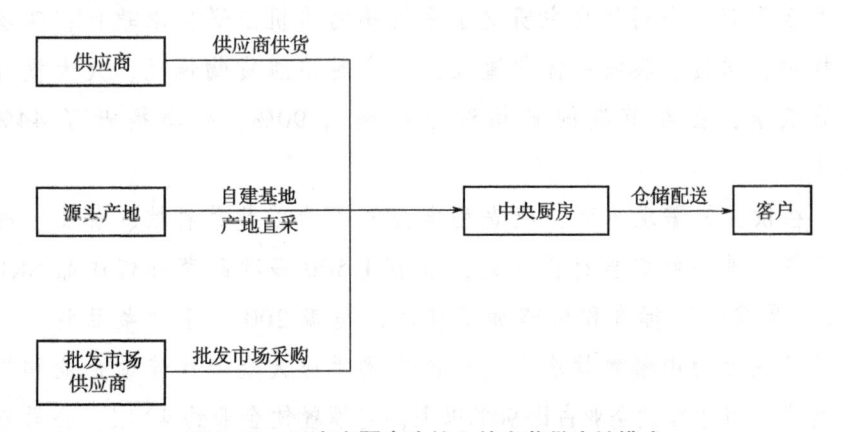

图 4-12 以中央厨房为核心的净菜供应链模式

案例 4-1 康安利丰中央厨房

北京康安利丰农业有限公司隶属首创集团，是北京农业投资有限公司旗下以蔬菜加工产业为核心的中餐餐饮全品项食材供应链企业。

在供应链原材料来源上，公司在全国不同气候带建设自营、联营及合作型蔬菜原材料生产基地20多个，总面积2万余亩。其中自有基地4 500亩，分布于北京、河北坝上地区；合作基地在全国均有分布。也有部分原料来自批发市场（如新发地农产品批发市场）和内蒙古（马铃薯），河北沽源、丰宁、赤城等地。

在供应链流通方面，康安利丰全品项配送网点约有500个，建立自有冷链物流团队，自有车辆60余辆，合作车辆20余辆，多为4.2米和5.2米货车，其中5.2米货车实际载货重2吨左右。日配网点400余个，日均供货能力180多吨，已实现全天候冷链运输。自建现代化冷库1.4万平方米，库容量为1.8万吨。此外，公司会根据中国传统节日制定节日期间冷链物流配送方案，优化物流线路。例如，在春节期间企业不停工不停产，统筹安排其蔬菜种植活动以及净菜加工生产，保证每日蔬菜配送量达110吨，干调13万余件，冷鲜肉200余吨。同时，借助企业的智慧仓储和物流系统，确保所有产品能够及时按照质量要求配送到店。公司还自主研发了手机端的司机配送应用软件，实现了接单、送货、签收一体化流程，可实时追踪货物情况，大大提升出货效率，在春节期间日均派单率超过90%，效率提升了44%以上。

在供应链需求方面，康安利丰公司作为以蔬菜种植、加工、配送为核心的一站式食材供应商，拥有1 500多项蔬菜鲜切成品SKU（库存量单位）标准和配套加工技术，覆盖200多个蔬菜品种，加工产品主要为中餐餐饮净菜。目前主要供应大众餐饮连锁企业和机关食堂，其中餐饮企业占比90%以上，连锁餐饮企业约40家。公司自

2012年成立以来，已与云海肴、眉州东坡、西贝莜面村（北京60多家）、绿茶等80余家餐饮品牌企业，1 000多家门店签订合作协议，主要开展食材及相关材料的配送服务。公司以满足中式餐厅客户复杂需求的全品项蔬菜鲜切为自己的核心产业，与骨干客户合作开发出1 500多项蔬菜鲜切成品标准和配套加工技术，已成为北京地区规模较大的专注"中餐餐饮蔬菜鲜切"加工商。

在净菜生产标准与规范要求方面，一是推进进口冷链产品全赋码。公司对库内所有进口冷链产品进行追溯赋码及二维码标注工作。从京外采购进口冷藏冷冻肉类、水产品，在"北京冷链"中上传相关产品品种、规格、批次、产地、检验检疫等追溯数据，并使用"北京冷链"按批次为相关产品进行电子追溯码赋码，保证库内产品赋码100%。二是推动上游客户"北京冷链"注册工作。为保障进口冷链食品全程信息可追溯，公司安排专人沟通联系进口冷链食品存储客户，100%完成了"北京市冷链食品追溯平台"App注册工作。

4.4.2 以电商平台（连锁超市）为核心的净菜供应链模式

不少净菜企业创建了自己的线上电商平台，我厨App、美菜网、腾讯系、阿里系等众多新老电商纷纷发力净菜领域。比如背靠阿里的盒马鲜生已经上线了净菜商品，同属阿里系的易果生鲜也引入净菜项目。2017年，我厨的B2C业务曾实现1万单/天，但由于2019年出现资金链问题，主页官网和App停运。目前净菜在生鲜电商领域的发展比较缓慢，后续有待模式的更新与提升。

该模式下，原材料供应方（农产品种植基地、农户、批发市场）有两种供货渠道：一种是原材料供应方直接入驻电商平台，此时的产品为毛菜；另一种是原材料供应方将产品提供给经销商或品牌商，由经销商或品牌商加工后入驻电商平台，此时的产品包括毛菜和部分净菜。随后电商平

台通过第三方物流或自建物流分发商品,最终配送至终端消费者。具体模式如图4-13所示。

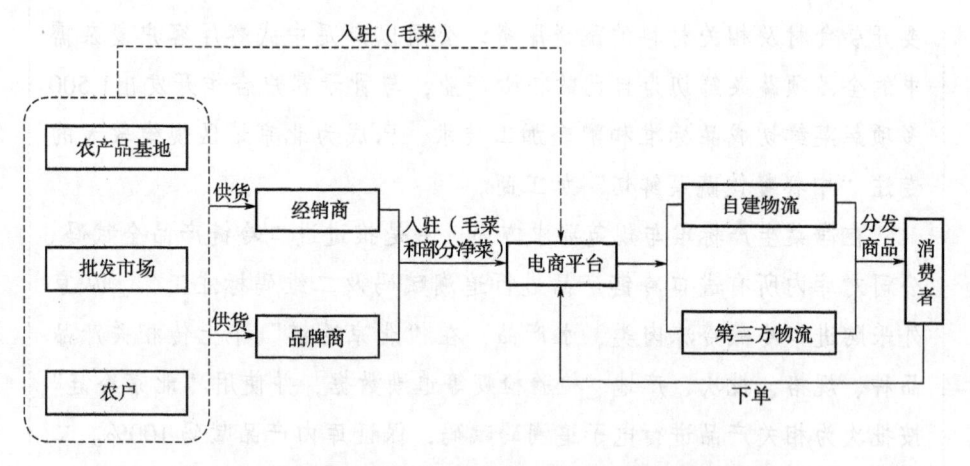

图4-13 以电商平台(连锁超市)为核心的净菜供应链模式

案例4-2 美菜网电商平台

美菜网属于生鲜电商平台,是食材供应链服务商,近年来通过和资本合作,业务涉及半成品食材、净菜食材领域。

美菜网所属企业为北京云杉世界信息技术有限公司,成立于2014年,其主营业务是为全国各地餐厅提供全品类、安全的餐饮食材采购服务。公司有针对性地解决当前餐饮企业采购原料的痛点,如食材准备时间仓促,时间成本很高;农产品流通环节多,成本增加明显,等等。美菜网采用新农业模式——"两端一链一平台",美菜网大力发展源头直采(产地直采占供应量的90%以上),缩短农产品流通环节,丰富产品的SKU,通过供应链将农业与餐饮业连接起来,将田间地头的农产品传送到市场,以供城市居民消费,农民的农产品可以通过美菜网一站式送达城市餐厅,满足用户"一站式购物"需求,可以做到全流程管控农产品从田间到餐桌的每一环节。"两端一链一平台"的新农

业模式连通了农村和城市，通过建设物流体系、向农产品源头提供技术支持、培养并输送人才等手段，与农民建立起长期稳定的合作。

近年来，美菜在净菜领域开展业务，2020年9月，美菜与必斐艾合作，针对小型B端商户，必斐艾直接在美菜App中发售产品，向商户提供创新品类、部分成品料理包、小包装预制菜以及其他日常的食材主料、调味料等，提升餐食制作效率。此外，必斐艾借助美菜的用户数据，发掘更多潜在目标客户，投放试用包来开拓市场。2021年9月，美菜网与恒兴集团合作，创新性地为预制食品建立了研发中心，并制定了标准化体系。通过搜集分析美菜网的相关数据，精准识别用户的需求点，针对用户的需求进行产品的研发设计与市场投放。今后将以"连锁餐饮、食材交易平台的供应商和服务商"为新定位，加大食品研发力度，优化并升级加工工艺，不断推出预制菜、半成品菜及休闲食品，更好地满足年轻一代的需求。

4.4.3　以连锁餐饮企业为核心的净菜供应链模式

近年来，随着人力成本的增加及餐饮产品的标准化需求，连锁餐饮企业在制餐过程中，半成品的使用比例越来越高，净菜普及程度上升。连锁餐饮企业采购毛菜并进行清洗、切配、制作的过程逐渐被净菜采购、料包、半成品并进行简单加工所取代，净菜企业给许多餐厅提供了便捷的食材供应链。

以连锁餐饮企业为核心的净菜供应链模式中，既可以通过该公司自建的中央厨房进行集中统一采购、加工和配送；也可由连锁餐饮企业总部在净菜供应商处进行集中采购，随后配送至各个门店。具体流程如图4-14所示。

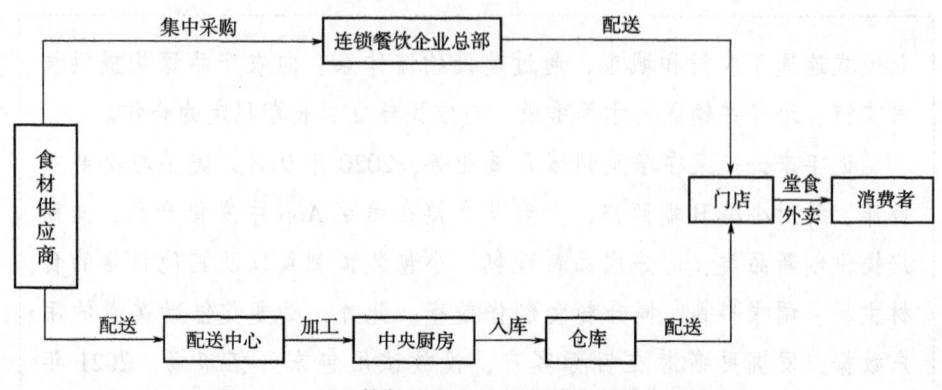

图 4-14　以连锁餐饮企业为核心的净菜供应链模式

> ## 案例 4-3　蜀海连锁餐饮
>
> 　　蜀海（北京）投资有限公司成立于 2011 年 6 月，由海底捞集团控股，主要负责海底捞净菜的加工配送，是净菜供应链的核心运营机构，能够为客户提供整体供应链全托管运营服务。蜀海公司拥有冷链物流中心、食品加工中心、底料加工厂、蔬菜种植基地、羊肉加工厂等基地，在净菜生产、菜品研发、餐饮标准工业化等项目领域开展经营。其业务模式为通过中央厨房系统为各大连锁餐饮品牌提供服务，主要包括食材的初加工及深加工，从而实现全国供应链一站式服务，将食材采购、净菜处理、质量把控、物流运输等流程集中化、统一化。
> 　　在供应链原材料来源上，蜀海（北京地区）的原料菜主要来自北京新发地市场，有少数单品由产地直供。蜀海加工的根茎类、茄果类蔬菜基本由产地直供，另在赤峰、德州等地建立合作基地进行订单种植。例如，北京韩式烤肉所需的生菜、南瓜等都是由蜀海进行订单种植。
> 　　在供应链流通方面，蜀海负责海底捞净菜的加工配送，在全国范围内拥有数个现代化的物流中心、食品加工中心、底料加工厂、蔬菜种植基地等，分布在北京、天津、青岛、上海、南京、杭州、郑州、

武汉、成都、东莞、佛山、深圳、厦门等地。目前海底捞在北京有30多家门店，天津有10家左右。

在供应链需求方面，蜀海面向整个市场的餐饮行业，下游需求方主要为海底捞、各大商场、连锁餐饮企业等，合作餐饮企业包括7-11（蔬菜沙拉等）、小吊梨汤、东方饺子王、韩时烤肉（90%的蔬菜及肉类等、中央厨房）、杨记兴·臭鳜鱼（中央厨房）、金鼎鲜、九毛九（中央厨房）、青年餐厅（部分产品的仓配服务）、盒马鲜生（几款水果）等。

利用这种"净菜供应链+中央厨房"的模式，海底捞实现了迅速发展。这是因为自己的中央厨房承担起采购、仓储、生产、加工、配送的工作，其各个门店均可便利地使用净菜，门店后厨按订单食材进行配菜，提高了企业经营效率。

4.4.4 其他融合模式

除此以外，还有公司的业务涉及团餐、食堂（包括学校、医院、机关等企事业单位）。例如，北京晟泰同创农产品销售有限公司（大兴区农产品营销中心）的净菜下游需求方主要包括团餐、食堂（如医院食堂）以及部分连锁餐饮；兴芦集团拥有从田间到餐桌的现代化全产业链，其净菜需求方主要是永和集团和团餐企业；三河丰华食尚食品有限公司是一家从事净菜加工、火锅底料生产、中餐烹饪酱料研发及加工的企业，长期服务于餐饮企业、高校、部队等企事业单位。

4.5 本章小结

本章首先分析了全国蔬菜市场现状，尤其是北京及环京地区蔬菜的批发、消费情况。研究表明，北京蔬菜产业生产空间不断被压缩，但都市农业逐步向前发展，蔬菜产业着力发展具有北京地域特色、附加值高的蔬菜品类。其次,针对净菜加工情况进行分析。实地调研发现,目前为满足首都净菜需求的环京净菜加工带正在形成过程中,加工模式以满足B端客户(餐饮企业或机关食品)需求、订单生产为主。部分净菜加工企业提供食材储存、配送等其他延伸服务,而且北京净菜市场初步形成了以中央厨房、以连锁餐饮企业、以电商平台等为核心的典型供应链模式。最后,对这三种典型供应链模式的代表性企业进行深度案例分析。

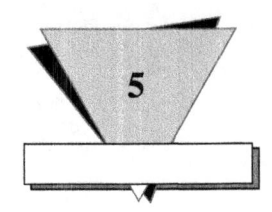

净菜供应链建设瓶颈分析

5 净菜供应链建设瓶颈分析

本章运用扎根理论和层次分析法构建生产者视角下净菜供应链体系建设的制约因素模型，通过业内专家综合评判，找出制约净菜供应链体系建设的主要因素，进而深入剖析当下净菜供应链建设所面临的困境。

5.1 净菜供应链体系建设制约因素模型构建

5.1.1 基于扎根理论的模型设计

5.1.1.1 资料的收集

本书采用半结构化访谈提纲，对9家规模以上净菜加工企业的相关负责人进行面对面的深度访谈，旨在了解净菜加工企业的发展现状和制约因素。访谈时间为60~120分钟，同时以录音和笔记的形式对所需资料进行记录，对方同时提供了纸质宣传册、电子文档等有关资料。由于净菜产业发展时间不长，北京及周边地区的净菜加工企业数量较少，故课题组选取具有代表性的9家企业进行了实地调研。访谈加工企业基本信息如表5-1所示。

表5-1 访谈加工企业基本信息

编号	访谈时间	录音时长	加工企业加工厂位置
1	2018-11-22	109分钟	北京平谷区；河北三河市、香河县、沽源县
2	2018-12-27	205分钟	北京通州区、大兴区、怀柔区；河北张家口；河南
3	2019-01-05	112分钟	北京大兴区、丰台区
4	2019-01-05	60分钟	北京房山区
5	2019-02-22	85分钟	天津宝坻区
6	2019-02-25	81分钟	北京、天津等
7	2019-03-29	144分钟	河北固安县
8	2019-03-30	84分钟	河北三河市
9	2019-04-17	98分钟	北京顺义区

资料来源：本书作者实地调研后自行编制。

5.1.1.2 研究方法

扎根理论（grounded theory）是由格拉斯（Barney G. Glaser）和斯特劳斯（Anselm Strauss）于1967年提出的一种质性研究方法。这种方法在进行研究之前一般没有任何理论假设，研究者直接从最原始的资料进行归纳总结，最终上升至理论。扎根理论方法一般有开放式编码、主轴编码和选择性编码三个步骤。

（1）开放式编码

扎根理论中的开放式编码指的是通过对第一手资料的语句片段进行不断比较，以形成概念与范畴，既可以使用访谈对象原始词语，也可以使用研究者通过相关文献资料阅读归纳出的抽象概念。根据相关要求，在该阶段，首先对访谈获取的资料进行梳理与整合；然后对整理后的资料进行编码，使其概念化和范畴化。表5-2是对访谈获得的所有资料进行开放式编码的过程，考虑到篇幅有限，本书仅列出了部分具有代表性的语句。对初始概念进行分类组合后可归纳为12个范畴，分别用A1~A12来表示。

表5-2 开放式编码过程

原始访谈资料	概念化	范畴化
净菜加工使用的是我们自己的生产标准，没有国标	无国标可依	A1 缺少净菜加工的国家标准
目前应该只有几个省出台了地方标准，正在申请国标，应该快出来了，不过只是即用净菜的加工标准，即食净菜加工标准没有听说有人申请	申请国家标准	
即食净菜在卫计委那里有备案，即用净菜看具体餐饮企业要求	只有即食净菜的企业标准	
就在隔条马路斜对面，有个小作坊式的加工厂，听说就俩人在生产，就两间屋子，也没有冷藏库	加工厂资质参差不齐	A2 缺乏市场准入门槛
加工厂主要由两部分组成：一部分是我们之前的厂子，我们企业之前是食品加工厂；另一部分是从倒闭的青年菜君那里收购的	依据食品加工厂标准	A3 缺少净菜加工厂建设标准
工厂审查细则目前没有出来	无净菜工厂建设标准可依	

5 净菜供应链建设瓶颈分析

续表

原始访谈资料	概念化	范畴化
净菜产品不归食药监管部门监管,说净菜属于原材料,应该归农业口监管,具体怎么样不是很清楚	产品监管	A4 监管机构不明,缺少配套的监管举措
只有两三辆冷藏车,也使用金杯进行配送	缺少冷藏车,金杯面包车配送	A5 没有全部实现冷藏车配送
附近的餐馆直接使用金杯进行配送	金杯面包车配送	
有的蔬菜是从市场采购的,是不是使用冷藏车运输过来的,就不太清楚了	不能确保蔬菜全程冷链运输	A6 上游冷链不能得到保障
大部分蔬菜是从旁边批发市场直采,小部分用普通车从新发地和农户那里采购	蔬菜采购过程缺少冷藏车运输	
加工设备买回来后,刀具是我自己按需要改造的	设备改造	A7 加工装备制约
由于中餐蔬菜处理的特点,再加上我们餐饮设备制造行业基础比较薄弱,市场上的中餐专用设备难以满足要求	设备要求不同	
产品保质期是48小时,使用的是塑料包装袋,上面有气孔	包装	A8 保鲜技术相对落后
和国外相比,保质期比较短	保质期短	
只有两张进京通行证,不够用,只能挂靠别人	进京通行证数量少,通行证挂靠	A9 进京通行证有限
一共挂靠两张通行证,一个证一季度3 000元	通行证挂靠	
有时候经过检查站时,等的时间会特别长,很容易导致产品不能及时配送到店铺	检查站等待时间过长,配送时间压力	A10 进京检查时间长
净菜走的不是鲜活农产品运输绿色通道	非绿色通道	
每个店要求不一样,有的品类的规格目前生产不出来,只能使用人工进行切菜	人工切菜	A11 人工成本过高
还需要雇人进行蔬菜切配,蔬菜清洗也需要有人看着,产品检测也需要雇人	人工进行切菜、洗菜、检测	
还不能达到全自动化生产	非全自动化	

续表

原始访谈资料	概念化	范畴化
曾经做过宅配，太分散，配送成本很高	宅配配送成本高	A12 配送成本高
因为要全程冷链配送，成本比较高，小批量配送的话，划不来	冷链配送成本高	

资料来源：本书作者自行绘制。

(2) 主轴编码

该阶段主要是梳理各个范畴之间的内在联系，从而得到主范畴。在表5-2中，一共得到了24个概念、12个范畴，通过分析和比较，最终得到5个主范畴，分别用B1~B5来表示，如表5-3所示。

表5-3 主轴编码过程

开放性编码范畴	主范畴
A1 缺少净菜加工的国家标准	B1 标准和质量安全监管体系的缺失
A2 缺乏市场准入门槛	
A3 缺少净菜加工厂建设标准	
A4 监管机构不明，缺少配套的监管举措	
A5 没有全部实现冷藏车配送	B2 冷链物流断链
A6 上游冷链不能得到保障	
A7 加工装备制约	B3 技术和装备落后
A8 保鲜技术相对落后	
A9 进京通行证有限	B4 城市交通管制
A10 进京检查时间长	
A11 人工成本过高	B5 生产运营成本过高
A12 配送成本高	

资料来源：本书作者自行绘制。

(3) 选择性编码

选择性编码作为扎根理论编码过程的最后一步，其主要目的是从主范畴中挖掘得到核心范畴，分析核心范畴与其他范畴之间的关联关系，从而构建理论模型。经过对访谈资料的重新审视，以及对概念、范畴和主范畴

的反复分析、比较和总结，最后确定"净菜加工业发展制约因素"作为核心范畴，构建和形成净菜加工业发展的制约因素模型，如图 5-1 所示。

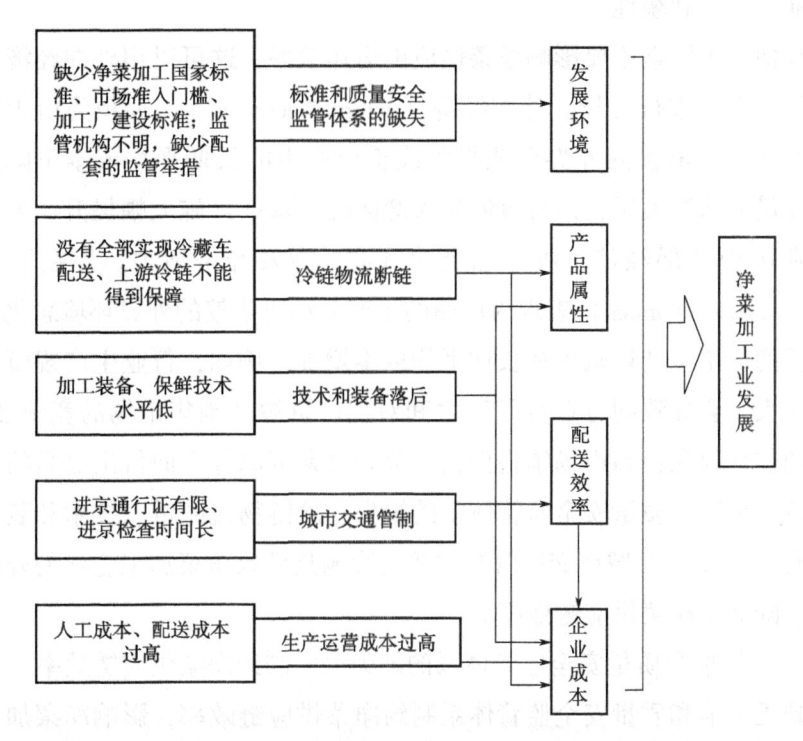

图 5-1 基于扎根理论的生产者视角下净菜加工业发展的制约因素模型
资料来源：本书作者自行绘制。

5.1.2 制约因素理论分析

上文基于扎根理论，归纳出了净菜加工业发展的主要制约因素。接下来对以上因素进行描述分析，解释其如何制约净菜供应链发展。

有关净菜加工企业内部的制约因素，可以用企业的生产函数来解释。企业生产函数为 $Q = Af(X_1, X_2, \cdots, X_n)$，$A$ 为技术投入，X_1、X_2、$\cdots$、X_n 表示某产品生产过程中所使用的 n 种生产要素（劳动、资本、土地等）的投入数量，以及由这些要素投入所产生的投入成本，Q 表示所能生产的最大产量。由生产函数可知，技术 A 的进步必然会带来投入产出的效率提

升。另外，若生产成本提高，则投入产出效率下降，企业赢利水平降低。因此，技术和装备落后（企业层面）、生产运营成本过高必然导致净菜加工企业处于不利境地。

其他三个因素主要影响净菜供应链运作效率，这可以用外在经济与外在不经济理论进行分析。外在经济（external economies）表现为由于厂商的生产活动所依赖的外界环境得到改善而产生的长期平均成本下降。例如，建设港珠澳大桥，使得粤港澳大湾区交通基础设施大幅提升，大湾区内企业出现外部经济，可增加企业利润，激发经济活力。外在不经济（external diseconomies）表现为厂商的生产活动所依赖的外界环境恶化，使个别厂商的单位产量减少和长期平均成本增加。例如，行业生产规模扩张过快过大，会导致同行业各厂商之间对生产资源和销售市场的竞争加剧，各厂商往往要在提高市场销售份额、争夺要素资源等方面付出更高的成本和代价。标准和质量安全监管体系的缺失、冷链物流断链、技术和装备落后（行业层面）和城市交通管制主要的影响是导致净菜加工企业的外在不经济，降低了净菜供应链效率。

（1）标准和质量安全监管体系的缺失——制约净菜供应链效率

缺乏标准和质量安全监管体系制约净菜供应链效率，影响净菜加工企业的发展环境，包括：缺少净菜加工国家标准、市场准入门槛、加工厂建设标准，监管机构不明，缺少配套的监管举措等内容。

没有相应的国家标准及配套的监管举措，将导致净菜加工企业缺少行业发展的顶层设计和指导，进而使得市场进入门槛过低，加工企业水平参差不齐。在净菜行业发展的同时，各种低价竞争也在增加，产生商品流通标准不统一和不公平的市场竞争等，最终导致市场失序。

（2）冷链物流断链——制约净菜供应链效率

冷链物流断链制约净菜供应链效率，影响净菜产品的品质，包括：没有实现全程冷藏车配送（第三方冷链物流），上游冷链不能得到保障等内容。由于生鲜农产品具有易腐的特点，容易受到微生物、温度、湿度等外在环境变化的影响，全程冷链物流对净菜产品品质保障及延长产品保鲜期

有着至关重要的作用。但是，如果净菜产品没有实现全产业链的冷链运输，冷链断链问题频发，势必会导致产品品质下降甚至产品腐烂，企业成本大幅度提升。

（3）技术和装备落后——制约净菜企业自身生产和净菜供应链效率

相关技术装备的水平不仅受净菜行业整体技术水平的影响，也受到企业自身研发投入程度的影响，包括加工装备、保鲜技术水平低等内容。实际调研中发现，净菜加工企业通常使用的是普通塑料袋包装和真空包装两种形式，使用真空包装的主要是根茎类蔬菜（如土豆片、笋片等），叶菜类一般使用普通塑料袋包装。目前国内对相关品类或包装物的保鲜技术研发投入少，结果就是缺少可选择的先进食品保鲜技术，净菜产品品质及保质期受到影响。此外，目前净菜加工企业使用的加工设备自动化程度较低，还需要一定量的员工对蔬菜进行处理，从而增加企业的生产成本。

（4）城市交通管制——制约净菜供应链效率

城市交通管制主要影响净菜产品的物流配送效率，包括进京通行证有限，进京检查时间长等内容。车辆经过检查站等待时间较长，很容易导致净菜产品不能及时配送到餐饮店，这不仅增加了产品损耗的风险，也增加了净菜加工企业的配送成本。

（5）生产运营成本过高——制约净菜企业自身生产

运营成本主要来源于人力和物流配送，生产运营成本过高会制约净菜企业自身生产。相比于西餐，中餐的用料更加庞杂，而现有净菜加工自动化程度较低，因此需要雇用较多员工进行切割处理，人工成本较高。此外，如前文所述，如果实现全程冷链运输，势必会大幅度提升净菜加工企业成本。在实际调研中，净菜加工企业有的使用第三方物流配送，部分产品使用金杯面包车进行配送。

5.2 净菜供应链体系建设制约因素专家评价分析

为探究以上制约因素的重要程度，本书在甄别各制约因素层次关系的

基础上，设计相关问卷，邀请净菜加工企业高管（13人）、净菜行业协会相关人员（4人）进行填写，共收到17份有效问卷。然后，根据问卷结果，结合专家打分法和层次分析法，对各个制约因素进行权重排序和评价分析。

层次分析法的步骤如下：首先，分析系统中各个因素之间的相互关系，构建层次分析结构模型；其次，采用九级标度法和成对比较法进行专家打分，构造判断矩阵；再次，确定准则层和指标层权重，并进行一致性检验；最后，计算综合权重，对所得综合权重进行排序，选出最重要的因素。

5.2.1 模型构建

根据上文扎根理论中的相关分析，对净菜供应链体系建设的制约因素建立5个方面的层次指标体系（见表5-4）。其中，将净菜供应链体系建设的主要制约因素设定为总目标层；准则层包括标准和质量安全监管体系的缺失、冷链物流断链、技术和装备落后、城市交通管制和生产运营成本过高5个方面；指标层是在准则层基础上的细分，共包含12个因素。

表5-4 净菜供应链体系建设制约因素的指标体系

总目标层	准则层	指标层
净菜供应链体系建设的主要制约因素	标准和质量安全监管体系的缺失（B1）	缺少净菜加工的国家标准（C11）
		缺乏市场准入门槛（C12）
		缺少净菜加工厂建设标准（C13）
		监管机构不明，缺少配套的监管举措（C14）
	冷链物流断链（B2）	没有全部实现冷藏车配送（C21）
		上游冷链不能得到保障（C22）
	技术和装备落后（B3）	加工装备制约（C31）
		保鲜技术相对落后（C32）
	城市交通管制（B4）	进京通行证有限（C41）
		进京检查时间长（C42）
	生产运营成本过高（B5）	人工成本过高（C51）
		配送成本高（C52）

5.2.2 构造判断矩阵及一致性检验

首先，17位分别来自净菜加工企业和行业协会的专家进行问卷调查。依据九级标度法，让专家对制约因素进行两两比较评分：相比因素 a，因素 b 同等重要、稍微重要、较强重要、强烈重要、极端重要分别赋值 1、3、5、7、9，两相邻判断的中间值赋值为 2、4、6、8。由此得到 102 个判断矩阵，取其算术平均值作为对应判断矩阵的有效值（即集结后的判断矩阵）。

然后，利用 SPAAAU 软件计算各指标权重向量，并对判断矩阵进行一致性检验。利用公式 $CI = (\lambda\_max - n)/(n-1)$ [其中，CI 为一致性指标（consistency index）]、随机一致性指标（random index，RI）、公式 $CR = CI/RI$，计算一致性比率（consistance rate，CR），若 $CR<0.1$，矩阵通过一致性检验。

B1、B2、B3、B4 和 B5 两两比较，得到总目标层与准则层的集结判断矩阵，如表 5-5 所示。

表 5-5 总目标层与准则层的集结判断矩阵

A	B1	B2	B3	B4	B5	权重 ω_i	一致性检验 CR
B1	1	1.669	2.000	0.865	2.230	0.285 49	
B2	0.599	1	2.230	2.381	0.787	0.224 48	
B3	0.500	0.448	1	2.070	0.690	0.150 52	0.09<0.1
B4	1.156	0.420	0.483	1.000	0.538	0.138 35	
B5	0.448	1.270	1.450	1.860	1.000	0.201 16	

同理，C11、C12、C13 和 C14 相互比较，得到标准和质量安全监管体系缺失的判断矩阵（见表 5-6）；C21 和 C22 比较，得到冷链物流断链的集结判断矩阵（见表 5-7）；C31 和 C32 比较，得到技术和装备落后的集结判断矩阵（见表 5-8），C41 和 C42 比较，得到城市交通管制的集结判断矩阵（见表 5-9）、C51 和 C52 比较，得到生产运营成本过高的集结判断矩阵（见表 5-10）。

表 5-6　标准和质量安全监管体系的缺失的集结判断矩阵

B1	C11	C12	C13	C14	权重 ω_i	一致性检验 CR
C11	1	1.160	1.300	1.600	0.295 9	
C12	0.862	1	2.600	1.330	0.319 8	0.05<0.1
C13	0.769	0.385	1	1.600	0.205 8	
C14	0.625	0.752	0.625	1	0.178 5	

表 5-7　冷链物流断链的集结判断矩阵

B2	C21	C22	权重 ω_i	一致性检验 CR
C21	1	1.901	0.6553	0.00<1
C22	0.526	1	0.3447	

表 5-8　技术和装备落后的集结判断矩阵

B3	C31	C32	权重 ω_i	一致性检验 CR
C31	1	0.417	0.294 1	0.00<1
C32	2.400	1	0.705 9	

表 5-9　城市交通管制的集结判断矩阵

B4	C41	C42	权重 ω_i	一致性检验 CR
C41	1	1.700	0.629 6	0.00<1
C42	0.588	1	0.370 4	

表 5-10　生产运营成本过高的集结判断矩阵

B5	C51	C52	权重 ω_i	一致性检验 CR
C51	1	0.556	0.357 1	0.00<1
C52	1.800	1	0.642 9	

5.2.3　综合评价

首先，将准则层因素权重与指标层因素权重相乘，得到指标层因素相对总目标层因素的综合权重。其次，对所得综合权重进行排序，选出最重要的因素。

制约因素综合权重计算公式为：制约因素综合权重=准则层权重×指标层权重。

计算结果为：C21（0.147 1）>C52（0.129 3）>C32（0.106 3）>C12（0.091 3）>C41（0.087 1）>C11（0.084 5）>C22（0.077 4）>C51（0.071 8）>C13（0.058 8）>C42（0.051 2）>C14（0.051 0）>C31（0.044 3）。对所得综合权重进行排序，结果如表5-11所示。

表5-11 净菜供应链体系建设制约因素的综合权重

准则层因素	准则层权重	准则层因素排序	指标层因素	指标层因素排序	指标层权重	综合权重	总排序
标准和质量安全监管体系的缺失（B1）	0.285 49	1	缺少净菜加工的国家标准（C11）	2	0.295 9	0.084 5	6
			缺乏市场准入门槛（C12）	1	0.319 8	0.091 3	4
			缺少净菜加工厂建设标准（C13）	3	0.205 8	0.058 8	9
			监管机构不明，缺少配套的监管举措（C14）	4	0.178 5	0.051 0	11
冷链物流断链（B2）	0.224 48	2	没有全部实现冷藏车配送（C21）	1	0.655 3	0.147 1	1
			上游冷链不能得到保障（C22）	2	0.344 7	0.077 4	7
技术和装备落后（B3）	0.150 52	4	加工装备制约（C31）	2	0.294 1	0.044 3	12
			保鲜技术相对落后（C32）	1	0.705 9	0.106 3	3
城市交通管制（B4）	0.138 35	5	进京通行证有限（C41）	1	0.629 6	0.087 1	5
			进京检查时间长（C42）	2	0.370 4	0.051 2	10
生产运营成本过高（B5）	0.201 16	3	人工成本过高（C51）	2	0.357 1	0.071 8	8
			配送成本高（C52）	1	0.642 9	0.129 3	2

5.2.4 专家评价结果分析

制约因素权重评价表由 5 个准则层和 12 个指标层构成。准则层因素中排名从高到低依次是：标准和质量安全监管体系的缺失（0.2854 9）、冷链物流断链（0.2244 8）、生产运营成本过高（0.201 16）、技术和装备落后（0.150 52）、城市交通管制（0.138 35）。其中，技术和装备落后与生产运营成本过高影响的是净菜企业生产，而标准和质量安全监管体系的缺失、冷链物流断链和城市交通管制则影响净菜供应链的效率。

指标层因素中排名从高到低依次是：没有全部实现冷藏车配送（0.147 1）；配送成本高（0.129 3）；保鲜技术相对落后（0.106 3）；缺乏市场准入门槛（0.091 3）；进京通行证有限（0.087 1）；缺少净菜加工的国家标准（0.084 5）；上游冷链不能得到保障（0.077 4）；人工成本过高（0.071 8）；缺少净菜加工厂建设标准（0.058 8）；进京检查时间长（0.051 2）；监管机构不明，缺少配套的监管举措（0.051 0）；加工装备制约（0.044 3）。

第一，没有全部实现冷藏车配送（0.147 1）的问题最为突出，这表明北京净菜供给中，冷链物流基础设施还不到位。调研中我们发现，京津冀三地冷链物流基础设施发展很不平衡，蔬菜产地冷库建设不足，加之市区内各种交通管制政策，净菜供给中的全程冷链得不到保障，有中途断链的风险，对净菜运输效率产生了一定程度的影响。第二，配送成本高（0.129 3），加大了企业成本，给企业运营带来成本负担。因净菜产品有冷链物流运输的特殊要求，其配送成本必然高于常温物流运输。企业的配送过程可以借助自建冷链物流体系，或使用第三方物流；自建冷链物流通常需要较大的资金投入，企业的成本压力较大。此外，若在配送过程中出现产品损耗，也会加大企业的成本负担。第三，保鲜技术相对落后（0.106 3）是重要制约因素之一。能否有效保鲜，影响到产品的口感、风味和颜色。保鲜技术落后会使产品品质下降，进而影响销售量和销售价格。第四，缺乏市场准入门槛（0.091 3），加之净菜加工国家标准的缺

失，使得净菜加工企业进入门槛低，企业生产水平参差不齐，市场竞争出现劣币驱逐良币现象，形成柠檬市场。第五，加工装备水平制约（0.044 3），加工技术与设备需要改进。参与调研的净菜加工企业反映，它们的生产加工设备，不少是直接从国外进口，原用于西餐的净菜生产加工，但中餐蔬菜处理更繁杂，有着条、块、丝等各种形状尺寸要求，许多工序仍是以手工为主，导致机械化程度低、生产效率低、加工成本高。因此，在实际生产中，净菜企业对中餐专用的加工设备提出了自动化技术升级的需求。

此外，在实地调研中，课题组发现净菜企业的产品几乎全部供给 B 端客户，供给 C 端客户的净菜极少，品类也仅仅局限于少数几种。青年菜君就是一个专向消费者售卖半成品净菜并提供全城宅配的电商，最终却由于市场困境而破产。在消费领域，普通消费者对净菜的消费观念和认知度都存在一定的局限性，而净菜价格和消费者对净菜的认知也是影响净菜消费的重要因素。对于影响北京净菜市场需求的具体因素，本书将在第六章进一步研究。

5.3　本章小结

本章基于对多家净菜加工企业和行业协会的访谈内容，通过扎根理论筛选出净菜供应链体系建设的内外部制约因素，并结合专家打分法和层次分析法对制约因素进行权重排序和评价分析。

研究表明，制约因素权重评价由 5 个准则层和 12 个指标层构成。指标层因素排名从高到低依次是：没有全部实现冷藏车配送；配送成本高；保鲜技术相对落后；缺乏市场准入门槛；进京通行证有限；缺少净菜加工的国家标准；上游冷链不能得到保障；人工成本过高；缺少净菜加工厂建设标准；进京检查时间长；监管机构不明，缺少配套的监管举措；加工装备制约。由此可见，目前净菜供应链体系面临的最主要的制约因素是冷链物流基础设施不足、运营成本过高以及监管体系的缺失。

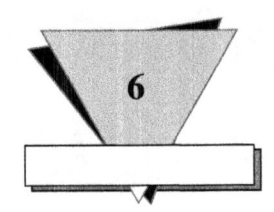

都市净菜需求制约因素分析

本章主要分析了北京净菜需求的制约因素。首先，基于北京调查问卷结果，运用二元选择模型对B端餐饮企业和C端消费者的净菜需求影响因素进行分析，得出应加大净菜产品宣传力度、完善净菜行业相关制度、强化供应链的渠道建设等结论。其次，采用田野调查法，对北京餐饮企业、新零售企业、普通居民的预制菜需求进行详细调研，发掘制约都市净菜需求的深层次原因。

6.1 都市净菜需求影响因素分析——以北京为例

由北京净菜市场供给现状的分析可知，北京净菜市场主要供给B端客户，即餐饮企业、单位食堂以及学校餐厅等，少部分供给C端客户，即普通居民。因此，北京净菜市场需求同样包括B端和C端两种类型的消费者。为详细了解两种类型消费者对净菜需求的差异，本章将利用北京调查问卷和二元选择模型对餐饮企业和消费者的净菜需求影响因素进行具体分析，以此促进净菜产业的进一步发展。

6.1.1 餐饮企业的净菜需求影响因素分析

6.1.1.1 理论分析

北京餐饮市场是垄断竞争性市场。相比国内其他地区来说，北京餐饮市场具有较大的市场空间，发展速度更快，竞争也更激烈。以北京传统商业区国贸商圈为例，基于大众点评网餐饮企业的数据整理，截至2019年11月，国贸商圈约有中餐厅840家、西餐厅118家、日韩料理等87家。而从美团外卖平台数据来看，国贸商圈提供餐饮外卖服务的餐厅数量更多，达到3 039家。由此看出，国贸商圈餐饮企业虽然具有很大的差异性，但它们提供的餐饮服务却具有很强的替代性，因此可以说北京餐饮市场是垄断竞争性市场。垄断竞争性市场中的餐饮企业之间除了价格竞争之外，还存在食品质量竞争、品牌竞争、服务竞争和地理区位竞争等非价格竞争。本节重点讨论餐饮企业间的非价格竞争。餐饮企业若想在非价格竞争

中获取更多利润，不仅要提高其服务水平，还要考虑走产品差异化路线或进一步降本增效。净菜的使用有利于餐饮企业增强其非价格竞争优势，这主要表现在以下几个方面。

一是使用净菜能够简化烹饪流程，减少消费者的等餐时间，有利于餐饮企业，尤其是提供外卖服务的餐饮企业提高出餐效率，提高消费者的满意度。

《2019北京餐饮消费趋势报告》指出，北京餐饮市场中大部分为中式餐饮，但西式餐饮发展速度更快。这是因为西式餐饮的标准化程度更高，更易于外带。原材料非标准化是目前我国中式餐饮企业，尤其是连锁企业发展面临的诸多困境之一，不同消费者对同一菜品的消费体验可能不同，由此导致消费者满意度下降。使用净菜则能够实现原材料的标准化，提升消费者的消费体验，有利于餐饮企业的进一步发展。因此，餐饮企业的个体特征（如是否为中餐厅、是否为连锁餐厅、是否提供团餐等）将影响餐饮企业的净菜购买行为。

二是由于净菜能够直接下锅烹饪或稍加清洗就可进行烹饪，餐饮企业不必专门雇人进行备菜，能够有效降低人工成本，减少后厨使用面积，利于餐饮企业长期发展。

近几年，大城市，尤其是北京这样的一线城市，其餐饮企业用工成本与房租成本相较于原材料成本增长更为迅速。从长期来看，净菜的使用可减少餐饮企业门店的用工数量与后厨面积，从而有利于增加餐饮企业利润，进而实现长期发展。以全国火锅连锁餐饮龙头企业海底捞为例，其拥有自己的中央厨房（即蜀海供应链），海底捞各个门店全部采用净菜，门店后厨只是按订单食材进行配菜，从而专注于餐厅经营，提高服务质量与顾客满意度。由于实现了食材生产、采购、制作、配送全面的标准化和信息化，因而保障了食材的质量安全与可溯源性。海底捞利用这种净菜供应链+中央厨房的模式，实现了迅速发展。2017年海底捞的营业收入已突破百亿元，成为中式餐饮企业的第一名，并于2018年在香港上市。2018年海底捞实现同比收入增长59.53%，全球新开业门店200家，2019年上半

年又新开门店 130 家。可以说,海底捞是餐饮企业利用净菜实现快速发展的典范。

此外,本书根据垄断竞争市场中企业实现利润最大化的理论来进一步探讨使用净菜对提升餐饮企业竞争力的影响。每个餐饮企业获得的利润可表示为:

$$\pi = TR - TC \qquad (6-1)$$

短期内,可进一步表示为:

$$\pi = P \times Q - (FC + VC) \qquad (6-2)$$

式中:π 表示餐饮企业获得的利润;TR 表示餐饮企业获得的总收益;TC 表示餐饮企业的总成本;P 表示餐饮企业提供产品的价格;Q 表示其提供产品的数量;FC 表示餐饮企业的固定成本,短期内不随产量的变动而变动,一般包括店铺租金、员工工资等;VC 表示餐饮企业的可变成本,随着产量变动而变动,一般包括原材料及其运输成本、燃料、水电等费用。

由于使用净菜能够降低人工成本,从而降低了固定成本 FC;使用净菜还能够减少后厨使用面积,增加营运面积,同时出餐率的提高也能够提高翻台率,从而提高销售菜品的数量 Q;但使用净菜也会在一定程度上增加原材料成本,从而增加可变成本 VC。所以,餐饮企业对使用净菜后利润的相关评估,如增加总收益、降低固定成本等,都会对餐饮企业决策行为产生影响。

基于以上分析,餐饮企业的个体特征和利润导向因素都会影响餐饮企业的净菜购买行为。李桂华等(2007)构建的影响企业购买行为因素的理论模型认为,专家力量、信息力量、人际关系等会影响企业的购买决策。因此,本书认为餐饮企业对净菜信息的认知和专家力量、人际关系等因素也会影响餐饮企业的净菜购买行为。基于此,本书构建的影响餐饮企业净菜购买行为的方程如下:

$$Y = f(X_{1j}, X_{2j}, X_{3j}, X_{4j})$$

式中:Y 为餐饮企业净菜消费决策(买,不买)。

(1) 餐饮企业个体特征（X_1）

餐饮企业是否使用净菜，是其根据自身综合情况做出的一种选择，其自身特征对餐饮企业决策的过程及决策结果具有重要影响。X_{1j}为餐饮企业具体特征，$j=1$表示店铺是否为中餐厅，$j=2$表示是否为连锁餐厅，$j=3$表示店铺是否提供团餐，$j=4$表示店铺是否使用提前预订及在线排队等智能化系统，$j=5$表示店铺经营时长，各个变量的具体赋值如表6-1所示。根据生活常识假设：

表6-1 餐饮企业净菜选择行为模型变量的赋值及均值

	变量名称	定义	均值
自变量（X）	个体特征（X_1）	是否为中餐厅（X_{11}）	否=0；是=1	0.81
		是否为连锁餐厅（X_{12}）		0.78
		是否提供团餐（X_{13}）		0.87
		是否使用手机提前预订及在线排队等智能化系统（X_{14}）		0.93
		店铺经营时长（X_{15}）	0~1年=1；1~3年=2；3~5年=3；5~10年=4；10年以上=5	2.71
	认知特征（X_2）	对净菜了解程度（X_{21}）	从未听说过=0；听说过，但从未了解=1；了解过几种净菜品类=2；知道净菜品牌详细信息=3	1.61
		净菜使得食品质量安全更有保障（X_{22}）	完全不赞同=1；比较不赞同=2；一般=3；比较赞同=4；完全赞同=5	3.95
		净菜使用是未来发展趋势（X_{23}）		4.00
		减少厨余垃圾（X_{24}）		3.98
		认为净菜品类少（X_{25}）	否=0；是=1	0.53
		认为行业不规范（X_{26}）		0.57
		认为配送不及时（X_{27}）		0.35

续表

	变量名称		定义	均值
自变量 (X)	使用环境 (X_3)	是否加入行业协会 (X_{31})	否=0；是=1	0.89
		认识的餐厅有无使用净菜的 (X_{32})		0.85
	利润导向动机 (X_4)	节省厨师烹饪时间 (X_{41})	完全不赞同=1；比较不赞同=2；一般=3；比较赞同=4；完全赞同=5	3.95
		节省劳动力 (X_{42})		3.94
		价格偏高 (X_{43}) 0.35	否=0；是=1	0.35
因变量 (Y)		是否使用净菜	否=0；是=1	0.89

资料来源：本书作者自行绘制。

H_1：中餐厅、连锁餐厅、提供团餐、使用提前预订及在线排队等智能化系统对餐饮企业净菜使用行为具有正向影响。

（2）对净菜认知特征（X_2）

消费者（包括个人、家庭和企业）的购买决策过程一般分为以下五个步骤：认识需要、信息搜索、评估选择、购买决定以及购后评估。信息的了解程度对购买决策起着极大作用。能否充分了解净菜信息以及对产品的相关评价同样影响净菜的使用行为。X_{2j}表示餐饮企业主管人员对净菜的认知特征，$j=1$表示对净菜的了解程度，$j=2$表示对"食品质量安全更有保障"表示同意程度，$j=3$表示对"净菜使用是未来发展趋势"表示同意程度，$j=4$表示对"减少厨余垃圾"表示同意程度，$j=5\sim7$分别表示是否认为目前净菜市场上"净菜品类少""行业不规范""配送不及时"，各个变量的具体赋值见表6-1。

本书提出以下假设：

H_2：餐饮企业对净菜了解程度，对"食品质量安全更有保障""净菜使用是未来发展趋势""减少厨余垃圾"的同意程度，对净菜使用具有正向影响；认为"净菜品类少""行业不规范""配送不及时"，对净菜使用具有负向影响。

(3) 净菜使用环境（X_3）

本节选取的是餐饮企业是否加入行业协会（X_{31}）（专家力量）、认识的餐厅有无使用净菜的（X_{32}）（人际关系），并提出以下假设：

H_3：加入行业协会、认识的餐厅使用净菜对餐饮企业净菜使用行为具有正向影响。

(4) 利润导向动机（X_4）

根据上文分析，净菜使用带来的利润变化，对餐饮企业的决策行为起着极大的作用。如果使用净菜能增加餐饮企业总收益或降低总成本，则餐饮企业越倾向于使用净菜；如果使用净菜增加成本，则其越不愿意使用净菜。本节选择包括对总收益的影响，如"节省厨师烹饪时间"（X_{41}）（即增加销量，进而增加总收益），同时包括对总成本的影响，如"节省劳动力"（X_{42}）、"价格偏高"（X_{43}），并提出以下假设：

H_4：餐饮企业对"节省厨师烹饪时间""节省劳动力"的同意程度，对净菜使用具有正向影响；是否认为目前市场上净菜"价格偏高"对其净菜使用行为具有负向影响。

6.1.1.2 数据来源与描述性统计

本节数据来源于2019年6—7月通过问卷星向餐饮企业发放的调查问卷，问卷在正式发放前进行了预调研，然后根据反馈结果对内容进行了修改完善，以确保问卷设计的合理性和问卷质量。课题组通过问卷星最终收到722份问卷，其中705份来自中国副食品流通协会追溯分会下的追溯餐厅，17份来自中国合作贸易企业协会净菜专业委员会。餐厅位于北京的有708份，占总样本的98.06%。因研究设定，本节只采用了餐饮企业位于北京的调查样本。

(1) 自变量

第一，餐饮企业个体特征。调查的餐饮企业中，中餐厅占76.27%，这符合北京餐饮市场的实际情况。此外，78.39%的餐厅为连锁餐厅，87.43%的餐厅提供团餐，92.66%的餐厅使用手机提前预订及在线排队等智能化系统，这也与样本取样相符合，因为样本餐厅多数具有一定规模。餐厅目前已经营时长为1~3年的最多，占比40.25%，反映餐饮业是充分竞争行业。

第二，对净菜的认知特征。餐饮企业主管人员对净菜了解程度普遍偏低：选择"听说过，但从未了解"的最多，占比40.96%；其次是"了解过几种净菜品类"，占比26.69%。餐饮企业主管人员对净菜产生的正面效应普遍持赞同态度：对于"净菜使得食品安全质量更有保障"的同意程度，选择"完全赞同"及"比较赞同"的占比69.1%；对于"净菜使用是未来发展趋势"的同意程度，选择"完全赞同"及"比较赞同"的占比70%；对于"减少厨余垃圾"，选择"比较赞同"和"完全赞同"的占比70.76%。部分餐饮企业主管人员认为现阶段北京净菜产业仍存在一些问题："认为净菜品类少"占比52.68%，"认为行业不规范"占比57.06%，"认为配送不及时"占比35.31%。

第三，净菜使用环境。有88.84%的餐饮企业加入了行业协会，选择"认识的餐厅有使用净菜的"占比85.45%。这符合本书的调查样本来自行业协会和追溯餐厅的实际情况。

第四，利润导向动机。多数餐饮企业主管人员认同使用净菜能够增加总收益，降低部分成本。对于"节省厨师烹饪时间"的同意程度，选择"完全赞同"及"比较赞同"的占比66.7%；对于"节省劳动力"的同意程度，选择"完全赞同"及"比较赞同"的占比68.8%，另有34.89%认为净菜"价格偏高"。

（2）因变量

本节因变量是"是否使用净菜"，约有44.92%的餐饮企业使用过或正在使用净菜。

6.1.1.3 模型构建

离散选择模型是描述决策者在不同的可供选择的选项（如行为过程）之间所做出的选择。本节选择二元选择 Logit 模型来分析餐饮企业个体特征、认知特征、使用环境以及利润导向动机如何影响餐饮企业净菜选择行为。

$$P(y_i) = \frac{1}{1+e^{-(\alpha+\beta_{11}x_{11}+\beta_{12}x_{12}+\cdots+\beta_{nm}x_{nm})}} \quad (6-3)$$

式中：y_i表示第 i 个餐饮企业的选择行为，仅取值0和1，$y_i=0$时表示餐饮企业没有选择使用净菜，$y_i=1$时则表示餐饮企业选择使用净菜，相应的

概率分别为P_0和P_1；α为常数项；β_{ij}是待估参数；x_{ij}表示影响餐饮企业选择行为的因素。

对P进行Logit转换，得到：

$$Y = \ln\left(\frac{p}{1-p}\right) = \alpha + \sum_{i=1}^{n}\sum_{j=1}^{m}\beta_{ij}x_{ij} \tag{6-4}$$

6.1.1.4 实证分析

对餐饮企业净菜选择行为的二元Logit模型系数的Omnibus检验、Hosmer-Lemeshow检验的显著性如表6-2和表6-3所示。结果表明，餐饮企业净菜选择行为二元Logit回归模型都是合理的，并且拟合结果较为理想。对模型的估计结果如表6-4所示。

表6-2 餐饮企业净菜选择行为模型系数的Omnibus检验

		卡方	自由度	显著性
步骤1	步骤	255.177	17	0.000
	块	255.177	17	0.000
	模块	255.177	17	0.000

资料来源：本书作者自行绘制。

表6-3 餐饮企业净菜选择行为模型系数Hosmer-Lemeshow检验

步骤	卡方	自由度	显著性
1	29.927	8	0.000

资料来源：本书作者自行绘制。

表6-4 餐饮企业净菜选择行为的Logit模型估计结果

	自变量（X）	估计系数	标准误差	Exp（β）
个体特征（X_1）	是否为中餐厅（X_{11}）	0.078	0.584	1.081
	是否为连锁餐厅（X_{12}）	1.163***	0.493	3.201
	是否提供团餐（X_{13}）	1.490**	0.611	4.437
	是否使用手机提前预订及在线排队等智能化系统（X_{14}）	1.388***	0.421	4.005
	店铺经营时长（X_{15}）	-0.322	0.239	0.725

续表

自变量（X）		估计系数	标准误差	Exp（β）
认知特征（X_2）	对净菜了解程度（X_{21}）	3.820***	0.577	45.617
	净菜使得食品质量安全更有保障（X_{22}）	0.743*	0.440	0.476
	净菜使用是未来发展趋势（X_{23}）	0.669*	0.390	1.952
	减少厨余垃圾（X_{24}）	0.332	0.469	0.717
	认为净菜品类少（X_{25}）	-0.360	0.488	0.698
	认为行业不规范（X_{26}）	-0.335	0.468	0.715
	认为配送不及时（X_{27}）	-0.424	0.342	1.528
使用环境（X_3）	是否加入行业协会（X_{31}）	1.632***	0.557	5.115
	认识的餐厅有无使用净菜的（X_{32}）	1.372***	0.351	3.945
利润导向动机（X_4）	节省厨师烹饪时间（X_{41}）	0.350	0.279	0.705
	节省劳动力（X_{42}）	0.154	0.408	1.167
	价格偏高（X_{43}）	-0.841**	0.463	0.431

注：*、**、***分别表示在10%、5%、1%水平下显著。

资料来源：本书作者自行绘制。

(1) 餐饮企业个体特征的影响

连锁餐厅（1%显著性水平）、提供团餐（5%显著性水平）、使用手机提前预订及在线排队等智能化系统（1%显著性水平）与餐饮企业净菜选择行为都存在显著正相关关系。这意味着连锁、提供团餐、使用手机提前预订及在线排队等智能化系统的餐厅更加倾向于选择使用净菜。这是因为连锁餐厅要求不同店铺之间实现菜品口味和质量的高度统一，使用净菜更有利于实现菜品的标准化。而提供团餐和使用手机提前预订及在线排队等智能化系统的餐厅一般人气较高，高峰时段十分繁忙，使用净菜能够减少备菜时间，提高备菜效率，增加翻台率。

H_1部分得到验证。

(2) 对净菜的认知特征影响了净菜选择

餐饮企业主管人员"对净菜了解程度"（1%显著性水平）、认为"净菜使得食品安全质量更有保障"（10%显著性水平）、认为"净菜使用是未

来发展趋势"（10%显著性水平）与餐饮企业的净菜选择行为存在显著正相关关系。这意味着对净菜了解程度越深、认可程度越高的餐厅更加倾向于选择使用净菜。另外，餐饮企业对净菜的选择行为与"减少厨余垃圾""认为净菜品类少""认为行业不规范""认为配送不及时"的回归结果都不显著，也从侧面说明了净菜的使用在餐饮企业尚未全面推广，餐饮企业主管人员对净菜的了解有限。

H_2部分得到验证。

（3）餐饮企业净菜使用环境对净菜选择的影响

"加入行业协会"（1%显著性水平）、"认识的餐厅使用净菜"（1%显著性水平）与餐饮企业的净菜选择行为都存在显著正相关关系。这意味着加入了行业协会和认识的餐厅有使用净菜的餐厅主管会更加倾向于选择使用净菜。一方面，行业协会作为界定和促进餐饮业公共利益的集体性组织，提供能够影响交易行为和效果的各类信息，加入行业协会的餐厅有相对较多的机会去接触了解净菜，故其更加倾向于使用净菜。另一方面，如果周围有使用净菜的餐厅，可能会通过人际关系、信息传递等因素起到对于净菜的宣传作用，因此相关餐厅主管会更倾向于使用净菜。

H_3得到验证。

（4）利润导向动机对净菜选择的影响

价格偏高与餐饮企业净菜选择行为在10%的显著性水平下呈负相关关系，意味着价格越高，餐饮企业越不愿意使用净菜。这是因为价格过高会增加餐饮企业的原材料成本，进而增加其变动成本 VC，导致餐饮企业最终利润减少，故净菜价格越高，餐饮企业越不愿意使用净菜。一方面，成本与收益是餐饮企业经营过程中考虑的主要问题，餐饮企业主管对直接影响成本与收益的净菜价格更敏感，但对间接影响成本与收益的因素则相对不敏感。另一方面，也可能是因为净菜普及率不高（在调查样本中只有45%），因而"节省厨师烹饪时间"和"节省劳动力"与企业净菜使用的回归结果不显著。

H_4部分得到验证。

6.1.2 消费者净菜消费的影响因素分析

6.1.2.1 研究假说

依据计划行为理论，消费者选择购买或者不购买某商品，对该商品的行为态度、主观规范、知觉行为控制是影响其购买决策的主要因素。同时，消费者个人的性别、年龄、文化背景等基本特征及对该商品的认知也会对其消费决策行为产生影响。消费者净菜消费的行为决策方程式如下：

$$Y^i = f(X_{1j}, X_{2j}, X_{3j}, X_{4j}, X_{5j}) \tag{6-5}$$

式中：Y 为消费者净菜消费决策（买，不买）；$i=1$ 为即用净菜消费决策，$i=2$ 为即食净菜消费决策。

X_1 为消费者个人基本特征。计划行为理论认为消费者个人及社会文化等因素（如性别、年龄、文化背景等）通过影响行为信念间接影响行为态度、主观规范、知觉行为控制，并最终影响消费者最终的行为。X_{1j} 为具体特征，$j=1$ 为性别，$j=2$ 为年龄，其余变量赋值和均值如表 6-5 所示。

根据一般常识，假设：

表 6-5 变量赋值和均值

变量名称			定义	均值
自变量 (X)	基本特征 (X_1)	性别 (X_{11})	女 = 0；男 = 1	0.37
		年龄（周岁）(X_{12})	25 岁以下 = 1；25~35 岁 = 2；36~45 岁 = 3；46~55 岁 = 4；55 岁以上 = 5	3.00
		受教育水平 (X_{13})	初中及以下 = 1，高中/中专 = 2；大专 = 3；本科及以上 = 4	3.83
		现阶段居住于北京哪个区域 (X_{14})	门头沟、房山、顺义、昌平、大兴、怀柔、平谷、密云、延庆 = 1；东城、西城、朝阳、海淀、丰台、石景山、通州 = 2	1.89
		家庭用餐人口数 (X_{15})	2 人及以下 = 1；3~4 人 = 2；5 人及以上 = 3	1.80
		家庭人均月收入（税后）(X_{16})	低于 5 000 元 = 1；5 001~10 000 元 = 2；10 001~15 000 元 = 3；15 001~20 000元 = 4；20 000 元以上 = 5	3.13

续表

变量名称			定义	均值
自变量 (X)	基本特征 (X_1)	家庭食品支出占总支出的百分比 (X_{17})	10%以下=1；10%~25%=2；26%~50%=3；51%~75%=4；75%以上=5	2.28
	对净菜认知 (X_2)	对即用净菜了解程度	完全没听说过=1；听说过，但从未了解=2；了解过且购物时特意寻找过=3；了解过且知道相关品牌=4；知道相关净菜品牌并查询过相关资料=5	2.23
		对即食净菜了解程度		2.21
	行为态度 (X_3)	对即用净菜质量安全信任程度 (X_{31})	非常不信任=1；比较不信任=2；一般=3；比较信任=4；非常信任=5	2.97
		对即食净菜质量安全信任程度 (X_{31})		2.79
		净菜干净卫生 (X_{32})	持反对态度=1；不太赞同=2；一般，无感=3；比较赞同=4；非常赞同=5	3.13
		净菜农药残留少 (X_{33})		2.90
		使用净菜节省时间，方便烹饪 (X_{34})		3.66
		净菜更能彰显生活品质 (X_{35})		3.18
		净菜使用有益于保护环境 (X_{36})		3.11
		支持净菜推广使用 (X_{37})		3.33
		认为质量安全监管不到位 (X_{38})	否=0；是=1	0.64
		认为价格偏高 (X_{39})		0.71
	主观规范 (X_4)	亲友同事对购买净菜态度积极	非常不赞同=1；比较不赞同=2；一般=3；比较赞同=4；非常赞同=5	2.92
	知觉行为控制 (X_5)	假如需要购买某些净菜，能否通过相关渠道买到	基本买不到=1；部分品类买不到=2；能全部买到=3	1.78
因变量 Y		是否购买过即用净菜 (Y^1)	否=0；是=1	0.36
		是否购买过即食净菜 (Y^2)		0.19

资料来源：本书作者自行绘制。

H_1：消费者受教育水平、居住地相对繁华程度、家庭人均月收入对消费者净菜购买行为具有正向影响；消费者年龄、用餐家庭人口数、家庭食品支出占总支出百分比对消费者净菜购买行为具有负向影响。

X_2为消费者的净菜认知水平，消费者对净菜的认知程度直接影响消费者对购买净菜所获得的预期收益的判断，进而影响实际购买行为。由此假设：

H_2：消费者对净菜的认知程度对其净菜购买行为具有正向影响。

X_3为消费者对净菜的行为态度。行为态度主要指的是消费者对执行某个特定行为持有的喜爱程度的评估。行为态度越积极，行为意向就越强，就越容易实现某项特定行为。行为态度主要由行为信念决定，行为信念则来源于执行某项行为的预期结果，消费者对结果的评估决定了其行为态度。如果消费者认为其购买净菜产生了更高的效益（如质量安全更有保障、节省时间成本等），则其购买净菜就越积极。X_{3j}为各种行为态度，其变量赋值如表6-5所示。

本书中消费者对净菜的行为态度有正向的，如净菜"干净卫生""有益于保护环境"；也有负向的态度，如"质量安全监管不到位"，并提出如下假设：

H_3：消费者对净菜质量安全信任程度，对净菜"干净卫生""农药残留少""节省时间方便烹饪""更能彰显生活品质""有益于保护环境""支持净菜推广使用"的认同程度，对净菜消费有正向影响；是否认为净菜市场"质量安全监管不到位"，对其净菜消费有负向影响。

X_4为消费者对净菜的主观规范。主观规范主要是指消费者在决定是否执行某个特定行为时所感知的社会压力，反映的是重要他人或者团体对消费者个人行为决策产生的影响，重要他人越支持，行为意向就越大，也就越容易实现某项特定行为。由此提出假设：

H_4：亲友同事对净菜食用的积极态度，对消费者净菜购买行为有正向影响。

X_5为消费者对净菜的知觉行为控制。知觉行为控制主要指的是消费者

感知到执行某个特定行为的难易程度。知觉行为控制越强,消费者就越容易执行某个特定行为。本书认为净菜购买方便度体现了消费者净菜购买的知觉行为控制。由此提出假设:

H_5:消费者通过相关渠道能够买到自己所需的全部净菜品类的方便程度,对其净菜购买有正向影响。

6.1.2.2 数据来源与描述性统计

本节数据来源于2019年4—5月通过问卷星发放的消费者调查问卷。问卷在正式发放之前先进行了预调研,然后根据反馈结果对问卷内容进行了修改完善,以确保问卷设计的合理性和问卷质量。通过问卷星最终收到643份问卷,采用了北京居住者的531份问卷,占总样本的82.58%。

(1)自变量

第一,消费者基本特征。调查对象大多数为女性,占比为63.28%;年龄处于36~45岁的最多,占比约为30.7%;本科及以上学历占比约为88.36%;大多居住于城六区和通州区,占比为89.5%;家庭用餐人口数以3~4人为主,占比为56.9%;家庭人均月收入5 000元以上的占比为85.00%,10 000元以上的占比为55.00%,15 000元以上的占比为38.20%,20 000元以上的占比为22.10%,数据符合并反映了"北京是全国高收入群体集中城市"的统计论断。家庭食品支出占总支出低于25%的占比为68.00%,低于50%的占比为93.30%,按联合国指标,恩格尔系数在50%以下为小康以上家庭、30%以下为非常富裕家庭,说明大多数所调查家庭非常富有,贫困率极低。另有61%的调查对象为家庭食材主要购买者。

第二,消费者对净菜的认知。消费者对净菜了解程度普遍偏低。不管是即食净菜还是即用净菜,多数消费者均选择了"听说过,但从未了解",比例分别为57.6%和58.8%。

第三,消费者对净菜的行为态度。由于多数消费者对净菜认知不足,导致其行为态度大多处于负面区间。其中,大多数消费者对即用净菜和即食净菜的质量安全信任程度处于一般及以下,占比分别为75.3%和

81.7%。消费者认为"净菜干净卫生程度"一般及以下占比为67.20%；消费者对"净菜农药残留少"持一般、不赞成及反对态度占比为80.99%；消费者对"净菜使用有益于保护环境"持一般、不赞成及反对态度占比为66.74%；消费者对"支持净菜推广使用"持一般、不赞成及反对态度占比为59.18%。但消费者对"使用净菜节省时间，方便烹饪"大多持赞成态度。

第四，消费者对净菜的主观规范。由于消费者对净菜了解程度普遍偏低，不论是即用净菜还是即食净菜，亲友对净菜购买的态度都有67%选择了"一般"。

第五，消费者对净菜的知觉行为控制。约有57.06%的消费者认为，通过相关渠道购买净菜时，有部分品类买不到。

（2）因变量

本节的因变量是消费者是否购买过即用/即食净菜。约有45.4%的人购买过净菜，其中约22%的人两种净菜都购买过，约58.1%的人只购买过即用净菜，约19.9%的人只购买过即食净菜，购买即用净菜的比例明显高于即食净菜。

6.1.2.3 模型构建

本节同样采用Logit二元选择模型。

$$P(y_i) = \frac{1}{1+e^{-(\alpha+\beta_{11}x_{11}+\beta_{12}x_{12}+\cdots+\beta_{nm}x_{nm})}} \tag{6-6}$$

式中：y_i表示第i个消费者选择行为，仅取值0和1，$y_i=0$时表示消费者没有购买净菜产品，$y_i=1$时则表示消费者选择购买净菜产品，相应的概率分别为P_0和P_1；α为常数项；β_{ij}是待估参数；x_{ij}表示影响消费者选择行为的因素。

对P进行Logit转换，得到：

$$Y = \ln\left(\frac{p}{1-p}\right) = \alpha + \sum_{i=1}^{n}\sum_{j=1}^{m}\beta_{ij}x_{ij} \tag{6-7}$$

本节中，模型1用于描述消费者关于即用净菜消费选择行为，模型2用于描述消费者关于即食净菜消费选择行为。

模型1：
$$Y^1 = \alpha + \sum_{i=1}^{n}\sum_{j=1}^{m}\beta_{ij}x_{ij} \tag{6-8}$$

模型2：
$$Y^2 = \alpha + \sum_{i=1}^{n}\sum_{j=1}^{m}\beta_{ij}x_{ij} \qquad (6-9)$$

6.1.2.4 实证分析

对消费者净菜消费行为的二元 Logit 模型系数的 Omnibus 检验、Hosmer-Lemeshow 检验的显著性分别如表6-6、表6-7所示，结果表明两个模型都是合理的，并且拟合较为理想。对模型的估计结果如表6-8所示。

表6-6 模型系数的 Omnibus 检验

		模型1			模型2		
		卡方	自由度	显著性	卡方	自由度	显著性
步骤1	步骤	143.085	19	0.000	96.412	19	0.000
	块	143.085	19	0.000	96.412	19	0.000
	模块	143.085	19	0.000	96.412	19	0.000

资料来源：本书作者自行绘制。

表6-7 模型系数的 Hosmer-Lemeshow 检验

	模型1			模型2		
步骤	卡方	自由度	显著性	卡方	自由度	显著性
1	5.096	8	0.747	6.514	8	0.590

资料来源：本书作者自行绘制。

表6-8 消费者净菜消费行为的 Logit 模型估计结果

	自变量	模型1			模型2		
		估计系数	标准误差	Exp(β)	估计系数	标准误差	Exp(β)
基本特征(X_1)	性别（X_{11}）	0.103	0.232	1.109	0.181	0.273	1.198
	年龄（周岁）（X_{12}）	0.143	0.104	1.154	-0.060	0.126	0.941
	受教育水平（X_{13}）	-0.220	0.225	0.802	0.208	0.316	1.232
	现阶段居住于北京哪个区域（X_{14}）	0.576	0.398	1.780	0.966*	0.530	2.628
	家庭用餐人口数（X_{15}）	-0.365**	0.173	0.694	0.103	0.201	1.109
	家庭人均月收入（税后）（X_{16}）	-0.039	0.085	0.961	-0.001	0.102	0.999
	家庭食品支出占总支出的百分比（X_{17}）	-0.013	0.149	0.987	0.126	0.167	1.135

续表

自变量		模型1			模型2		
		估计系数	标准误差	Exp(β)	估计系数	标准误差	Exp(β)
对净菜认知(X_2)	对净菜了解程度	1.142***	0.153	3.134	0.857***	0.145	2.357
行为态度(X_3)	对净菜质量安全信任程度(X_{31})	0.208	0.153	1.232	0.432**	0.171	1.541
	净菜干净卫生(X_{32})	-0.086	0.184	0.918	0.177	0.220	1.193
	净菜农药残留少(X_{33})	0.131	0.175	1.140	-0.268	0.198	0.765
	使用净菜节省时间，方便烹饪(X_{34})	-0.083	0.147	0.920	-0.054	0.185	0.948
	净菜更能彰显生活品质(X_{35})	-0.311	0.164	0.732	-0.193	0.208	0.825
	净菜使用有益于保护环境(X_{36})	-0.008	0.164	0.992	0.084	0.204	1.087
	支持净菜推广使用(X_{37})	0.442**	0.193	1.556	0.170	0.237	1.185
	认为质量安全监管不到位(X_{38})	-0.049	0.231	0.952	0.070	0.278	1.072
	认为价格偏高(X_{39})	0.748**	0.254	2.113	0.015	0.296	1.015
主观规范(X_4)	亲友同事对购买净菜态度积极	0.104	0.180	1.110	0.741***	0.221	2.099
知觉行为控制(X_5)	假如需要购买某类净菜，能否通过相关渠道买到	0.547**	0.181	1.727	0.229	0.223	1.257

注：*、**、*** 分别表示在10%、5%、1%水平下显著。
资料来源：本书作者自行绘制。

（1）消费者基本特征的影响

家庭用餐人口数对即用净菜购买行为产生负向影响（5%显著性水平），意味着随着家庭用餐人口数增加，消费者越不倾向购买即用净菜；居住地繁华程度对即食净菜购买行为产生正向影响（10%显著性水平），意味着居住于城六区和通州区的消费者比郊区的消费者更倾向于购买即食净菜。

H_1部分得到验证。

(2) 对净菜的认知程度影响了净菜消费

对两类净菜认知程度均通过了1%显著性水平检验且呈正相关,意味着消费者对净菜了解程度越深,就越愿意去购买净菜;而对净菜认知相对有限的消费者,因其从未了解净菜或者了解的信息相对片面,可能对净菜存在误解,阻碍了其购买净菜。

H_2得到验证。

(3) 消费者净菜消费的行为态度对净菜消费的影响

模型1中,"推广净菜使用"对消费者即用净菜购买行为产生正向影响(5%显著性水平),即支持净菜推广使用的消费者,更愿意购买即用净菜;"认为价格偏高"对消费者即用净菜购买行为产生正向影响(5%显著性水平),对于消费者来说,即用净菜具有奢侈品的特性,认为价格偏高的消费者反而更倾向于购买即用净菜。模型2中,质量安全信任程度对消费者即食净菜购买行为产生正向影响(5%显著性水平),说明消费者对即食净菜的食品安全的忧虑,已成为即食净菜消费扩张的主要障碍。

H_3部分得到验证。

(4) 净菜消费的主观规范对净菜消费的影响

亲友同事的净菜消费行为对消费者的即食净菜购买行为产生正向影响(1%显著性水平),意味着周围亲友同事购买净菜越积极,受到影响的消费者越愿意去购买即食净菜。

H_4得到验证。

(5) 消费者净菜消费知觉行为控制对净菜消费的影响

净菜购买方便度对消费者即用净菜购买行为产生正向影响(5%显著性水平),意味着消费者越容易买到想要的净菜产品,就越愿意去购买净菜。

H_5得到验证。

6.1.2.5 结论与建议

（1）对于餐饮企业

对净菜了解程度不够、净菜价格偏高是制约餐饮企业使用净菜的重要因素。此外，净菜行业不规范、品类过少等因素也在一定程度上制约了餐饮企业的净菜使用行为。建议在餐饮业大力开展净菜科普工作，尤其是对连锁、提供团餐、能使用手机提前预订及在线排队等智能系统的餐饮企业的宣传工作；大力提升净菜加工技术，使净菜生产更加标准化、规模化，从而降低净菜价格，让利消费者，吸引餐饮企业使用净菜；进一步完善行业标准，规范行业秩序，促进净菜产业健康发展。

（2）对于普通居民消费者

由于多数消费者对净菜不了解，对净菜的食品安全和行业规范有很大疑虑，再加上可供选择的品类少，极大影响了消费者净菜消费的积极性。建议相关行业与企业加大对净菜的推广力度，强化对小家庭的推介；完善净菜标准体系、规范净菜加工行业秩序，提升消费者信心；加强供应链渠道建设，提交相关渠道的净菜供应力度。

6.2 基于田野调查的都市预制菜需求分析

社会经济发展速度往往快于人们的认知。本研究刚获得北京市哲学社会科学规划办公室立项时，并没有料到2022年业界会着手谋划净菜的升级产品——预制菜产业发展。为此，本课题组按事先计划，于2022年10月27日下午，前往位于北京朝阳区十里堡的盒马鲜生旗舰店实地调研，了解新零售企业的预制菜发展现状与规划；于2022年12月26日14：00—16：00，在中国副食流通协会召开餐饮企业座谈会，调研不同类型餐饮企业的预制菜需求；2022年10月12日至12月29日，针对净菜的下游产品——预制菜，在北京进行了广泛的市民问卷调查，以了解消费者对预制菜的消费现状，并深入挖掘他们购买预制菜的影响因素。

6.2.1 餐饮企业需求

新冠疫情发生后，餐饮行业受到了很大的冲击，有不少餐饮企业停业，未停业的也大都在苦苦支撑。为了深入了解净菜在餐饮企业的发展现状，在中国副食流通协会的帮助下，本课题组与北京几家知名的餐饮企业代表于 2022 年 12 月 26 日 14：00—16：00 召开座谈会（访谈提纲与座谈会详情，参见附录 7），以理清餐饮企业净菜的消费行为。

与会企业代表称，目前餐饮企业更多的是探讨预制菜在餐饮行业的市场开发，净菜作为预制菜的细分品类，已被纳入预制菜供给市场。目前，预制菜行业市场消费规模庞大，并且在不断地转型升级。从市场规模分布来看，80%的销量在 B 端（餐饮企业），20%的销量在 C 端（社区团购买菜、线上订菜程序、盒马等)[1]。从目前的消费趋势来看，未来的餐饮行业将会更加注重主食类、方便类等预制菜品类的开发。目前，餐饮企业正在逐渐从重餐饮行业转型，追求更小的厨房面积和更少的员工数量，不断提高标准化程度，使餐食的口味还原度更高。最近两年，我国米面粉类餐饮品牌在整个餐饮市场增长迅速，许多连锁企业应运而生，如五爷拌面等。这些连锁品牌主要以加盟为主，对食品的标准化程度有较高的要求。同时，以上的因素将会推动整个预制菜行业在 B 端快速发展。但需要注意的是，我们通过此次座谈会发现，预制菜在餐饮企业的发展情况并不完全一样，在连锁餐饮企业中的发展速度及状况优于团餐企业。本书以李先生牛肉面和北京健力源餐饮企业为例进行分析，并提出相关建议。

6.2.1.1 预制菜在连锁餐饮企业中的使用分析——以李先生牛肉面为例[2]
（1）总体概况

李先生牛肉面 1987 年在国内成立了首家门店，为了快速扩张，获得

---
[1] 根据座谈会记录整理所得。
[2] 资料来源：北京李先生餐饮管理股份有限公司。

更多的消费者，公司于2000年开始了预制菜的产品研发。目前，李先生牛肉面已经从最初的手工作业升级到了每一道菜的作业程序标准化，拥有专业的自主产品研发团队，工艺流程完备，包括原料选择标准、配送标准、终端二级厨房的加工标准等，最后经过门店厨房的加工，将标准化产品呈现给客户。截至2022年底，李先生牛肉面拥有一个中央厨房（北京中央厨房）以及分别位于山东、河北、辽宁三个现代化中央工厂，每日产量最高达到35万份，服务旗下800多家门店，疫情防控期间日产约25万份。每个门店预制菜的成本占到其原材料总成本的80%左右。

（2）预制菜设施体系

目前李先生牛肉面供应链中心——智慧物流体系覆盖全国150多个城市，拥有全国5个大的物流配送中心，2.5万平方米的仓库，100多辆冷藏运输车辆；车辆全程"门到门"冷链配送，全程保证冷链运输环境；所有车辆安装GPS定位与温度控制系统，保证全程可追溯。

（3）预制菜生产工艺及流程

李先生牛肉面在多年的预制菜研制过程中，自身形成了一套标准：一是原材料采购标准。首先，李先生牛肉面结合原材料产地和农副产品属性，进行了采购资源的整合，梳理出满足工艺需求的验收标准。对于原辅材料，冷冻类从生产端到产地到工厂加工完毕的时限为2个月；生鲜类则为5天之内。这既满足了标准度，也保证了材料的新鲜度和营养成分的保存。其次，在中间端工厂生产到储存保鲜阶段，李先生牛肉面采用低温短保的方式，产品以低温杀菌冷藏保鲜，保质期为5~30天，以达到较好的产品还原度。二是配送端标准。李先生牛肉面拥有车辆和团队，利用专门的冷藏配送车在配送时效范围内确保两天内送达，同时在一线城市还会与第三方物流合作，提高快递时效。

（4）挑战分析

预制菜经过初加工、预制、分装、杀菌，最后包装，步骤繁多，挑战重重。对于一个自主发展预制菜的餐饮企业而言，预制菜的制作、保鲜、物流分配、低温短保都是充满困难的环节，需要强大的技术支持。由于预

制菜保质期较短，还需考虑最后一公里的配送时效性。与会餐饮企业高管一致认为，高端预制菜难以在市场实现大范围的流通，因为它需要在快速预制和过程预制中使口味还原度至少达到90%。

（5）经验总结

李先生牛肉面经理龙伟认为，对于预制菜生产厂商，鉴于B端和C端消费者对预制菜口味还原度的不同需求，可以有针对性地使用常温杀菌或冷冻对预制菜产品进行处理。其中冷冻形式适用于口味还原度要求较高的产品。此外，预制菜生产厂商可以为不同的消费场景（如家庭快餐、小型聚餐、高端宴席等）研发不同的产品，企业通过细分赛道实现提质增效。而针对当前预制菜行业面临的消费者认知度有限、品牌化程度低等问题，企业可以通过提高预制菜产品的新鲜度和还原度来提高消费者的认可程度。

6.2.1.2 预制菜在团餐企业的应用——以北京健力源餐饮管理有限公司为例[①]

（1）总体概况

北京健力源餐饮管理有限公司2001年创立于青岛，2008年总部迁入北京。公司长期致力于团餐管理、食材冷链物流、物业管理、智慧农场和美食广场等业务，拥有将近600家店面，员工人数达到2万人。预制菜在团餐领域的应用主要以即烹即配种类为主，其使用量占原材料总量的10%~20%，每月的使用量在100单左右。对于切配区等人员不好招聘的项目而言，净菜使用较多。目前，预制菜在团餐企业尚未形成系统性的使用。

（2）挑战分析

预制菜在团餐企业的推广主要面临价格偏高、降成本优势不明显、保质期短三大挑战。首先，预制菜价位较高是团餐企业使用预制菜较少的主要原因；其次，团餐企业基本采取在市场档口分餐的形式，每个档口的站

[①] 资料来源：北京健力源餐饮管理有限公司。

位人员有固定要求,而且团餐行业作为用工密集性行业,使用预制菜对于企业而言无法减少人员使用成本和场地支出;最后,预制菜的保质期较短,而在团餐企业的日常检查和监管中,一旦发现食品超过保质期,将会面临严厉惩罚。

(3)经验总结

北京健力源餐饮管理有限公司体系安全总监谢水甫建议,预制菜在团餐企业的使用需要广开思路,使用适合自己的预制菜种类,尽量以半成品为主,缩短加工时间,提高产品标准度。对于团餐行业而言,预制菜种类使用冷冻温段会更加适配。此外,团餐企业可以通过使用预制复合调味料缩短调味料品类管理程序,减少储存空间,降低厨房仓储管理成本。

6.2.2 新零售企业需求——以盒马鲜生为例[①]

盒马鲜生是全球首家新零售商超,创立于2015年,首店于2016年1月在上海开业。至2021年底,盒马已经分别在北京、上海、深圳、苏州、杭州、宁波、成都等27个城市布局了300家实体店,开店速度迅猛。

盒马鲜生是阿里巴巴对线下超市重构的新零售业态。在这种业态下,消费者既可到店购买,也可以在盒马App下单。线上下单后,在门店附近3公里范围内可获得快速配送,即30分钟内送货上门。

在经营结构上,盒马鲜生与传统超市有本质区别。目前一些传统超市也推出了"网上下单,线下配送"的业务,但相较于传统超市,盒马鲜生重点强调"线下体验,线上消费"的运营模式,其运营重点还是线上。盒马的线上产品更加丰富,各个实体门店的作用不在于获得利润,而是作为线上销售的配套设施。当前中国的消费者还是习惯去菜市场或者供应蔬果的超市去获取生鲜产品,消费者有"所见即所得"的偏好,网络销售生鲜商品需要获得消费者的信任。线下店的最大作用就是让消费者了解盒马的

---

① 部分资料来源于盒马鲜生门店实地调研。

商品，对盒马的商品产生信任，进而推动盒马的核心——线上销售的发展。

自2017年入局半成品菜领域后，盒马在预制菜领域持续发力，不断深耕。盒马研究团队认为，盒马的核心用户一共有四类人群：一是始终对生活品质有高要求的品质追求者；二是新冠疫情之后"受挤压"的中等收入人群，他们预期收益减少而对性价比有更多要求；三是属于对生活品质提升有需求的中等收入人群；四是Z世代年轻人群。这些核心用户对预制菜的品质、口味、性价比都有很高的要求。从当下市场看，目前预制菜市场上80%是冷冻和常温预制菜，只有20%是鲜食产品。因此，盒马要坚持的商品体系建设是做好吃的、难做的、做口味还原度高的菜和冷鲜高品质短保的商品。盒马将推动餐饮供应链全面零售化，并且要做"鲜食"预制菜第一渠道品牌。所谓"鲜食"预制菜，指的是保质期在4天左右的0~4℃冷藏预制菜商品。因为产品保质期短，对企业的保鲜技术、销售渠道和冷链物流等都是不小的挑战。

截止到2022年春节，盒马在全国建起了300条鲜食供应链，拥有冷冻预制菜SKU 200个左右，应季售卖的有100个左右，冷藏预制菜货柜保持在150个SKU，几乎覆盖了用户用餐需求。2023年初，盒马将预制菜及自有品牌、大进口列为一级部门，并在4月正式成立盒马预制菜部门。目前盒马在武汉、成都的中央厨房工厂也已启用。成都的中央厨房工厂设立了区域研发中心，进行地方特色预制菜的研发，并且引入数字化解决方案。接下来，北京、上海、广州、西安的中央厨房工厂也会陆续投产，形成辐射全国的短供应链网络。此外，2023年5月9日，盒马在上海发起预制菜生态联盟，联盟将整合预制菜"产—学—研—销"的全链路，推动行业健康、快速发展。首批加入联盟的企业包括：安井食品、顶甄食品、千味央厨、泰森、翼倍、广州酒家、国联水产、MOODLES魔斗仕、河南尚品、龙大美食、三阳食品、中饮巴比、中洋集团、老板电器、上海海洋大学、西北农林科技大学、武汉商学院。盒马认为，与农林牧渔领域的顶尖原料企业合作，可获取新鲜、优质、安全的食材；与头部央厨

合作,可让预制菜生产标准化;与拥有先进食品技术专利的高校合作,可解决生物保鲜、口味还原度、技术创新等难题;与知名小家电企业合作,可针对最新的烹饪风潮量身定制研发菜品。盒马将借助生态联盟的合力,打造品质化、差异化的预制菜。盒马预计2023年其预制菜销售额能突破50亿元。

6.2.3 都市普通居民需求

为了解消费者对预制菜的消费现状并深入挖掘人们购买预制菜的影响因素,2022年10月12日至12月29日,我们针对净菜的下游产品预制菜,在北京进行了广泛的市民问卷调查,采用分层抽样和概率抽样相结合的方式,按比例从北京市16个辖区随机抽取预制菜消费者进行调查。本次共发放1 211份问卷,有效问卷为1 085份,有效问卷回收率89.6%。在对问卷进行分析之前,我们先对问卷进行信度和效度的分析,利用SPSS软件对调查问卷做信度分析,得出Cronbach's alpha系数是0.851（>0.8）,说明信度较好,即问卷具有稳定性和可靠性;Bartlett检验显著,KMO = 0.871,显著性Sig. = 0.000（<0.05）,说明问卷效度良好,问卷结果有效。

北京作为一座国际化大都市,城市包容性强,常住人口及流动人口众多,大众需求多样化,居民基本生活设施覆盖率较高,而且能对其他城市产生辐射联动效应。因此,研究北京居民预制菜消费现状和购买影响因素具有一定代表性。

6.2.3.1 对预制菜了解程度

对1 085份有效问卷统计分析的结果表明,87.46%的消费者对预制菜有一定程度的了解。就其了解渠道而言,大部分消费者通过线下广告/试吃或网络推广等方式了解到预制菜,占比分别为35.2%与34%（见图6-1）。

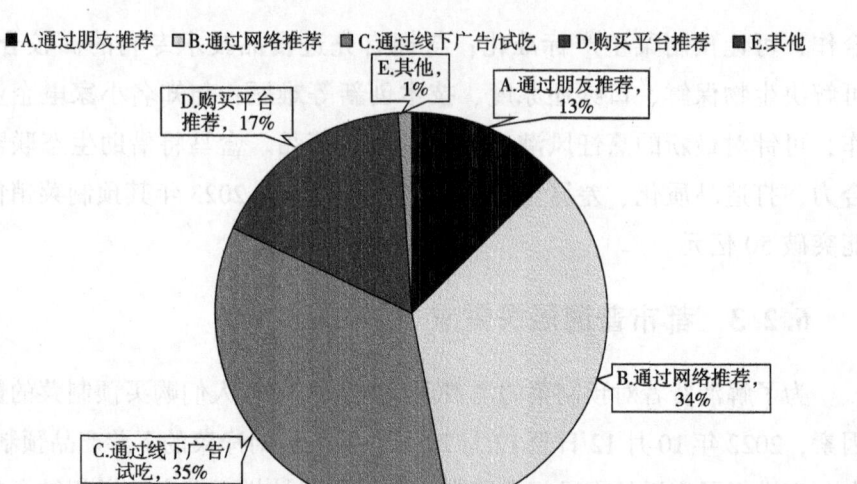

■A.通过朋友推荐 □B.通过网络推荐 ■C.通过线下广告/试吃 ■D.购买平台推荐 ■E.其他

E.其他，1%
A.通过朋友推荐，13%
D.购买平台推荐，17%
B.通过网络推荐，34%
C.通过线下广告/试吃，35%

图6-1 预制菜消费者了解渠道占比

考虑到不同年龄的消费群体接触信息的渠道不同，我们将了解程度与用户年龄联系起来进行分析（见图6-2）。

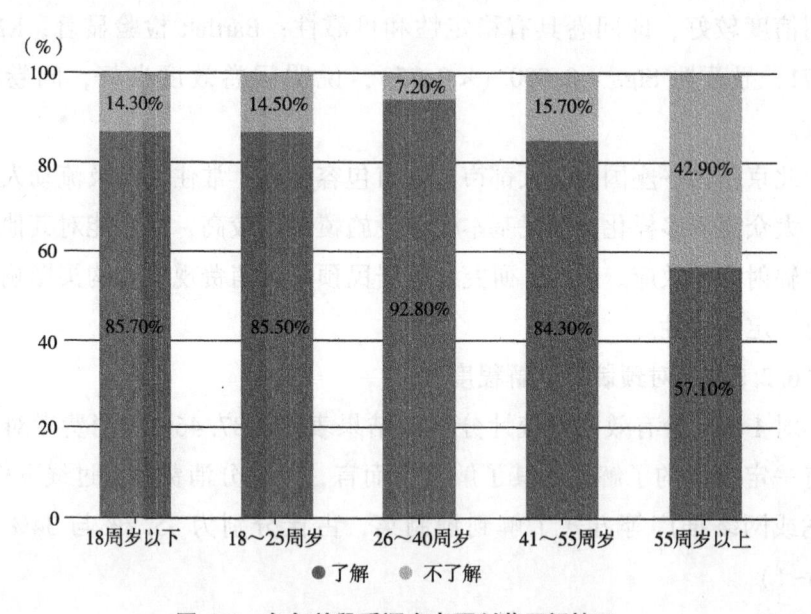

年龄段	了解	不了解
18周岁以下	85.70%	14.30%
18~25周岁	85.50%	14.50%
26~40周岁	92.80%	7.20%
41~55周岁	84.30%	15.70%
55周岁以上	57.10%	42.90%

图6-2 各年龄段受调查者预制菜了解情况

在这些消费者中，55周岁以下了解预制菜的消费者占比达到88.52%，这说明大部分青年及中年消费者对预制菜有相当程度的了解。在55周岁以上的消费者中，超过半数（57.1%）的消费者对预制菜有所了解，但是依然有相当一部分（42.9%）老年消费者对预制菜不够了解。

即多数消费者对预制菜有所了解，部分老年人对预制菜不了解。

6.2.3.2 对预制菜购买意愿

在了解预制菜的消费者中，有80.37%的消费者愿意购买预制菜，有19.63%的消费者不愿意购买预制菜。了解预制菜的消费者大多数都愿意购买预制菜，尤其是青年（26~40周岁）消费者这一接受能力更强的群体中愿意购买预制菜的多达87.1%（见图6-3）。即八成消费者愿意购买预制菜，中青年消费群体具有较高的购买意愿。

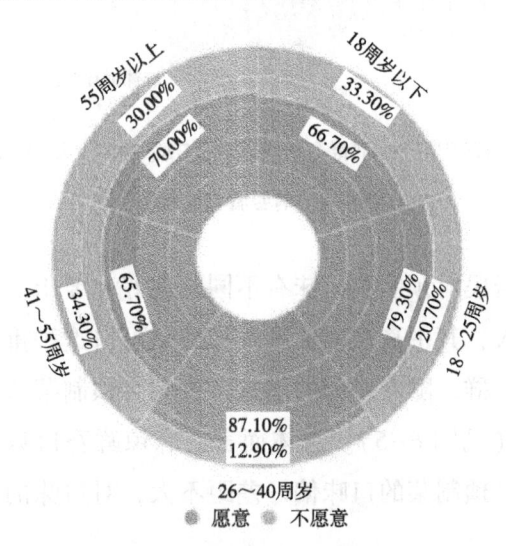

图6-3 各年龄段消费者购买预制菜意愿

对于坚持不愿购买预制菜的消费者，我们调查了其不愿购买预制菜的原因。调查结果显示，有20.6%的受调查者认为预制菜食材不新鲜、品质差，担心添加剂等食品安全问题；18.6%的受调查者认为相较于传统菜肴，预制菜菜品口感差，味道不好；再之后则是性价比低与操作复杂的原因，均占比12.6%。

6.2.3.3 对预制菜口味偏好

在剔除不了解预制菜与不愿购买预制菜的受调查者后,我们分析了愿意消费预制菜的受调查者的相关偏好。就口味而言,34.34%的消费者愿意购买麻辣鲜香口味的预制菜,清淡营养型、酸甜可口型与以上口味均喜欢的消费者占比皆在20%左右,差别不大(图6-4所示)。

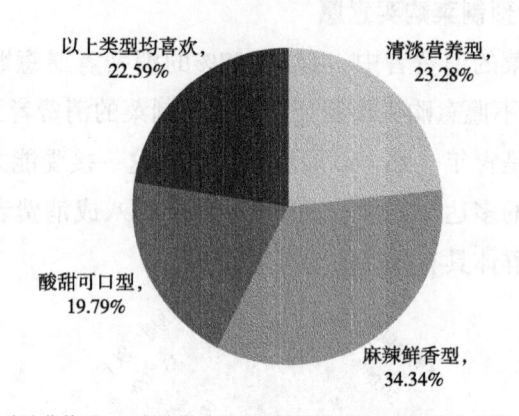

图6-4 消费者口味偏好

不同年龄的居民对预制菜口味有不同的偏好和要求。每个年龄段都有喜欢各个口味的人,其中喜欢麻辣鲜香和酸甜可口这种重口和甜口的主要集中在低年龄段人群,随着年龄的增长,人们对预制菜口味的选择逐渐偏向于清淡营养型(见图6-5)。总体而言,麻辣鲜香口味的预制菜更受欢迎,不同消费者对预制菜的口味偏好差距不大,对口味的偏好随年龄增长逐渐偏向于清淡。

6.2.3.4 对预制菜购买频率

在分析过消费者的口味偏好后,我们分别分析了各年龄段消费者对不同种类预制菜的购买频率。

(1)即食食品

由表6-9可知,每个年龄段消费者每日购买即食预制菜的比例是较低的(4.19%),每周购买4~6次即食预制菜的消费者占比为15.95%,每周

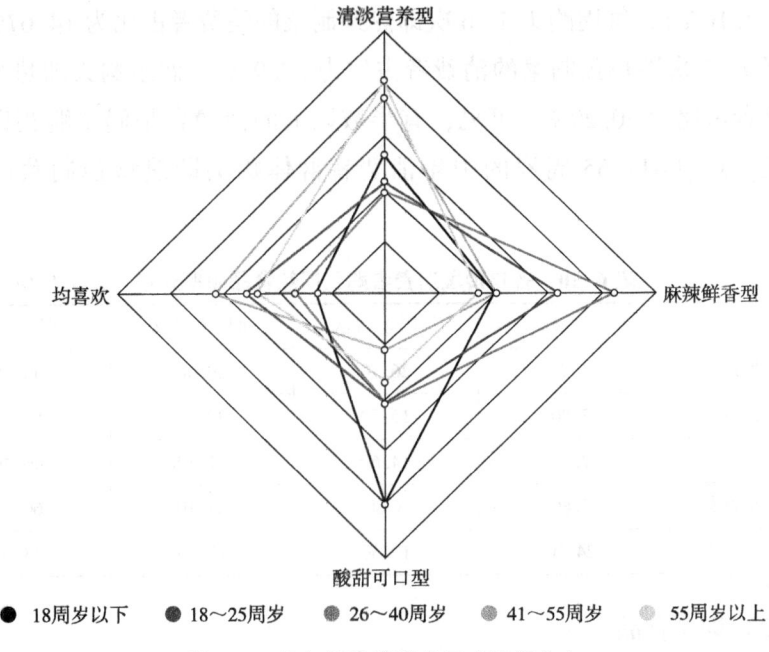

图 6-5　各年龄段消费者口味偏好分布

购买1~3次即食预制菜的消费者占比为34.34%，偶尔购买即食预制菜的消费者占比为45.52%。通过分析可知，超半数的消费者每周经常购买即食型预制菜；与其他年龄段消费者相比，18周岁以下的消费者群体购买频率更高。

表 6-9　各年龄段消费者购买即食食品频率分布　　单位：%

	每天	每周4~6次	每周1~3次	偶尔购买
18周岁以下	6.70	33.30	26.70	33.30
18~25周岁	2.20	16.00	34.60	47.10
26~40周岁	4.40	14.60	38.70	42.30
41~55周岁	5.30	17.70	24.80	52.20
55周岁以上	17.20	17.20	13.80	51.70

（2）即热食品

由表6-10可知，每个年龄段消费者每日购买即热预制菜的比例是较

低的（7.10%），每周购买 4~6 次即热预制菜的消费者占比为 14.67%，每周购买 1~3 次即热预制菜的消费者占比为 27.94%，偶尔购买即热预制菜的消费者占比为 50.29%。可见，有半数以上的消费者是偶尔购买即热型预制菜，其中 41~55 周岁的中年消费者群体购买即热型预制菜的频率最低。

表 6-10　各年龄段消费者购买即热食品频率分布　　单位：%

	每天	每周 4~6 次	每周 1~3 次	偶尔购买
18 周岁以下	13.30	26.70	20.00	40.00
18~25 周岁	3.80	16.70	27.20	52.20
26~40 周岁	7.70	14.60	31.30	46.40
41~55 周岁	8.80	8.80	22.10	60.20
55 周岁以上	24.10	10.30	17.20	48.30

（3）即烹食品

由表 6-11 可知，每个年龄段消费者每日购买即烹预制菜的比例是较低的（6.05%），每周购买 4~6 次即烹预制菜的消费者占比为 16.41%，每周购买 1~3 次即烹预制菜的消费者占比为 25.38%，偶尔购买即烹预制菜的消费者占比为 52.19%。可见，超半数的消费者不经常购买即烹型预制菜，但 18 周岁以下的消费者群体购买频率较高，60% 的消费者至少每周购买。

表 6-11　各年龄段消费者购买即烹食品频率分布　　单位：%

	每天	每周 4~6 次	每周 1~3 次	偶尔购买
18 周岁以下	13.30	26.70	20.00	40.00
18~25 周岁	6.40	14.70	19.90	59.00
26~40 周岁	5.60	17.40	30.80	46.20
41~55 周岁	5.30	16.80	23.90	54.00
55 周岁以上	6.90	13.80	20.70	58.60

（4）即配食品

由表 6-12 可知，每个年龄段消费者每日购买即配预制菜的比例是较

低的（5.12%），每周购买4~6次即配预制菜的消费者占比为12.92%，每周购买1~3次即配预制菜的消费者占比为27.36%，偶尔购买即配预制菜的消费者占比为54.60%。可见，预制菜要走进都市百姓日常餐桌，市场还有待培育，因为超过半数消费者表示偶尔购买预制菜，但18周岁以下的消费者群体中有60%以上的人每周购买预制菜。总体来看，多数消费者偶尔购买预制菜，青少年消费频率较高。

表6-12　各年龄段消费者购买即配食品频率分布　　　单位：%

	每天	每周4~6次	每周1~3次	偶尔购买
18周岁以下	6.70	26.70	33.30	33.30
18~25周岁	4.20	15.70	24.70	55.40
26~40周岁	4.90	11.80	32.10	51.30
41~55周岁	6.20	10.60	18.60	64.60
55周岁以上	13.80	0.00	24.10	62.10

6.2.3.5　对预制菜价格预期

外卖行业近年来发展迅速，是消费者日常餐饮的主要选择之一。在节省烹饪时间方面，预制菜与外卖之间存在一定程度的可替代性，我们调查了消费者对预制菜与外卖价格的看法，分析消费者对预制菜价格的接受程度。根据调查数据可知，有29.34%的消费者接受预制菜价格低于外卖价格的10%~20%，29.45%的消费者接受预制菜价格低于外卖价格的21%~30%（如图6-6所示）。

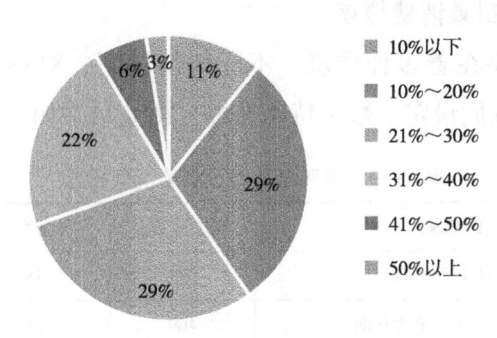

图6-6　消费者差价接受程度

同时，我们认为消费者对预制菜的价格接受程度应与其餐饮方面的月支出有关。通过数据分析发现，虽然不同消费者在餐饮方面有着不同的支出水平，但总体而言，消费者群体对预制菜价格的接受程度大多集中于11%~30%这一区间。此外，受调查者在家庭饮食方面每月的人均支出越高，其接受价格差异在31%~40%这一区间的比例也越高（如图6-7所示）。

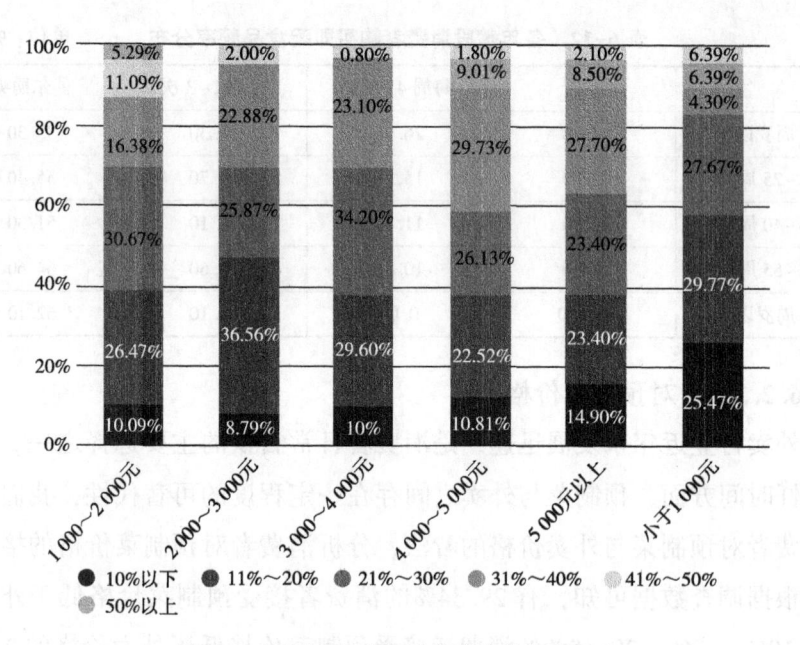

图 6-7　不同支出水平消费者价差接受程度

6.2.3.6　预制菜消费情境

人们生活中存在着多种情境，不同的情境下，对预制菜的需求也不同。在问卷中，我们设定了数个特殊情境，调查结果如表6-13所示。

表 6-13　消费者消费预制菜情境占比

题项（多选题）	N（计数）	响应率（%）	普及率（%）
平时工作日上班忙时	697	35.40	81.10
准备做大餐的节日、纪念日时	469	23.80	54.60

续表

题项（多选题）	N（计数）	响应率（%）	普及率（%）
因疫情待在家里，无法出门时	614	31.20	71.50
礼盒装送人	160	8.10	18.60
被包装图片吸引等偶然情况	28	1.40	3.30
总计	1 968	100.00	229.10

调查显示，35.40%的居民购买预制菜的情境是平时工作日上班忙时；31.20%的居民购买预制菜是在疫情防控难以外出的情况下；而23.80%的人选择在纪念日或节日准备做大餐时购买预制菜；相对而言，将预制菜当作礼品赠送与偶然情况下购买预制菜的情况较少，分别仅占8.1%与1.4%。总体上，消费者消费预制菜的情境多样，与工作忙或疫情影响相关性更大。

我们将预制菜的购买情境与购买者的年龄层次联系起来分析发现，相较于其他年龄层次，中青年群体由于特有的情感需求等原因，纪念日与节假日情境占比更高，送礼需求则相对较少（如图6-8所示）。

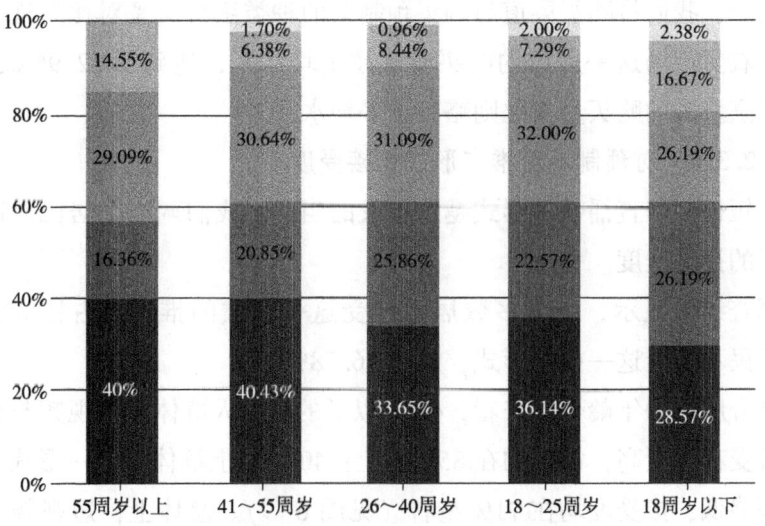

图6-8　各年龄段消费者消费预制菜情境占比

6.2.3.7 预制菜消费渠道

为了解居民购买预制菜的主要途径，我们将预制菜的购买渠道分为5类，进行调查。

调查结果（见表6-14）显示，电商渠道订购与连锁超市购买是预制菜消费的主要渠道，分别占所有购买渠道的34.7%与34.5%；农贸市场购买则相对较少，占比为23.1%；少数居民通过批发市场与其他渠道购买预制菜，合计仅占7.7%。由于疫情管控等原因，线下渠道存在被低估的可能性。

表6-14 消费者购买各类预制菜渠道分布　　　　　　　　单位：%

类型	电商渠道订购	连锁超市购买	批发市场购买	农贸市场购买	其他
即食食品	36.66	36.53	6.83	19.97	0.00
即热食品	32.89	34.32	7.65	25.14	0.00
即烹食品	35.61	34.84	6.97	22.45	0.13
即配食品	28.03	32.11	6.76	32.96	0.14

同时，我们将购买渠道与购买预制菜的种类组合交叉对比发现，即配食品在农贸市场这一渠道的购买量远超平均水平，达到了32.96%，农贸市场即烹食品的购买量占比则略高于平均水平。

6.2.3.8 对预制菜新推广形式的接受度

在短视频与直播带货形式越发普及的当下，我们调查了居民对这一广告形式的接受程度。

调查结果显示，绝大多数居民接受这一形式的推广，占比83.22%；少数居民不接受这一推广形式，占比16.78%。

结合居民的年龄分层来看，40岁以下的成年人群体对短视频与直播带货的接受程度更高，占比均在85%以上；40岁以上群体对这一形式的接受程度则略低，接受度均在71%左右（见图6-9）。总体上，短视频与直播带货的预制菜营销方式已经得到消费者的普遍接受。

6 都市净菜需求制约因素分析

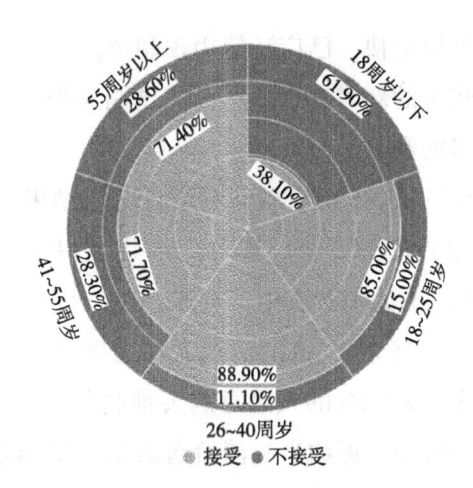

图 6-9 各年龄段消费者对短视频、直播带货等推广形式的接受程度

6.2.3.9 购买预制菜原因

我们分析了预制菜存在的优点与其带来的便利，总结出 14 条可能引发消费者购买的原因，并在问卷中进行了调查。表 6-15 展示了综合得分排名前六的原因。

表 6-15 消费者购买预制菜原因排序

排序	购买原因
1	外卖食品安全情况堪忧，预制菜卫生条件好，产品安全
2	喜欢在家为家人和朋友做饭，但厨艺不佳
3	疫情反复，在外就餐疫情感染风险大
4	生活节奏快，节约烹制时间，方便快捷
5	食材新鲜程度高、添加剂少
6	品牌可信赖，市场评价好

6.2.4 研究结论

本课题组都市预制菜田野调查结果表明：

团餐企业由于菜品诉求差异化、员工场地支出是沉没成本等原因，预制菜使用率较低。而连锁餐饮企业因门店菜品口感质量标准化、人员场地

支出上升、出餐速度要求快，已广泛使用预制菜。

以盒马鲜生为代表的新零售企业，已将预制菜作为企业开拓市场、迎合都市消费需求升级的利器。

对都市普通居民的1 085份有效问卷统计分析结果表明，87.46%的消费者对预制菜有一定程度的了解。其中，55周岁以下的消费者占比达到88.52%；在55周岁以上的消费者中，有57.10%对预制菜有所了解。在了解预制菜的消费者中，有80.37%的消费者愿意购买预制菜。26~40周岁的消费者群体中，多达87.1%的人愿意购买预制菜。对于即食、即配、即热、即烹等各类细分市场，近约半数消费者表示只是偶尔购买预制菜，但18周岁以下的消费者群体中，有60%以上的人愿意每周购买预制菜。

6.3 本章小结

首先，通过问卷调查，运用二元选择模型，进一步研究分析了餐饮企业和普通居民净菜需求的具体影响因素。根据上述分析可知：连锁餐厅、团餐企业、使用手机提前预订及在线排队等智能化系统、对净菜非常了解、加入了行业协会、关联餐厅有使用净菜行为、净菜价格合适等对餐饮企业净菜选择行为有显著正影响；家庭用餐人口数多、对即用净菜非常了解、支持净菜推广使用、认为净菜价格适宜、购买渠道方便，对消费者选择即用净菜有显著正影响；居住区域为城区、对即食净菜非常了解、相信即食净菜质量安全、周围亲友同事偏好即食净菜，对消费者选择即食净菜消费行为有显著正影响。

实证分析结果表明，影响餐饮企业和居民消费者净菜消费行为的因素不尽相同，针对不同类型的需求者应采取不同的方式来发展净菜市场，形成健康稳定的消费市场，进而促进净菜产业健康发展。对净菜了解程度偏低制约着餐饮企业和消费者的净菜消费行为，应加大净菜宣传力度，增加宣传渠道，提高餐饮企业和居民消费者对净菜的了解程度，以促进整个社会的净菜消费行为。此外，行业不规范、净菜品类过少也制约着餐饮企业

和居民消费者的净菜消费行为,应加快完善净菜标准体系,规范净菜加工行业秩序,强化供应链渠道建设,加大相关渠道的净菜供应力度。

其次,运用田野调查梳理预制菜需求概况。研究表明,连锁餐饮企业、以盒马鲜生为代表的新零售企业,已将预制菜作为企业开拓市场、迎合都市消费需求升级的利器。都市普通居民的 1 085 份有效问卷统计分析结果表明,约半数消费者表示只是偶尔购买预制菜,但 18 周岁以下的消费者群体中,有 60% 以上的人愿意每周购买预制菜。

7

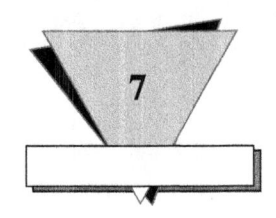

都市净菜产业发展战略分析
——以北京为例

7 都市净菜产业发展战略分析——以北京为例

本章以北京为例，对都市净菜产业的发展战略进行分析。首先，重点介绍北京净菜产业发展面临的宏观环境及政策背景，以及京津冀协同发展为净菜行业发展带来的机遇，运用SWOT方法对北京净菜产业发展面临的内部优势、内部劣势、外部机会、外部威胁进行详细分析。其次，对上海、广州等代表性都市的净菜及预制菜产业相关政策、净菜及预制菜行业发展现状进行梳理。最后，针对都市净菜产业发展面临的问题提出相应的对策和建议。

7.1 首都净菜产业发展环境分析

7.1.1 经济发展现状

京津冀区域是中国北方经济发展水平较高的城市化地区，三省市经济总量多年来一直呈快速增长趋势，区域土地面积只占全国的2.25%，但是地区生产总值已从2011年的11 143.85亿元增加到2021年的96 356亿元。2021年，北京、天津以及河北地区生产总值之和占国民生产总值的8.43%，进出口总额为44 421.42亿元，占全国的11.36%，对中国的经济发展做出较大的贡献。进入新时代，京津冀区域的经济发展也出现了一些变化，各区域经济发展水平存在一定的差异（见表7-1）。

表7-1　京津冀区域生产总值及增速比较

年份	北京 地区生产总值（亿元）	增速（%）	区域占比（%）	天津 地区生产总值（亿元）	增速（%）	区域占比（%）	河北 地区生产总值（亿元）	增速（%）	区域占比（%）
2013	19 500.6	7.7	32.50	14 370.2	12.5	22.99	28 627.6	8.2	45.81
2014	21 330.8	7.3	31.99	15 722.5	10.0	23.58	29 624.0	6.5	44.43
2015	22 968.6	6.9	33.03	16 538.2	9.3	23.79	30 025.1	6.8	43.18
2016	24 899.3	6.7	33.26	17 885.4	9.0	23.89	32 070.5	6.8	42.85

续表

年份	北京 地区生产总值（亿元）	增速（%）	区域占比（%）	天津 地区生产总值（亿元）	增速（%）	区域占比（%）	河北 地区生产总值（亿元）	增速（%）	区域占比（%）
2017	28 000.4	6.7	33.92	18 595.4	3.6	22.52	35 964.0	6.7	43.56
2018	30 320.0	6.6	35.61	18 809.6	3.6	22.09	36 010.3	6.6	42.30
2019	35 371.3	6.1	41.82	14 104.3	4.8	16.68	35 104.5	6.8	41.50
2020	36 102.6	1.2	41.79	14 083.7	1.5	16.30	36 206.9	3.9	41.91
2021	40 269.6	8.5	41.79	15 695.1	6.6	16.29	40 391.3	6.5	41.92

（1）北京

2021年，北京地区生产总值40 269.6亿元，按可比价格计算，比上年增长8.5%。按常住人口计算，全市人均地区生产总值为18.4万元，人均可支配收入为75 002元，比上年增长8.0%，居民人均消费支出为43 640元，比上年增长12.2%。全年进出口总值30 438.4亿元，比上年增长30.6%。北京地区凭借优质的科技投入和人才、资金等资源优势，科技产业、服务业等第三产业发达，占比高达81.7%，农业逐渐弱化，工业占比也呈下降趋势。

（2）天津

天津作为"全国先进制造研发基地、北方国际航运核心区、金融创新运营示范区、改革开放先行区"，其地区生产总值一直保持较高增速。2021年，天津的地区生产总值达到15 695.1亿元，比上年增长6.6%。新零售发展迅速，京东便利店、天猫小店、苏宁小店、便利蜂、小麦铺、京东X无人超市等不断涌现，京东7FRESH、绿地G-Super、宝燕到家等生鲜超市也落户天津。

天津作为环渤海地区经济中心，拥有中国北方第一个自贸区——中国（天津）自由贸易试验区，这是中央政府设立的第二批自由贸易试验区之一（继上海自由贸易试验区之后）。天津有着优质的铁路、公路、海路、空路等物流条件，可以为农产品流通提供优良的物流渠道与储存条件，同

时也是京津冀区域农产品的净需求方。

(3) 河北

2021年，河北地区生产总值为40 391.3亿元，比上年增长6.5%。河北产业规模较大，既是农业大省，又是工业大省。2021年，第一产业增加值4 030.3亿元，增长6.3%；第二产业增加值16 364.2亿元，增长4.8%；第三产业增加值19 996.7亿元，增长7.7%。三次产业比例由上年的10.7∶37.6∶51.7，调整为10.0∶40.5∶49.5，第三产业比重连续两次超过第二产业。2021年进出口总值完成5 415.6亿元，比上年增长21.5%，其中农产品出口122.2亿元，增长7.1%。

7.1.2 消费需求差异

一方面，由于京津冀餐饮企业所面临的社会环境不同，其净菜需求存在差异。当前，餐饮企业的成本主要来自房租、人力、食材三个方面。由于北京的房租成本与用工成本远高于津冀两地，北京的餐饮企业更倾向于使用净菜，减少清洗、切配人员的配备，减少后厨场地面积，从而降低用工成本和房租成本。此外，餐饮企业使用净菜可免于购买蔬菜清洗、消毒、切配等设备，降低了部分设备配置成本。同时，北京餐饮人均消费水平、生活都是津冀两地所不能比的，净菜的使用能够减少菜品的烹饪时间，提高翻台率，进而提高餐饮企业运营效率，提升消费者体验。因此，北京餐饮企业对净菜的需求量是京津冀中最大的。

另一方面，京津冀人口结构差异、居民可支配收入不同等原因也使得北京C端净菜需求量大于津冀两地。一般情况下，居民可支配收入越高，对产品价格的敏感度越低，越愿意为产品附加值买单。而净菜产品售价虽普遍高于毛菜，但其附加值较高。因此，相较于津冀两地，净菜更能获得北京消费者的青睐。

7.1.3 政策支持

2016年12月，《国务院办公厅关于进一步促进农产品加工业发展的意

见》指出,"支持大中城市郊区重点发展主食、方便食品、休闲食品和净菜加工,形成产业园区和集聚带"。同时,在完善税收政策方面要求"落实农产品初加工企业所得税优惠政策",在税收方面给予优惠。2017年3月,北京市商委、天津市商委、河北省商务厅共同发布《环首都1小时鲜活农产品流通圈规划》。规划要求:"构建绿色供应链,推动行业节能减排。发展绿色低碳流通方式,推广净菜加工模式,探索开展多式联运模式,加快物流标准化推广应用。"2018年12月,农业农村部联合财政部、发改委等15个部门印发《关于促进农产品精深加工高质量发展若干政策措施的通知》,对促进农产品精深加工高质量发展提出若干政策措施。2019年《中共中央、国务院关于坚持农业农村优先发展做好"三农"工作的若干意见》中进一步提到,各地要"大力发展现代农产品加工业",要支持发展适合家庭农场和农民合作社经营的农产品初加工,支持县域发展农产品精深加工。净菜加工作为蔬菜加工的一种方式,不但有利于蔬菜产业链价值增值,同时也是满足都市居民消费升级的重要方面。2021年2月《中共中央、国务院关于全面推进乡村振兴加快农业农村现代化的意见》中就大力倡导源头垃圾分类减量、资源化处理利用,使用净菜可减少至少两成的餐前垃圾,降低城市垃圾处理成本,符合我国保护环境、绿色发展的政策要求。2021年7月,商务部办公厅等11部门印发《城市一刻钟便民生活圈建设指南》,鼓励商户根据居民多样化、个性化消费需求,创新经营品类,延伸服务链条,并鼓励探索净菜进城等新业态,对"中央厨房+冷链+餐厅""工厂+外卖"等模式进行推广,给净菜加工业的发展带来机遇。

(1) 北京

早在2003年,北京市委、市政府就将"净菜进社区"列入2003年"折子工程"和直接关系群众生活方面拟办的重要实事,在《北京市劳动和社会保障局关于加快推进"四进社区"工作促进失业人员再就业有关问题的通知》中提到要"根据社区居民生活需要,建立社区居民净菜配送销售网络。在宣武牛街试点的基础上,年底前各城近郊区要选择2~3个条件

较好的街道建立起净菜销售点，全市共建立 20~30 家"。2011 年 11 月颁布的《北京市生活垃圾管理条例》明确提出"鼓励净菜上市"，以期实现垃圾减量的目的。2018 年 9 月《北京市农村工作委员会关于开展 2019 年农业产业化联合体试点工作的通知》中提到"支持联合体内标准化生产基地建设，净菜加工能力提升、现代化物流和仓储建设"，以有效促进净菜加工厂的建设。2020 年 5 月，北京市商务局、农业农村局制定印发了《关于逐步推进净菜上市工作的指导意见》，提出要加强净菜基地及加工企业的建设，大力发展鲜切菜龙头企业，同时推进绿色减量和循环利用包装，引导居民形成良好的消费习惯。通过政府推动、全民参与，完善净菜上市长效工作机制，助力北京实现农产品垃圾源头减量。2021 年 8 月《北京市"十四五"时期乡村振兴战略实施规划》中提出支持农业产业化龙头企业带动农民发展农产品初加工、精深加工，并提升冷藏、保鲜、包装水平，进一步提升净菜加工企业的资源整合能力和产品服务范围。

（2）天津

早在 2005 年 6 月，天津市人民政府颁布的《关于加强我市农副产品生产流通体系建设的意见》中就提出推广净菜上市。《天津市产业技术进步指导目录（2005—2010 年）》将"净菜分割和微加工生产技术"列入鼓励类产业技术目录，以期推动天津产业结构优化升级，引导投资方向。2012 年 1 月《市农委印发 2012 年天津市农产品质量安全监管计划的通知》中要求"提高净菜商品化上市和配送运营能力"。2016 年 10 月，天津市农委、市财政局印发《天津市中以农业科技合作示范园区建设项目和财政补助资金管理办法》，要求重点扶持"净菜加工车间……等方面基础设施建设及相关附属设施设备购置"，具体范围包括"净菜（果）加工车间建设以及所需加工生产设备、包装设施设备、质量检验检测设备等"，以资金补助的形式支持净菜加工厂的建设。2017 年 2 月出台的《天津市现代都市型农业蔬菜基地质量安全体系建设评定规则》将"能够实现净菜贴标上市"作为天津现代都市型农业蔬菜基地质量安全体系建设已建基地评定考核表中评分要求之一，进一步促进了净菜在天津的发展。2017 年 5 月《天

津市人民政府办公厅关于进一步促进我市农产品加工业发展的实施意见》中要求大力发展净菜加工等城市服务型农副食品加工业。2017年12月《关于我市生活垃圾分类管理的实施意见》中提到"推行净菜和洁净农副产品进城"。2019年，天津制定了"支持中央厨房建设"、"支持早餐示范工程建设"和"支持对口合作地区特色餐饮在津发展"等三个项目，要求企业设有至少5个以上功能间，其中功能间选择范围包含了净菜间，通过资金支持引导净菜加工间的建设。2021年5月《天津市人民政府办公厅关于印发天津市推进农业农村现代化"十四五"规划的通知》中提出应依托自贸试验区优势和农产品物流中心区建设基础，发展"绿色、高档、特色"产地农产品加工业。同时以京津冀都市圈为服务半径，加快发展主食加工、食品精深加工、净菜加工等城市服务型食品加工业。以环京蔬菜产业集群建设为核心，强化生鲜蔬菜产业链的投资建设，对于净菜加工及其冷链物流等环节加大建设力度，提升其冷链配送能力，充分利用京津冀一体化的政策条件，进一步推进中央厨房等加工物流新业态发展，缩短农产品生产与城市消费之间的距离。

（3）河北

2015年12月16日，河北省原农业厅发布《河北省"十三五"设施蔬菜发展规划》，明确要求"要重点建设环京津设施蔬菜产业带"，并将"供应京津的蔬菜实现净菜进市"设定为主要目标。2016年在《河北省人民政府办公厅关于推进农村一二三产业融合发展的实施意见》中提出实施冀菜净菜进京入津工程。2021年2月，河北省人民政府印发的《关于持续深化"四个农业"促进农业高质量发展行动方案（2021—2025年）》中明确提出普遍开展蔬菜清洗、分等定级等产地初加工，提高市场中即用净菜、即食净菜比例，并配套健全冷链物流体系。利用河北环绕京津的区位优势，重点发展净菜加工，推动蔬菜向设施化、精品化、产业化方向发展，着力打造环京津精品蔬菜供应基地。此外，还提出到2025年累计增加10万吨以上批发市场低温保鲜仓储能力，基本建成与产地仓储保鲜设施相衔接、与京津及省内大型商超相对接的鲜活农产品冷链流通系统，进

一步扩大河北鲜活农产品销售范围，保持京津蔬菜市场占有率首位，建成首都第一"中央厨房"和净菜加工基地。

7.1.4 协同发展现状及对北京净菜供给的影响

7.1.4.1 京津冀协同发展取得一定成效

2015年颁布的《京津冀协同发展规划纲要》，为京津冀三地提供了全新的发展机遇，三地优势互补，区域综合实力不断增强，协同发展取得一定成效。

(1) 京津冀区域一体化交通网络基本成形

在天津，梅丰公路已建设完工，滨玉等三条公路正在加快建设，建成后将基本消除跨省市的"瓶颈路"。在河北，已经通车的京秦高速（京冀、冀津连接段）进一步拉近了唐山北部地区与京津之间的距离。连接北京与河北张家口的城际高速铁路京张高铁，及其重要组成部分崇礼铁路，已于2019年12月开通。天津港与曹妃甸港首条环渤海内支线开通，京雄城际铁路、京哈高铁也已开通运营。京唐、京滨铁路等工程项目都在进一步推进中。此外，京津冀交通联合卡的发行打通了三地的公共交通。京津冀交通一体化提高了三地之间农产品运输效率，加快了京津冀之间农产品流通速度，降低了运输途中的损耗率。对于净菜加工企业来说，极大提升了净菜配送的效率。

(2) 京津冀间产业升级转移进一步推进

其中北京传统农产品批发市场的疏解和转移正加快推进，城北回龙观商品交易市场在2015年底完成全部清退，2016年3月完成市场整体拆除工作，部分商户分别疏解到河北高碑店新发地、天津静海海吉星等农产品批发市场。传统农产品批发市场的疏解影响了北京普通餐饮企业毛菜的采购，侧面提升了北京餐饮企业对净菜的使用。

(3) 京津冀协同发展为三地农业协同发展提供了很好的契机

为了进一步助推京津冀农业协同发展，八部委联合发布《京津冀现代农业协同发展规划（2016—2020年）》，京津冀商务部门联合发布《环首都

1小时鲜活农产品流通圈规划》，为京津冀农业协同发展提供了顶层指导。

7.1.4.2 京津冀协同发展对北京净菜供给的影响

京津冀农业协同发展对北京净菜供给主要带来了以下两方面影响：

（1）减少流通环节，提升流通效率，从源头保障食品安全

随着京津冀农业协同发展的进一步推进，津冀两省供京蔬菜比重不断上升。同时推行直采直供模式，构建"互联网+"流通新业态。在津冀农产品产地直采蔬菜和包地种植，已经成为净菜加工企业蔬菜原料的主要来源之一。这两种模式避免了过多的流通环节，降低了蔬菜物流损耗，提升了蔬菜流通效率。特别是产地包地种植模式，让净菜加工企业能从源头保障所使用的原料菜质量处在其控制范围内，进而从源头保障净菜的食品安全。

（2）农产品冷链物流体系的完善，有助于保障产品品质

蔬菜属于生鲜农产品，具有易腐、易变质等特性，若没有完善的冷链系统，采摘后多数品类只能临时贮存，运输时间也不能过长，如果处理不当，很容易导致蔬菜损坏变质，营养价值下降。相关政策的出台，将进一步促进京津冀区域内农产品冷链物流体系的完善，推动实现产地在蔬菜采摘后进行预冷、低温贮藏，进一步保障北京市内"最后一公里"的冷链供给。全程冷链运输，不但有助于保障净菜产品品质，还能延长净菜的保质期。

7.2 基于SWOT的北京净菜产业发展分析

7.2.1 北京净菜产业发展的内部优势

（1）协同发展助推津冀净菜进京

京津冀三地作为环渤海经济圈的核心，位于中国东南沿海的北部。北京东南方向与天津毗邻，其余与河北相连。河北作为我国农业强省，在京津两地蔬菜供给上发挥着重要作用。实际调研中，北京净菜加工企业的原料蔬菜主要来自基地种植和批发市场采购，其中大部分的蔬菜种植基地位

于河北境内；北京主要农批市场——新发地农产品批发市场的官网数据显示，市场内20.5%的蔬菜来自河北。同时，京津冀区域内公路和铁路路网优势明显，随着京津冀协同发展的推进，京津冀交通一体化网络基本成形，为津冀生鲜农产品和净菜进京打下了良好的基础。

(2) 拥有广阔的消费市场

净菜需求者可分为两类：一类是大型连锁餐饮企业、机关与企事业单位食堂以及学校食堂等B端客户，另一类是C端的普通居民消费者。

首先，净菜在北京餐饮行业中具有巨大的消费市场。北京作为我国的经济中心，其餐饮业的发展在全国一直处于领先地位，拥有较大的市场空间。通过对北京708份餐饮企业调查问卷的分析可知，大部分餐饮企业未使用净菜。由于净菜具有简化烹饪流程、提高出餐效率、降低人工成本、减少后厨使用面积、减少厨余垃圾等竞争优势，加上政策支持，未来北京餐饮行业对净菜的消费需求将是巨大。

其次，净菜在北京居民家庭中具有巨大的消费市场。北京居民消费者人均可支配收入远高于全国平均水平，加之生活节奏快，大多数居民对净菜价格不十分敏感而对时间更加敏感，净菜的主要优势之一就是减少烹饪时间。因此，随着净菜产业的逐渐成熟，相信会有越来越多的居民消费者购买净菜。

7.2.2 北京净菜产业发展的内部劣势

(1) 加工企业生产运营成本过高

净菜加工企业过高的生产运营成本主要来源于冷链物流成本、人工成本、检测成本等。首先，生鲜农产品本身具有易腐的特点，容易受到微生物、温度、湿度等外在环境变化的影响，需要进行冷链运输，而要实现全程冷链运输，势必产生较高的物流成本。其次，因为中餐蔬菜处理的特点，对条、块、片等存在各种尺寸要求，但现有净菜加工设备自动化水平较低，还不能较好满足中餐蔬菜处理的要求，使得许多的净菜加工程序只能依靠手工操作，故而产生较高的人工成本，同时生产效率也较低。再

次，食品安全事关人民群众切身利益、身体健康和生命安全，不能有一丝的放松。实际调研中，净菜加工企业特别重视食品安全，在食品检测方面投入非常大，除了进行自我抽检外，有的加工企业还找第三方检测机构进行检测，甚至投资建立专业的产品检测室，故而产生了较高的检测成本。

（2）消费者认可度低

在对普通居民消费者的净菜问卷调查中，对于净菜的了解程度，不论是即用净菜还是即食净菜，选择"完全没听说过"和"听说过，但从未了解"的消费者占比都超过了70%，对净菜了解程度偏低。关于质量安全信任程度，对即用净菜质量安全信任程度处于一般及以下的消费者占比75.3%；对即食净菜的质量安全信任程度处于一般及以下的消费者占比81.7%；还有64.78%的消费者认为市场上的净菜质量安全监管不到位，对净菜产品质量安全信心普遍偏低。此外，在对餐饮企业的净菜问卷调查中，餐饮企业对净菜的了解程度同样有限，选择"从未听说过"和"听说过，但从未了解"的餐饮企业占比51.12%。

（3）城市交通管制制约了净菜配送效率

北京作为全国政治中心、文化中心、国际交往中心以及科技创新中心，人口大规模聚集，机动车辆的保有量长期居全国第一，产生严重的交通拥堵问题。为缓解这一问题，北京采取了一系列的交通管理措施，也对净菜运输产生了一定影响。这主要表现在进京通行证不足、在进京检查站等待时间过长等，严重制约了净菜配送效率的提升，进而影响了北京净菜供给。

7.2.3 北京净菜产业发展的外部机会

（1）北京实行垃圾分类措施的配套激励政策

自2020年5月1日起，北京实施新版《北京市生活垃圾管理条例》，开始正式实行垃圾分类政策。为深入贯彻这一政策，北京市商务局、农业农村局制定印发了《关于逐步推进净菜上市工作的指导意见》，要求加强净菜基地及加工企业建设，完善净菜上市长效工作机制，从而实现农产品

垃圾源头减量。在生产环节，构建净菜规范体系，将净菜产业发展纳入北京蔬菜产业发展规划，调整净菜加工布局结构；在销售环节，鼓励北京净菜生产加工企业，推广净菜交易，鼓励农产品批发市场和连锁超市建立净菜专营店和净菜销售专柜等，鼓励生产企业建立互联网+净菜供应平台，大力发展净菜和鲜切菜龙头企业；在包装环节，推进农产品包装标准化，采用简约包装、绿色包装等。

（2）农业供给侧结构性改革和城乡居民消费升级的推进

首先，农产品加工是实现农产品增值的重要方式，对延长农业产业链以及实现农民增收具有重要意义，是农业供给侧结构性改革的重要方面。净菜作为农产品初加工产品，延长了农产品产业链，提高了蔬菜价值，在农业供给侧结构性改革的推动下必将进一步的发展。其次，随着人们生活水平的提高，对食物的诉求已经从之前的温饱转变为健康，更加追求食物品质，也愿意为食物高附加值买单。相较于毛菜，净菜能更好满足都市居民快节奏的生活要求，满足连锁餐饮企业产品标准化需求。因此，随着农业供给侧结构性改革和城乡居民消费升级，净菜将会拥有愈加广阔的消费市场。

（3）其他相关政策的支持

从2015年《京津冀协同发展规划纲要》颁布以来，京津冀农业协同发展正在积极推进。2016年12月颁布的《国务院办公厅关于进一步促进农产品加工业发展的意见》提出"完善税收政策"，对农产品加工企业给予相关税收优惠。2017年3月颁布的《环首都1小时鲜活农产品流通圈规划》明确提到"发展绿色低碳流通方式，推广净菜加工模式，探索开展多式联运模式，加快物流标准化推广应用"。2018年9月《北京市农村工作委员会关于开展2019年农业产业化联合体试点工作的通知》中提出"支持联合体内标准化生产基地建设，净菜加工能力提升、现代化物流和仓储建设"。此外，天津在《天津市中以农业科技合作示范园区建设项目和财政补助资金管理办法》中要求重点扶持"净菜加工车间……等方面基础设施建设及相关附属设施设备购置"。河北在《河北省人民政府办公厅关于推进农村一二三产业融合发展的实施意见》中提出实施冀菜净菜进京入津工程。

7.2.4 北京净菜产业发展的外部威胁

(1) 标准和质量安全监管体系的缺失

目前净菜加工缺少国家标准，净菜行业发展缺少相应的顶层设计和指导，同时也缺少配套的质量安全监管措施。这使得净菜行业市场准入门槛低，净菜加工企业资质参差不齐，在净菜市场高速发展的同时，出现了商品流通标准不统一和市场竞争不公平等现象。

(2) 冷链物流发展的制约

根据课题组实际调研的情况看，目前京津冀三地农产品冷链物流的发展仍存在许多薄弱环节。蔬果的产地预冷比例不足10%，而蔬果预冷对延长蔬果保存时间和保持蔬果营养价值具有重要意义。大部分企业在运输果蔬时仍旧使用传统的"冰瓶+棉被"的保温方式，以这类传统运输方式运输蔬果，温度和时间常常得不到保障，从而影响蔬果品质。

(3) 加工设备和保鲜技术的制约

相对于西餐来说，中餐的体系相当庞杂，对蔬菜的处理方式复杂多样，有着条、块、片等各种尺寸要求，比如土豆就有着丁、丝、片、条、块、泥等多种形态，对净菜生产加工设备有着更高的要求。实际调研中，由于生产加工设备的限制，净菜加工企业自动化程度普遍较低，人员费用高，生产效率低下。此外，保鲜技术落后也会对净菜供给产生不利影响，部分净菜产品使用的是普通塑料袋包装和真空包装，由于成本制约，并没有运用更先进的食品保鲜技术。

7.3 国内其他城市净菜产业发展分析

7.3.1 产业政策支持

(1) 净菜产业发展相关的政策

除北京外，上海、杭州、重庆等城市也纷纷出台政策，从源头垃圾减

量及农业高质量发展等角度出发,大力发展净菜产业,支持净菜入城。

2020年5月上海市青浦区政府《关于对青浦区政协第五届委员会第四次会议第93号提案的答复》中明确提到,作为中央厨房延伸的一种新业态,净菜加工产业发展前景广阔。为了鼓励净菜加工产业企业的发展,上海市青浦区相继出台一系列产业扶持政策,为净菜产业发展提供有力保障。目前的产业发展政策主要包括:①贷款贴息补贴政策,对农业企业流动资金贷款给予一定比例的贷款贴息补贴,减轻企业资金运转负担。②营销奖励补贴政策,在流通领域,对年销售金额超过1 000万元的农业企业按产品分类销售额分档给予营销奖励补贴。③农产品加工设备引进补贴政策,对农业企业添置农产品加工设备、设施给予30%的资金补贴,最高不超过30万元,分3年到位,第一年50%、第二年30%、第三年20%。④菜市场产销直供专柜补贴。对区内农业合作社、农业生产企业在菜市场内设置净菜产销直供专柜的,给予2 000元/月的租金补贴。2019年闵行区统计局分析显示,47.3%的居民选择"会为了减少湿垃圾而多选购净菜",46.8%选择"不会",表明垃圾分类的实施和推广能够带动居民选择更加环保、清洁的生活方式。2020年6月《对长宁区政协第十四届四次会议第007号提案的答复》中提出要做好源头垃圾减量的政策制定工作。增加"净菜上市"品种,扩大市民的选择面,增加净菜供应渠道,进一步降低净菜的成本和价格。2021年8月,上海市商务委等16部门《关于印发〈坚决制止餐饮浪费行动方案〉的通知》中提到支持餐饮企业发展中央厨房、集约化配送中心等,推动生产加工源头减量,避免食材浪费,同时提倡加快建设农产品现代冷链物流体系,充分运用现有财政涉农政策支持农产品冷链相关设备和技术研发,加大农产品冷链设施建设的资金投入。上海市政府将积极推进蔬菜等鲜食农产品的保鲜加工、冷链物流等设施建设。

《杭州市生活垃圾管理条例》在果蔬批发市场、集贸市场对生活垃圾源头减量方面做出规定,要求新开设果蔬集贸市场、批发市场时,应当同步配置果蔬菜废弃物就地处理设施;已开设的果蔬批发市场、集贸市场,

应当在条例实施后 3 年内实现果蔬菜废弃物就近就地处理；积极鼓励净菜上市、洁净农副产品进城。2019 年 7 月，杭州市政府发布《市区净菜超市规划建设和经营管理标准规范》，对净菜超市规划建设、功能定位、配套设施、经营管理等方面提出要求，促进净菜超市的规范化管理与建设。

2021 年 4 月，重庆市农业农村委员会发布《重庆市人民政府办公厅关于加快推进农产品加工业高质量发展的政策措施（代拟稿）》，重点提出要全面落实农产品加工税收优惠政策。积极落实农产品初加工和精深加工各项税收优惠政策。2021 年 12 月《重庆市农产品加工业发展"十四五"规划（2021—2025 年）》中进一步提出要加大果蔬采后贮运加工力度，实现果蔬加工业由数量增长型向质量效益型转变，同时加快推进果蔬精深加工和综合利用步伐，重点发展果蔬贮运保鲜及商品化处理、精深加工及果蔬副产物综合利用，提升加工装备水平，重点培育果蔬加工骨干企业，实现果蔬生产专业化、加工规模化。

(2) 预制菜行业发展的相关政策

2022 年 3 月，广东省发布了全国首个省级预制菜产业政策《加快推进广东预制菜产业高质量发展十条措施》：建设预制菜联合研发平台、构建预制菜质量安全监管规范体系、壮大预制菜产业集群、培育预制菜示范企业、培育预制菜产业人才、推动预制菜仓储冷链物流建设、拓宽预制菜品牌营销渠道、推动预制菜走向国际市场、加大财政金融保险支持力度、建设广东预制菜文化科普高地等。文件还提出预制菜是农村一二三产业融合发展的新模式，是推进"菜篮子"工程提质增效的新业态，是农民"接二连三"增收致富的新渠道，对促进创业就业、消费升级和乡村产业振兴都具有积极意义。2022 年 4 月，中国烹饪协会宣布，由湛江国联水产开发股份有限公司牵头申报的《预制菜产品规范》团体标准符合立项条件，批准立项并进入公示阶段。2022 年 4 月，江苏省发布团体标准《预制菜点质量评价规范》，对预制菜品的原材料、加工、包装、标识标签、贮存配送、还原度以及食品安全指标等多方面做出了明确要求。这一团体标准可以用于指导相关企业预制菜点制作加工，做到质量评价有规可依，满足消费者

的个性化需求，进而提升餐饮业标准化、集约化、规模化、特色化、品牌化水平，推动预制菜产业安全、可持续发展。2022年2月，山东成立了预制菜产业联盟。山东省寿光市政府表示，围绕三大产业链条（蔬菜预制菜、肉类预制菜、水产预制菜），谋划建设三个预制菜产业园，同时研制发布一批蔬菜类预制菜相关标准。2022年5月，山东省人民政府印发《2022年"稳中求进"高质量发展政策清单（第三批）的通知》，提出对预制菜企业开展相关政策支持，对预制菜企业技改投资超过5 000万元以上的，按银行最新一期LPR的35%，给予单个企业项目最高2 000万元贴息支持。支持预制菜企业在电商平台新设网上店铺，对2022年前三季度新设店铺年网络零售额50万元以上且排名前20位的企业，省级财政给予每家5万元奖励。此外，还定期举办预制菜美食专享周活动，发放预制菜网上消费满减券、折扣券等，支持预制菜品的消费。

7.3.2 净菜行业发展现状

随着中央厨房工程的日趋成熟，净菜加工产业应运而生，2020年上海市青浦区共有中央厨房15家，其中有13家为集体食堂、连锁门店提供餐饮原料，2家提供餐饮半成品。另有8家农业企业从事净菜加工产业，其中上海弘阳农业有限公司、上海亦芙德供应链管理有限公司、上海禾文农业科技有限公司、上海美晨果蔬专业合作社、上海君宴农副产品销售有限公司各方面条件都比较完善，拥有较健全的储藏设备、生产加工设备、电脑设备及运输配送车辆，且都有一定规模的生产基地和稳定的配送对象，具有较强的市场竞争力。全区目前12家大型超市均采取净菜模式销售蔬菜，有42家标准化菜市场，其中采取净菜销售模式的菜市场有4家，另有净菜直供直销专柜14处。上海市青浦区的蔬菜生产基地于2018年获得了绿色食品证书，并于2019年增设了全套净菜加工生产线，日生产能力可达30吨，自2021年起，净菜生产车间全面运行，截至2021年8月，日均产量可达3吨，有绿叶菜、茄果类十余个品种。从初级产品到加工品，切段、切丝、切丁，经二次漂洗后进行真空包装，延长了净菜加工的产业

链，也使得销售有了更大的市场空间。2021年，企业的日加工产能约为8吨，月销售额约为180万元，其主要服务对象为海底捞等大型品牌餐饮。

据了解，在成都市的生活垃圾中，农贸市场果蔬垃圾占比约为5.6%，日产量达950吨，但是目前由于垃圾处理方式单一且处理效率很低，这些垃圾并没有被资源化利用。2019年6月，在成都市农贸市场果蔬垃圾分类处置工作现场会上，锦江区东光翡翠城农贸市场率先启用"生化处理机"，实现了果蔬垃圾源头减量和就地处置。此外，成都一些企业也开始采用环保酵素发酵等资源化处置技术，同时大力推进净菜上市，打造净菜专店、超市净菜区，推动形成净菜产业链，以实现城市果蔬垃圾减量的目标。

7.3.3 预制菜行业发展现状

预制菜起源于美国，于20世纪70年代末在日本获得高速发展。随着肯德基等快餐品牌进入我国，市场逐渐出现了一些净菜加工配送工厂，净菜加工行业开始快速发展。2000年前后，国内半成品菜生产企业（如好得睐、味知香等）相继成立，随着外卖平台的快速发展，预制菜行业迎来了高速发展。

2020年初新冠疫情暴发，为预制菜行业在C端市场的渗透和发展按下了加速键，长期的宅家生活推动了预制菜行业的发展，相对于花大量时间去处理毛菜再烹饪，预制菜的便利性更加凸显。叮咚买菜预制菜负责人透露，在上海地区，疫情防控期间预制菜销量比平时增长超过50%，其中半成品净菜方便快捷省时间，最受市民青睐，销量增长近一倍。企查查数据显示，截至2021年4月，中国共有7.19万家预制菜相关企业，山东以9 246家位居第一。从城市分布来看，深圳市共有预制菜企业2 201家，排名第一，长春、潍坊紧随其后，分别有2 121家、1 648家。2020年的预制菜相关企业新增数量最多，增速达20.81%，截至2022年3月，全国与预制菜相关的企业数量约为6.77万家，近5年年度注册平均增速为19.3%，稳定增长，2021年新增注册企业3 921家，增速为6.2%。从分布区域来看，山东位居第一，占全国总数的12.52%，河南、江苏分列二、三位，

广东位居第四位，有 5 101 家企业。艾媒咨询发布的《2022 年上半年中国预制菜品牌百强榜》显示，上海共 18 家品牌上榜，上榜数量排名第一，代表企业为新雅、正大，广东省凭借 10 家品牌榜上排名第二，代表企业为广州酒家、国联水产，山东省和浙江省并列第三位，均有 9 个品牌上榜。

  各大知名预制菜企业也都认准了预制菜行业广阔的市场前景，在各大城市投资建设预制菜产业基础设施，将预制菜产品推广至全国各地。蒸烩煮于 2014 年在广州花都建设 6 000 平方米中央厨房，每日可生产数十万份调料包和配套便当，为近 5 000 家餐厅，200 家食品公司、酒店、机场、咖啡连锁和便利连锁店提供产品。绿进食品作为酒店速冻菜肴龙头，拥有 4 个工厂、十万级 GMP 标准无菌净化生产车间，日产量百余吨。亚明食品作为酒店速冻菜肴行业另一龙头，优势区域为广东、浙江、江苏等地，2020 年销售额约为 6 亿元，毛利率为 35%，净利润水平为 15%~20%。味知香主要经营半成品菜的开发、生产和销售等，公司业务覆盖江浙沪区域，华东地区收入占比超过 95%。截至 2021 年，盒马鲜生的门店数量已经超过 300 家，主要分布于一、二线城市，其主打短保冷鲜的熟食、面点和半成品的"盒马工坊"，致力于为消费者提供一日三餐的解决方案。盒马成熟的 B2C 网络销售和冷链物流配送体系也有利于其预制半成品菜的加速布局。作为国内领先的平台型餐饮供应链，蜀海拥有 22 个城市冷链物流中心，仓储面积约 28 万平方米，目前配送范围覆盖上百个城市，日吞吐约千吨，此外还拥有食品加工中心、底料加工厂、蔬菜种植基地、羊肉加工厂等基地。

7.3.4 产业发展的瓶颈问题分析

  为了了解净菜产业发展的制约因素，2022 年 10 月 12 日至 12 月 29 日，我们针对净菜的下游产品——预制菜，在北京进行了广泛的市民问卷调查，共获得有效问卷 1 085 份。由于当下预制菜在 B 端的销量日益增加，餐厅或酒店使用预制菜进行烹饪已经司空见惯，因此，我们调查了居民对于餐厅使用预制菜的接受程度，结果如图 7-1 所示。

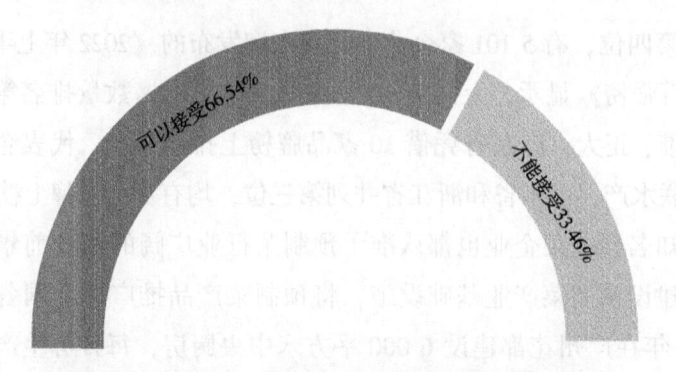

图 7-1　消费者对餐饮企业使用预制菜的接受程度

结果显示，仍有 33.46% 的居民对餐厅使用预制菜一事无法接受。结合受调查者的年龄分析发现，26~40 岁的中青年居民对这一情况的接受程度最高，达到了 75.6%。对于居民不接受餐厅使用预制菜的原因，我们也进行了调查，调查结果如图 7-2 所示。

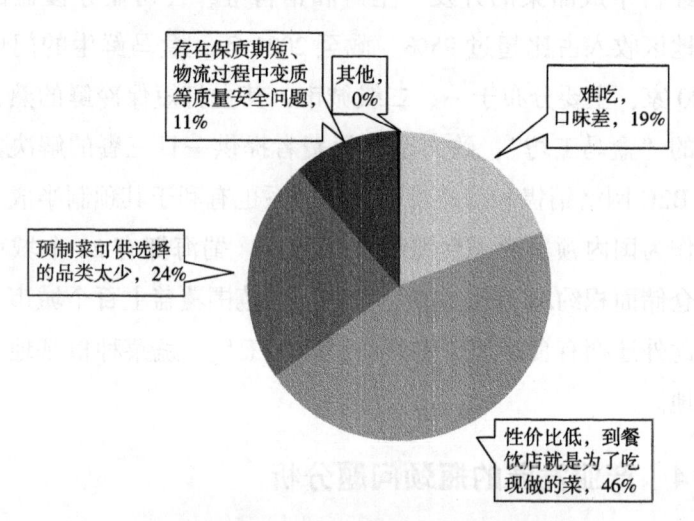

图 7-2　消费者不接受餐厅使用预制菜的原因

调查结果显示，居民不接受餐厅使用预制菜的主要原因是性价比低，居民到餐饮店就是为了吃现做的菜，这一理由占比 45.65%。总体而言，部分消费者仍因性价比低而不能接受餐厅使用预制菜，中青年群体接受程度显然要高很多。

对于预制菜行业未来发展的相关建议，我们同样进行了调查，结果如表 7-2 所示。

表 7-2 消费者对预制菜行业发展的建议

具体建议	N（计数）	响应率（%）	普及率（%）
建立完善的预制菜质量安全标准以及生产检测体系，加强对产品的质量检测和企业资质认定，保障食品安全	539	22	49.7
优化工艺，提高产品的质量口感，力求味道原汁原味	509	20.8	46.9
突破关键技术瓶颈，优化保鲜储存	335	13.7	30.9
加强与农村土特产业发展的结合，助力乡村振兴	150	6.1	13.8
加大菜品开发力度，创制设计多元化产品，满足消费者个性化需求	292	11.9	26.9
拓展线上线下销售途径，打破部分品类地区发展限制，方便消费者购买	152	6.2	14
保障冷链配送，完善售后服务	253	10.3	23.3
降低生产成本，制定合理价格，提高市场渗透率和占有率	218	8.9	20.1
其他	1	0	0.1
总计	2 449	100	225.7

总结相关建议：首先是建立完善的预制菜质量安全标准以及生产检测体系，加强对产品的质量检测和企业资质认定，保障食品安全，进而增强居民对预制菜的信任；其次是优化工艺，提高产品的质量口感，力求原汁原味，降低居民对预制菜的排斥，进而拓展市场。两者分别占比 22% 与 20.8%。由此可以看出，多数消费者认为预制菜存在食品安全问题，并对口味等方面存在不满。

7.4 都市净菜产业发展的对策建议

7.4.1 对于政府管理主体的建议

（1）制定并完善相关扶持政策

净菜作为近些年的新兴行业，存在着自己的发展瓶颈，行业具有一定

的脆弱性。从实际调研中可以发现，目前净菜加工企业普遍存在亏损，仅仅依靠企业自身的能力，都市净菜供给率是难以快速提升起来的，需要政府提供一定的扶持政策。一是可以进一步完善扶持政策。在政府职责范围之内，尽可能给予净菜行业相关政策支持，如在基础设施方面的财政补贴，同时积极鼓励有关技术和加工设备的创新。二是可以有计划地予以财政补贴。增加与企业市场规模相适应的新型冷链运输车辆，以满足净菜产品全程冷链的运输需求，同时积极引导行业开展冷链物流共同配送，提高冷链运输的运作效率。三是可以针对净菜产品实施"绿色通道"政策，降低运输成本、提高运输效率。

(2) 加快标准体系的建设，建立配套的监管体系

实际调研中发现，净菜行业发展缺少相应的顶层设计和指导，同时也缺少配套的质量安全监管体系。这使得净菜行业市场准入门槛低，存在商品流通标准不统一和竞争不公平等现象。对此，政府应积极推动龙头企业和科研院所合作，制定相关的标准，包括但不仅限于即用净菜标准、即食净菜标准及净菜加工厂建设标准等，同时建立配套的监管体系，提高市场准入门槛，杜绝食品安全问题。

(3) 加大宣传力度

要加强对净菜产品的宣传力度，合理引导普通消费者对净菜的消费，同时有针对性地对餐饮企业进行宣传推广。净菜是具有正外部性的蔬菜加工产品，具有减少城市厨余垃圾、降低餐饮企业用工成本等明显优势。但当前无论是普通消费者还是餐饮企业，对净菜的了解都十分有限，这严重影响了净菜行业的发展。只有增加消费者对净菜的了解，才有可能消费净菜。为此，政府相关部门可与行业协会、净菜企业一起，积极拓宽净菜宣传渠道，充分利用传统媒体与网络平台进行科普宣传，扩大覆盖面，增强影响力，让城市居民和餐饮企业充分了解净菜。此外，还可以通过相关行业协会对餐饮企业进行推广。

(4) 大力发展相关技术支撑体系

现阶段专业净菜加工企业数量少、规模小，净菜产业尚未实现规模经

济，以致净菜品类少且具有较高成本。此外，我国净菜加工技术不够发达、冷链运输率低、农产品质量追溯体系尚不完善等都会影响净菜行业的标准化和规模化发展。对此，政府应大力完善相关技术支撑体系，加快推进净菜标准化和规模化生产，增加净菜品类，降低净菜价格。

7.4.2 对于净菜行业协会的建议

（1）协助净菜加工企业进行加工生产管理

净菜行业协会可以协助净菜加工企业建立健全管理规范和准则，对企业生产现场、工艺流程、工艺技术等进行指导；协助企业建立检验机构，完善检验规章制度，建立化验室管理制度；协助企业完善各项记录和文件，确保净菜产品的可追溯；协助企业建立完善的质量安全管理体系和适宜的生产标准等；协助企业解决实际生产问题，提高企业管理水平；对会员企业人员定期开展实务培训，不断提高企业整体管理和人员管理水平。

（2）协助有关部门和企业进行食品安全管理

对接政府，按食品类别进行行业风险抽检，掌握行业现状，为政府及政府相关部门决策提供数据支持；对接企业，对于抽检的不合格项目，协助企业进行全面分析和整改，保障食品的安全；对接社会，通过协会的网站和活动，向公众传播食品相关法律法规及食品安全、食品营养等食品科学知识，不断提高普通人群参与食品安全社会共治的积极性。

7.4.3 对于净菜生产主体的建议

（1）强化品牌建设，提高市场竞争力

品牌对于一个企业的发展来说至关重要，品牌的形成是企业质量和信誉的重要标志，也是企业竞争力的重要体现。目前，我国净菜行业还处于发展初期，尚没有强势净菜品牌出现，一定程度上制约了净菜行业的发展。对于净菜生产加工企业来说，应当树立品牌意识，提升产品和服务质量，实现差异化经营，打造具有特色的品牌，以此提高消费者信赖程度，进而增强企业的市场竞争力和可持续发展能力。

(2) 对于不同目标群体，制定个性化服务和销售策略

根据前文分析可知，制约 B 端客户和 C 端客户净菜消费的因素不尽相同，净菜加工企业应针对不同消费端制定个性化生产和销售策略，及时采集对产品的反馈信息，构建市场快速响应机制，扩大顾客群体规模。针对 B 端客户，可以提供诸如前置仓库等延伸服务项目。针对 C 端客户，可以提供社区团购服务项目，将同一区域内居民所需净菜以订单的形式统一提交给净菜加工企业；净菜加工企业根据订单生产，再将居民户订购的净菜送到小区，提升居民购买净菜的便利程度。

7.5 本章小结

本章梳理了北京净菜产业发展环境。当下，京津冀三地整体社会经济发展水平较高，北京、天津对净菜有着较多需求，并且相关政府政策也在积极推动净菜发展。此外，京津冀协同发展的推进使得三地之间生鲜农产品的运输效率得到很大改善，极大地推动了冀菜进京。京津冀产业优势互补，区域产业转移进一步促进了三地农产品产销对接发展，并在农业生产、农产品加工与配送方面形成一定的产业协同。同时，从中央到地方，政府采取的诸多利好政策，促进了净菜产业发展。

本章在前文基础之上，进一步使用 SWOT 分析北京净菜产业发展的内部优势、内部劣势、外部机会、外部威胁。内部优势为协同发展助推津冀净菜进京、广阔的消费市场；内部劣势为加工企业生产运营成本过高、消费者认可度低、城市交通管制制约了净菜配送效率；外部机会为北京实行垃圾分类措施的配套激励政策、农业供给侧结构性改革和城乡居民消费升级的推进和其他相关政策支持；外部威胁为标准和质量安全监管体系的缺失、冷链物流发展的制约、加工设备和保鲜技术的制约。

此外，本章从产业支持政策、行业发展现状两方面对上海、广州、杭州、重庆等代表城市的净菜及预制菜产业的发展情况进行了分析。其中多数城市出台了政策，鼓励规范发展净菜产业，并对净菜及预制菜相关行业

给予了技术支持和资金补贴。从净菜及预制菜行业的发展现状来看，净菜的市场占有率逐步提升，随着各城市净菜加工基础设施的不断完善，净菜企业的业务覆盖范围扩大，销量也在逐年增加。本章还对净菜产业发展面临的瓶颈问题进行了调研分析。

本章针对不同主体提出了促进都市净菜产业发展的对策建议。对于政府管理主体的建议是制定并完善相关政策，加快标准体系的建设和建立配套的监管体系，加大宣传力度，大力发展相关技术支撑体系。对于净菜行业协会的建议是协助净菜加工企业进行加工生产管理，协助有关部门和企业进行食品安全管理。对于净菜生产主体的建议是强化品牌建设，提高市场竞争力，对于不同目标群体制定个性化服务和销售策略。

8 总结与展望

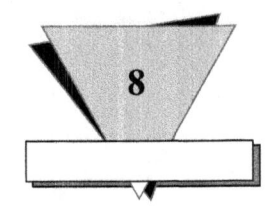

8.1 内容总结

净菜是具有正外部性的新兴蔬菜加工产业，不仅是保障蔬菜供应的重要民生项目，在助力城市垃圾减量、满足都市居民消费需求升级、提升企业价值链等方面也具有重要现实意义。本书首先运用扎根理论构建社会综合效益的评价体系，经过净菜产业内相关专家综合评判，通过层次分析法得出结论：净菜所产生的绿色发展效益>民生福祉效益>经济发展效益。然后，采用 GM (1, 1) 灰色系统预测模型和多元线性回归模型，推测未来北京净菜销售量，预计 2030 年北京净菜年销售量将达到 246.87 万吨，占北京年蔬菜供应量的 30.74%。在此供应水平下，相较于 2020 年，计算出 2030 年因净菜进城可减少厨余垃圾 89.64 万吨，并减少 2.94 万吨的二氧化碳排放。此外，净菜产业发展还可提升人民的生活水平并拉动就业。

立足于政府推广垃圾分类的政策，北京、上海等地近年来先后提出要大力推进净菜上市，但即使国内大都市，目前官方统计的净菜供给率仍不超过 10%，远低于发达国家 60%以上的水平。

本书主要以北京为切入点，对都市净菜供应链体系建设进行研究分析。首先，文献研究法、深度访谈、扎根理论相结合，分析了北京净菜供给现状及供应链体系建设所面临的主要问题；其次，通过问卷调查和 Logit 模型厘清了北京净菜市场需求影响因素；最后，通过 SWOT 分析法对北京增加净菜供给的内外部影响因素进行进一步归纳，并提出相应的建议对策。具体的研究内容、观点及结论如下：

第一，梳理与净菜有关的文献资料发现，关于净菜的研究文献大多集中于净菜加工工艺或者是品质保存技术，经管类文献屈指可数，而京津冀农业协同发展下的北京净菜供给方面的研究尚属空白。同时，结合地方标准、行业标准、期刊文献以及实地调研情况，课题组给出了净菜的定义，并将净菜进一步细分为即用净菜和即食净菜。

第二，通过文献梳理总结出全国及京津冀三地蔬菜生产与净菜加工现

状。北京蔬菜产业生产空间不断缩减，但都市农业逐步向前发展，蔬菜产业着力发展具有北京地域特色、附加值高或不耐长途运输的蔬菜品类；天津逐步形成了"三区五带"的蔬菜生产格局；河北具有区位、土地、劳动力等多方面的农业生产优势，在京津两地蔬菜供给上发挥着重要作用。此外，目前环京净菜加工是以满足 B 端客户（餐饮企业或机关食品）需求、订单生产为主的加工模式。一些净菜加工企业严格监控原料菜农药残留，并提供食材储存、配送等其他延伸服务。总体来说，北京净菜市场初步形成了以中央厨房为核心、以连锁餐饮企业为核心、以电商平台（连锁超市）为核心等三种典型的供应链模式。

第三，基于对净菜加工企业深度访谈获取的资料，本书分析了净菜加工企业发展现状，明晰了净菜供应链体系建设的主要影响因素。首先，通过扎根理论构建了生产者视角下净菜加工业发展的制约因素模型，该模型由 5 个准则层和 12 个指标层构成。5 个准则层是生产者视角下影响净菜加工业发展的主要因素，即标准和质量安全监管体系的缺失、冷链物流断链、技术和装备水平落后、城市交通管制影响以及过高的生产运营成本。它们通过影响净菜加工企业的发展环境、产品属性、配送效率和企业成本制约着净菜加工业的发展。然后，基于专家打分法和层次分析法对制约因素进行权重排序和评价分析。研究表明，在准则层因素中，技术和装备落后、生产运营成本过高影响了净菜企业生产投资效率，而标准和质量安全监管体系的缺失、冷链物流断链和城市交通管制则影响净菜供应链运营效率。指标层因素中影响净菜加工企业的前三个因素分别为没有全部实现冷藏车配送、配送成本高、保鲜技术相对落后。

第四，通过问卷调查餐饮企业和普通居民净菜需求影响因素，并运用二元选择模型分析何种因素具有显著影响。研究发现：连锁餐厅、提供团餐、使用手机提前预订及在线排队等智能化系统、对净菜了解程度、是否加入行业协会、认识的餐厅有无使用净菜和净菜价格等对餐饮企业净菜选择行为有显著影响；家庭用餐人口数、对即用净菜了解程度、支持净菜推广使用的态度、认为价格偏高、购买渠道方便度，对消费者即用净菜消费

行为有显著影响；居住区域、对即食净菜了解程度、对即食净菜质量安全信任程度、周围亲友同事的态度，对消费者即食净菜消费行为有显著影响。对净菜了解程度同时制约着餐饮企业净菜选择行为和消费者净菜消费行为。为了提升北京净菜有效供给，应针对不同类型的需求者采取不同的方式来促进其净菜消费，从而形成健康稳定的净菜消费市场。本书通过田野调查梳理了餐饮企业、连锁超市、电商平台、企事业单位机关食堂、普通居民等净菜终端需求，以案例分析方式进一步印证了前期问卷调查结果。

第五，基于京津冀农业协同发展的外部环境，同时结合前文关于净菜加工业发展制约因素以及净菜需求影响因素的研究结论，通过SWOT分析法分析北京增加净菜供给的内外部影响因素。此外，还对上海、广州等部分代表性都市的净菜及预制菜产业相关政策和发展现状进行了梳理分析，最后针对都市净菜产业发展面临的问题提出了有针对性的对策和建议。对于政府管理主体的建议是发挥京津冀农业协同发展优势，制定并完善相关政策，加快标准体系的建设和配套的监管体系，扩大宣传力度，大力发展相关技术支撑体系。对于净菜行业协会的建议是协助净菜加工企业进行加工生产管理，协助有关部门和企业进行食品安全管理。对于净菜生产主体的建议是强化品牌建设，提高市场竞争力，对于不同目标群体制定个性化服务和销售策略。

8.2 未来展望

本书通过获取的第一手资料分析了生产者视角下净菜加工业发展的制约因素、餐饮企业和普通居民需求影响因素，并进一步对北京增加净菜供给进行了SWOT分析。本书虽取得了一定的研究成果，但净菜仍处于发展阶段，再加上课题组时间、能力、水平限制，研究结论仍存在较大的局限性。以下内容需要进行进一步探讨。

第一，本研究仅限于北京这样一个大都市，缺少对上海、广州等其他一线或准一线大都市的相应研究，不能全面反映中国都市净菜供应链发展状况。

第二，净菜市场需求扩张是净菜产业发展的基础，本研究仅对代表性餐饮企业和社区居民进行了问卷调查，未来可针对餐饮企业、连锁超市、电商平台等需求终端开展实地调研与深度挖掘，以印证问卷调查结论。

附录

附录 1　成果要报：加快推进净菜加工业发展，助力北京生活垃圾减量[①]

摘　要： 净菜推广有利于减少城市厨余垃圾，满足都市居民对于快节奏、便利生活的需求。如果将市场上蔬菜供应中净菜供应率提高到 50%，北京每年将减少 150 万吨以上的垃圾清运。目前北京蔬菜供应中净菜比例比较低，不到 8%。北京市净菜加工业处于发展初期，规模小，发展受土地、水资源限制，净菜加工标准和质量安全监管体系缺失，餐饮企业与消费者认可度低，还受到相关配套设施条件、技术、交通管制的制约，需要政府制定市场规范、加大资金扶持、放宽政策限制、加强净菜使用的推广宣传。

净菜的广泛使用将大幅减轻特大型城市垃圾处理压力，实现资源化处理综合利用。据有关部门推算，为保障 2 000 多万人口每日餐饮，北京近年来蔬菜年供应量约为 770 万吨，按每 500 克蔬菜平均产生 150 克左右的垃圾估算，全年因蔬菜食用而产生的厨余垃圾总量达到 230 万吨，约占北京城市垃圾总量的 1/3。如果将市场上蔬菜供应中净菜供应率提高到 50%，每年将减少 150 万吨以上的垃圾清运，相当于高安屯生活垃圾年焚烧量的 3 倍。国外一些特大型城市（如东京），严禁在城市八环内进行毛菜销售，每年至少减少 20% 的垃圾清运量。相比之下，我国净菜加工业尚处于发展初期，北京蔬菜供应中净菜比例较低，不到 8%，需要政府予产业以相关的扶持。

---

① 本文 2020 年 9 月 4 日刊登于市社科联、市社科规划办成果要报第 55 期，2020 年 10 月 10 日获得北京市领导批示。

一、净菜加工业发展现状及存在问题

（一）多数企业处于初创期，规模小，发展受土地、水资源限制

随着都市生活节奏的加快，餐饮服务市场繁荣，有超过80%的净菜加工企业是近5年的新投建项目，但只有个别企业，如首农集团的裕农、首创集团的康安利丰的日加工能力达到3吨，但多数未盈利。由于地方对于土地规划、水资源使用等有严格限制，保鲜存储缺少场地，多数企业在扩大生产规模的过程中，面临仓储保鲜用地缺乏的困境[①]。

（二）标准和质量安全监管体系的缺失

目前我国各地净菜市场准入门槛普遍较低，加工企业资质差别大，低价竞争现象时有发生，食品安全问题比较突出。由于净菜原材料品质、加工场所环境条件、生产人员卫生要求、产品贮存运输设施条件与操作程序等缺乏相应的国家规范与标准，政府也缺少完善的质量安全监管配套措施，导致净菜加工与经营的准入门槛低，加工企业资质参差不齐，各种低价竞争现象层出不穷、食品安全问题突出等。即用净菜加工目前归于属地农业部门管理，目前并未按照食品加工类企业进行规范管理，所以各公司在操作流程、食品保鲜、运输等环节按照内部标准执行，而各企业标准、规范要求的严格程度不同，从而导致各企业间产品差异化较大。目前大部分企业配送过程中采取的是净菜、包装菜、初级菜混装的运输方式，容易导致运输过程中净菜产品二次污染。

（三）餐饮企业与消费者认可度低

餐饮企业对净菜的认可度低。参与问卷调查且位于北京的705家追溯餐厅企业中，有55%不使用净菜，35%的餐饮企业主管认为净菜价格偏高，还有50%的餐饮企业主管不了解净菜。

普通居民消费者对净菜了解程度和质量安全信任程度也普遍偏低。有

[①] 资料来源：北京青年报《净菜上市有"钱景"亦有隐忧》，本课题项目主持人接受采访时提供了相关资料。

55%的消费者没有购买过净菜。不论是即用净菜还是即食净菜，超过70%的消费者都不了解，超过75%的消费者对净菜质量安全缺乏信任，65%的消费者认为净菜质量安全监管不到位。

（四）相关配套设施条件与技术的制约

我国大部分净菜加工企业仍然使用人工操作，导致人工成本高，生产效率低下；国产净菜加工刀具质量不过硬，部分企业采用了国外进口设备，设备使用和维护成本比较高。无论是在产地还是批发市场采购的原料蔬果，由于产地预冷比例不足10%，加之大部分企业采用"冰瓶+棉被"的传统保温方式，蔬果品质得不到有效保证。另外，净菜在运往餐饮企业等零售端时不能做到全程冷链，也影响了净菜品质。此外，市内货运通行证不足和在进京检查站等待时间过长，也影响了京内外企业净菜配送。

二、政策建议

（一）加快标准体系的建设，建立配套的监管体系

通过梳理不同监管部门职责，加强跨部门监管协调合作，以便利企业取证、生产为原则，共同促进净菜行业发展。同时，建立配套的、多方参与的监管体系，降低食品安全问题发生的可能性。

（二）制定并完善净菜加工企业相关扶持政策

在扶农项目中加大对净菜投资项目的财政支持，包括加工分拣包装设备、冷链设施投入、标准化器具投入、仓储提升改造、信息管理系统升级等；对使用净菜的餐饮企业或经营净菜的生鲜零售企业，按使用量比例，给予垃圾减量补贴与节水补贴；在符合土地管理相关法律法规和首都功能疏解要求的前提下，对于中小净菜加工项目给予配套土地使用，出台相关政策鼓励发展前置仓，鼓励净菜加工配送企业利用集体建设用地建立城市仓和前置仓；将净菜产品补入"绿色通道"品类，增加净菜加工企业的市内货运通行证数量，以降低运输成本、提高配送效率。

（三）加大宣传力度

餐饮企业主管人员对净菜的认知水平低下是影响餐饮企业使用净菜的

重要原因。因此，应大力宣传净菜在提高出餐率、实现菜品标准化、保障食品安全、节省用工成本、减少后厨使用面积等方面的优势，以及使用净菜的优秀餐饮企业案例。尤其是要有针对性地对连锁、提供团餐、能使用手机提前预订及在线排队等智能系统的餐饮企业进行宣传推广。

附录2 净菜产业社会综合效益评价体系研究问卷调查

尊敬的业内专家：

您好！

我国净菜产业仍然处于发展阶段，学术领域内对该产业的社会综合效益评价体系尚未建立。但不可否认的是，净菜产业对减少城市垃圾、提高居民生活水平具有一定的作用，其发挥的社会效益有待各位专家评判。鉴于此，本问卷将通过专家打分法，确定净菜产业所发挥的社会综合效益强弱。

恳请您在百忙之中抽出时间，基于您对净菜产业的研究和相关工作经验进行以下题目的填写。

填写说明：首先，对初步设定的一级指标（绿色发展、民生福祉、经济发展、社会文明、创新驱动、政府治理）进行两两判断，并根据效益发挥程度大小打分；其次，对二级指标进行两两判断。

一、指标体系介绍

序号	一级指标	二级指标
1	绿色发展	环境保护
		资源消耗
		废弃物排放
		资源循环利用
2	民生福祉	生活品质
		改善就业
		收入分配
		社会保障

续表

序号	一级指标	二级指标
3	经济发展	促进消费
		扩大投资
		产业发展
		区域发展
4	社会文明	文化素质
		精神素质
5	创新驱动	人才资源
		技术创新
6	政府治理	法治建设
		财政税收
		市场管理
		社会成本

二、举例说明

题目：净菜产业的绿色发展效益与净菜产业的其他效益相比，哪个更强？

答：

情况一：绿色发展效益等于经济发展效益，选择 1。

情况二：绿色发展效益强于经济发展效益，选择 2~9。

（数字越大表示绿色发展效应越强，9 表示绿色发展效益极度强）

情况三：绿色发展效益弱于经济发展效益，选择 -9~-2。

（数字越小表示绿色发展效应越弱，-9 表示绿色发展效益极度弱）

1. 您的单位 [单选题]

☐高校、科研院所

☐净菜产业相关企业

☐政府机关单位

☐行业协会

□其他（请注明_____）

2. 净菜产业的绿色发展效益与净菜产业的其他效益相比，哪个更强？
[表格数值题]

	民生福祉效益	经济发展效益	社会文明效益	创新驱动效益	政府治理效益
绿色发展效益与下列相比					

3. 净菜产业的民生福祉效益与净菜产业的其他效益相比，哪个更强？
[表格数值题]

	经济发展效益	社会文明效益	创新驱动效益	政府治理效益
民生福祉效益与下列相比				

4. 净菜产业的经济发展效益与净菜产业的其他效益相比，哪个更强？
[表格数值题]

	社会文明效益	创新驱动效益	政府治理效益
经济发展效益与下列相比			

5. 净菜产业的社会文明效益与净菜产业的其他效益相比，哪个更强？
[表格数值题]

	创新驱动效益	政府治理效益
社会文明效益与下列相比		

6. 净菜产业的创新驱动效益与净菜产业的其他效益相比，哪个更强？
[表格数值题]

	政府治理效益
创新驱动效益与下列相比	

7. 净菜产业绿色发展效益中的环境保护指标与绿色发展效益中的其他指标相比，哪个更强？[表格数值题]

	资源消耗减少指标	废弃物排放减少指标	资源循环利用提高指标
环境保护指标与下列相比			

8. 净菜产业绿色发展效益中的资源消耗减少指标与绿色发展效益中的其他指标相比，哪个更强？[表格数值题]

	废弃物排放减少指标	资源循环利用提高指标
资源消耗减少指标与下列相比		

9. 净菜产业绿色发展效益中的废弃物排放减少指标与绿色发展效益中的其他指标相比，哪个更强？[表格数值题]

	资源循环利用提高指标
废弃物排放减少指标与下列相比	

10. 净菜产业民生福祉效益中的生活品质提升指标与民生福祉效益中的其他指标相比，哪个更强？[表格数值题]

	改善就业指标	收入分配调节指标	社会保障提高指标
生活品质提升指标与下列相比			

11. 净菜产业民生福祉效益中的改善就业指标与民生福祉效益中的其他指标相比，哪个更强？[表格数值题]

	收入分配调节指标	社会保障提高指标
改善就业指标与下列相比		

12. 净菜产业民生福祉效益中的收入分配调节指标与民生福祉效益中的其他指标相比，哪个更强？[表格数值题]

	社会保障提高指标
收入分配调节指标与下列相比	

13. 净菜产业经济发展效益中的促进消费指标与经济发展效益中的其他指标相比，哪个更强？[表格数值题]

	扩大投资指标	产业发展指标	区域发展指标
促进消费指标与下列相比			

14. 净菜产业经济发展效益中的扩大投资指标与经济发展效益中的其他指标相比，哪个更强？[表格数值题]

	产业发展指标	区域发展指标
扩大投资指标与下列相比		

15. 净菜产业经济发展效益中的产业发展指标与经济发展效益中的其他指标相比，哪个更强？[表格数值题]

	区域发展指标
产业发展指标与下列相比	

16. 净菜产业社会文明效益中的文化素质提升指标与社会文明效益中的其他指标相比，哪个更强？[表格数值题]

	精神素质提升指标
文化素质提升指标与下列相比	

17. 净菜产业创新驱动效益中的人才资源培育指标与创新驱动效益中的其他指标相比，哪个更强？[表格数值题]

	技术创新指标
人才资源培育指标与下列相比	

18. 净菜产业政府治理效益中的法制建设加强指标与政府治理效益中的其他指标相比，哪个更强？[表格数值题]

	财政税收增加指标	市场管理健全指标	社会成本降低指标
法制建设加强指标与下列相比			

19. 净菜产业政府治理效益中的财政税收增加指标与政府治理效益中的其他指标相比,哪个更强?［表格数值题］

	市场管理健全指标	社会成本降低指标
财政税收增加指标		

20. 净菜产业政府治理效益中的市场管理健全指标与政府治理效益中的其他指标相比,哪个更强?［表格数值题］

	社会成本降低指标
市场管理健全指标与下列相比	

附录3 净菜加工企业访谈提纲

1. 企业概况：
(1) 企业的主要投资者是谁？
(2) 其进行投资的主要原因是什么？
(3) 企业的净菜加工厂所处具体位置。
(4) 企业加工产品的主要品类及其规模。

2. 净菜需求方情况：
(1) 下游的合作企业主要有哪些？
(2) 下游企业对净菜加工的需求形式（包括配送方式、产品最终呈现的形式）。
(3) 与企业的合作方式（订单形式、账期的结算等）是什么？

3. 原料菜来源：
(1) 加工净菜所使用的蔬菜主要来自哪里（产地、批发市场、合作社等）？
(2) 对这些蔬菜有无要求（三品一标）？
(3) 如何进行结账以及有无长期稳定的合作者？

4. 生产标准与规范要求：
(1) 净菜的生产标准是什么？
(2) 如何对工艺、质量（农药残留等）进行把关？
(3) 生产的合格率是多少？
(4) 有无相关规范要求（有无文字材料）？
(5) 净菜产品有哪些方面的认证？

5. 物流基础设施与运营方面：
(1) 加工前后有无冷库进行存储？冷库的种类、规模与技术有哪些？冷库是什么时候投资建设的？
(2) 是否进行全程冷链运输？

(3) 净菜配送是自己配送还是委托他人？

6. 配送时间要求：

(1) 产品保鲜多长时间？生产出来后到配送始，一般时长是多少？

(2) 配送到店的时长一般是多少？

(3) 对于未及时销售出去的净菜（针对社区店和超市的零售部分）如何处理？

7. 企业经营绩效：

(1) 企业目前的经营状况如何，有赢利吗？

(2) 近年来企业的销售增长率情况。

8. 企业垃圾处理情况：

(1) 对于加工净菜产生的垃圾如何进行处理？

(2) 企业有无相关标准规范？

9. 在净菜加工方面有无相关政策支持？

附录4 净菜供应链体系建设的主要影响因素调查问卷

尊敬的各位专家：

您好！

净菜供应链体系发展有助于城市垃圾减量，提高居民生活水平，具有重要的社会效益。然而，我国净菜供应链体系建设仍然处于发展阶段，学术领域内对该体系的主要影响因素评价体系尚未建立。

本问卷调查的目的是，通过专家打分法，确定净菜供应链体系建设的制约因素的各级指标相对权重，从而助力净菜供应链体系建设。恳请您在百忙之中抽出时间，根据您在净菜领域相关研究和工作经验进行下列题目的填写。

填写说明：首先，对一级指标进行两两判断，并根据重要性大小打分；其次，对二级指标进行两两判断。

一、指标含义

序号	一级指标	二级指标
1	标准和质量安全监管体系的缺失	缺少净菜加工的国家标准
		缺乏市场准入门槛
		缺少净菜加工厂建设标准
		监管机构不明，缺少配套的监管举措
2	冷链物流断链	没有全部实现冷藏车配送
		上游冷链不能得到保障
3	技术和装备落后	加工装备制约
		保鲜技术相对落后
4	城市交通管制	进京通行证有限
		进京检查时间长
5	生产运营成本过高	人工成本过高
		配送成本高

二、打分含义

1分：a 与 b 同样重要

2分：a 比 b 稍微重要

3分：a 比 b 明显重要

…………

9分：a 比 b 极端重要

三、填写范式举例说明

（1）冷链物流断链与技术和装备落后，哪个更重要？答：技术和装备落后。

（2）根据上题重要性选择进行打分，在1~9个级别选择相应的级别。若您认为冷链物流断链与技术装备落后同样重要，则选择1；若您认为技术装备落后比冷链物流断链重要，则选择2~9。

1. 您的单位：[单选题]

○ 净菜加工企业

○ 行业协会

○ 其他_____

2. 您的职务：[单选题]

○ 董事长

○ 经理

○ 部门负责人

○ 协会会长

○ 协会副会长

○ 秘书长

3. 标准和质量安全监管体系缺失与冷链物流断链，哪个更重要？[单选题]

○ 标准和质量安全监管体系缺失

○冷链物流断链

4. 根据上题重要性选择进行打分 [单选题]

○1　　　○2　　　○3　　　○4　　　○5

○6　　　○7　　　○8　　　○9

5. 标准和质量安全监管体系缺失与技术和装备落后，哪个更重要？[单选题]

○标准和质量安全监管体系缺失

○技术和装备落后

6. 根据上题重要性选择进行打分 [单选题]

○1　　　○2　　　○3　　　○4　　　○5

○6　　　○7　　　○8　　　○9

7. 标准和质量安全监管体系缺失与城市交通管制，哪个更重要？[单选题]

○标准和质量安全监管体系缺失

○城市交通管制

8. 根据上题重要性选择进行打分 [单选题]

○1　　　○2　　　○3　　　○4　　　○5

○6　　　○7　　　○8　　　○9

9. 标准和质量安全监管体系缺失与生产运营成本过高，哪个更重要？[单选题]

○标准和质量安全监管体系缺失

○生产运营成本过高

10. 根据上题重要性选择进行打分 [单选题]

○1　　　○2　　　○3　　　○4　　　○5

○6　　　○7　　　○8　　　○9

11. 冷链物流断链与技术和装备落后，哪个更重要？[单选题]

○冷链物流断链

○技术和装备落后

12. 根据上题重要性选择进行打分 [单选题]
○1　　　　○2　　　　○3　　　　○4　　　　○5
○6　　　　○7　　　　○8　　　　○9

13. 冷链物流断链与城市交通管制，哪个更重要？[单选题]
○冷链物流断链
○城市交通管制

14. 根据上题重要性选择进行打分 [单选题]
○1　　　　○2　　　　○3　　　　○4　　　　○5
○6　　　　○7　　　　○8　　　　○9

15. 冷链物流断链与生产运营成本过高，哪个更重要？[单选题]
○冷链物流断链
○生产运营成本过高

16. 根据上题重要性选择进行打分 [单选题]
○1　　　　○2　　　　○3　　　　○4　　　　○5
○6　　　　○7　　　　○8　　　　○9

17. 技术和装备落后与城市交通管制，哪个更重要？[单选题]
○技术和装备落后
○城市交通管制

18. 根据上题重要性选择进行打分 [单选题]
○1　　　　○2　　　　○3　　　　○4　　　　○5
○6　　　　○7　　　　○8　　　　○9

19. 技术和装备落后与生产运营成本过高，哪个更重要？[单选题]
○技术和装备落后
○生产运营成本过高

20. 根据上题重要性选择进行打分 [单选题]
○1　　　　○2　　　　○3　　　　○4　　　　○5
○6　　　　○7　　　　○8　　　　○9

21. 城市交通管制与生产运营成本过高，哪个更重要？[单选题]

○城市交通管制

○生产运营成本过高

22. 根据上题重要性选择进行打分 [单选题]

○1　　　　○2　　　　○3　　　　○4　　　　○5

○6　　　　○7　　　　○8　　　　○9

23. "缺少净菜加工的国家标准"与"缺乏市场准入门槛"，哪个更重要？[单选题]

○缺少净菜加工的国家标准

○缺乏市场准入门槛

24. 根据上题重要性选择进行打分 [单选题]

○1　　　　○2　　　　○3　　　　○4　　　　○5

○6　　　　○7　　　　○8　　　　○9

25. "缺少净菜加工的国家标准"与"缺少净菜加工厂建设标准"，哪个更重要？[单选题]

○缺少净菜加工的国家标准

○缺少净菜加工厂建设标准

26. 根据上题重要性选择进行打分 [单选题]

○1　　　　○2　　　　○3　　　　○4　　　　○5

○6　　　　○7　　　　○8　　　　○9

27. "缺少净菜加工的国家标准"与"监管机构不明，缺少配套的监管举措"，哪个更重要？[单选题]

○缺少净菜加工的国家标准

○监管机构不明，缺少配套的监管举措

28. 根据上题重要性选择进行打分 [单选题]

○1　　　　○2　　　　○3　　　　○4　　　　○5

○6　　　　○7　　　　○8　　　　○9

29. "缺乏市场准入门槛"与"缺少净菜加工厂建设标准"，哪个更重要？[单选题]

○ 缺乏市场准入门槛

○ 缺少净菜加工厂建设标准

30. 根据上题重要性选择进行打分 [单选题]

○1　　　○2　　　○3　　　○4　　　○5

○6　　　○7　　　○8　　　○9

31. "缺乏市场准入门槛"与"监管机构不明，缺少配套的监管举措"，哪个更重要？[单选题]

○ 缺乏市场准入门槛

○ 监管机构不明，缺少配套的监管举措

32. 根据上题重要性选择进行打分 [单选题]

○1　　　○2　　　○3　　　○4　　　○5

○6　　　○7　　　○8　　　○9

33. "缺少净菜加工厂建设标准"与"监管机构不明，缺少配套的监管举措"，哪个更重要？[单选题]

○ 缺少净菜加工厂建设标准

○ 监管机构不明，缺少配套的监管举措

34. 根据上题重要性选择进行打分 [单选题]

○1　　　○2　　　○3　　　○4　　　○5

○6　　　○7　　　○8　　　○9

35. "没有全部实现冷藏车配送"与"上游冷链不能得到保障"，哪个更重要？[单选题]

○ 没有全部实现冷藏车配送

○ 上游冷链不能得到保障

36. 根据上题重要性选择进行打分 [单选题]

○1　　　○2　　　○3　　　○4　　　○5

○6　　　○7　　　○8　　　○9

37. "加工装备制约"与"保鲜技术相对落后"，哪个更重要？[单选题]

○ 加工装备制约

○保鲜技术相对落后

38. 根据上题重要性选择进行打分 [单选题]

○1　　　　○2　　　　○3　　　　○4　　　　○5
○6　　　　○7　　　　○8　　　　○9

39. "进京通行证有限"与"进京检查时间长",哪个更重要?[单选题]

○进京通行证有限

○进京检查时间长

40. 根据上题重要性选择进行打分 [单选题]

○1　　　　○2　　　　○3　　　　○4　　　　○5
○6　　　　○7　　　　○8　　　　○9

41. "人工成本过高"与"配送成本高",哪个更重要?[单选题]

○人工成本过高

○配送成本高

42. 根据上题重要性选择进行打分 [单选题]

○1　　　　○2　　　　○3　　　　○4　　　　○5
○6　　　　○7　　　　○8　　　　○9

附录5　餐饮企业净菜选择行为调查问卷

尊敬的朋友：

您好！

我们是"净菜供给研究"项目组，正在进行一项关于餐饮企业净菜使用行为的研究。净菜是促进消费升级的重要途径之一，也是未来发展的趋势，您的真实想法与宝贵意见将有助于推动中国净菜行业健康发展。本问卷为匿名填写，保证内容不会外泄，并仅供学术研究使用。

感谢您的支持与帮助。

一、餐饮企业基本特征

1. 餐饮店铺是否为中餐厅？

○是

○否

2. 是否为连锁餐厅？

○是

○否

3. 是否提供团餐？

（这里的团餐指的是以团体为单位消费、以满足整体性服务为主的餐饮服务，比如为机关、学校、企业等团体提供工作餐，或者为大型赛事、小型聚餐提供集中的餐饮服务）

○是

○否

4. 餐饮店铺目前是否已使用手机预定、排队等智能化系统？

○是

○否

5. 餐饮店铺目前已经经营多长时间？

○ 0~1 年

○ 1~3 年

○ 3~5 年

○ 5~10 年

○ 10 年以上

二、餐饮企业关于净菜的相关认知

净菜又称为鲜切蔬菜，是将新采摘的蔬菜经过整理，去掉不可食部分和烂坏部分，并进行洗涤、消毒等加工操作后，可直接用于食用或烹饪的蔬菜。目前主要分为即食净菜（如图1所示）和即用净菜（如图2所示）。

图1

图2

6. 对上述两种净菜产品的了解程度：

○ 从未听说过

○ 听说过，但从未去了解

○ 了解过几种净菜品类

○ 知道净菜品牌详细信息

7. 对于净菜使用，请根据您心里的感受选择对下列陈述的看法：

	完全不赞同	比较不赞同	一般	比较赞同	完全赞同
节省劳动力	○	○	○	○	○
节省厨师烹饪时间	○	○	○	○	○
减少后厨垃圾	○	○	○	○	○
食品质量安全更有保障	○	○	○	○	○
净菜的使用是未来发展趋势	○	○	○	○	○

三、餐厅净菜使用现状

下面所说的净菜包含上述的即用净菜和即食净菜，毛菜指的是从菜市场、路边商贩等购买的未经处理、含有不可食用部分的蔬菜。

8. 餐厅目前是否使用净菜？

○ 是

○ 否

9. 认识的餐饮店铺有无使用净菜的？

○ 有

○ 无

10. 是否加入了相关的行业协会等社会团体？

○ 是

○ 否

11. 您认为目前净菜市场存在哪些问题？[多选题]

□ 价格太贵

□市场供给品类太少

□行业不规范，质量参差不齐

□配送不及时

□其他（请标注）_____

12. 您对净菜市场未来有哪些期望？[多选题]

□政府给予支持与鼓励

□加强规范化运营

□成立电商预定中心

□加大食品安全监管

□其他（请标注）_____

附录6　消费者净菜消费行为调查问卷

尊敬的朋友：

您好！

我们是"京津冀农业协同发展下的北京净菜供给研究"项目组，正在进行一项关于消费者净菜消费行为的研究。净菜是满足居民消费升级的重要途径之一，也是未来发展的趋势，您的真实想法与宝贵意见将有助于推动中国净菜行业健康发展。本问卷为匿名填写，保证内容不会外泄，并仅供学术研究使用。

感谢您的支持与帮助。

一、消费者基本情况

1. 您的性别：
〇男
〇女

2. 年龄（周岁）：
〇25周岁以下
〇25~35周岁
〇36~45周岁
〇46~55周岁
〇55周岁以上

3. 学历：
〇初中及以下
〇高中/中专
〇大专
〇本科及以上

4. 现居住于：

○北京市（跳转至第5题）
○北京之外的省份（跳转至第6题）

5. 您现阶段居住在北京市哪个区？

○东城区

○西城区

○朝阳区

○丰台区

○石景山区

○海淀区

○门头沟区

○房山区

○顺义区

○昌平区

○大兴区

○怀柔区

○平谷区

○密云区

○延庆区

○通州区

6. 经常一起用餐的家庭人口数：

○2人及以下

○3~4人

○5人及以上

7. 家庭人均月收入（税后）：

○低于5 000元

○5 001~10 000元

○10 001~15 000元

○15 001~20 000元

○ 20 000 元以上

8. 家庭食品支出占总支出的百分比：

○ 10%以下

○ 10%~25%

○ 26%~50%

○ 51%~75%

○ 75%以上

二、消费者关于净菜的相关感知

净菜又称为鲜切蔬菜，指将新采摘的蔬菜经过整理，去掉不可食部分和烂坏部分，并进行洗涤、消毒等加工操作后，可直接用于食用或烹饪的蔬菜。目前主要分为即用净菜（如图1和图2所示，指购买后可直接下锅或稍微清洗进行烹饪的蔬菜）和即食净菜（如图3和图4所示，指购买后可直接食用的蔬菜，市场常见的有蔬菜沙拉、鲜食玉米等）。

图1

图2

图3   图4

9. 您对目前市场上净菜产品的了解程度：

	了解程度
即用净菜	○完全没听说过 ○听说过，但从未了解 ○了解过并购物时特意寻找过 ○了解过并且知道相关品牌 ○知道相关净菜品牌并查询过相关资料
即食净菜	○完全没听说过 ○听说过，但从未了解 ○了解过并购物时特意寻找过 ○了解过并且知道相关品牌 ○知道相关净菜品牌并查询过相关资料

10. 您对市场上这两种净菜质量安全的信任程度：

	非常不信任	比较不信任	一般	比较信任	非常信任
即用净菜	○	○	○	○	○
即食净菜	○	○	○	○	○

三、消费者习惯与偏好

下面所说的净菜包括上述的即用净菜和即食净菜，毛菜指的是从菜市场、路边商贩、超市等购买的未经处理的蔬菜。

11. 您是否为家庭食材主要购买者？

○ 是

○ 否

12. 您是否曾经购买净菜？

○ 是

○ 否

13. 购买的净菜主要是哪种？[多选题]

□ 即食净菜

□ 即用净菜

14. 相对于毛菜来说，请您选择对下列陈述的看法：

	持反对态度	不太赞同	一般，无感	比较赞同	非常赞同
净菜干净卫生	○	○	○	○	○
净菜农药残留少	○	○	○	○	○
净菜节省时间，方便烹饪	○	○	○	○	○
净菜更能彰显生活品质	○	○	○	○	○
使用净菜有益于保护环境	○	○	○	○	○
支持净菜的推广使用	○	○	○	○	○

15. 请根据您实际生活情况选择相应的选项：

	非常不同意	比较不赞同	一般	比较赞同	非常赞同
亲戚同事对购买净菜态度积极	○	○	○	○	○

16. 假如你需要购买某些品类净菜（如鲜切水果、蔬菜沙拉等），能否通过相关渠道（如超市、电商、便利店等）买到？

○ 能全部买到

○ 部分品类买不到

○ 基本买不到

17. 您是否认为目前净菜市场质量安全监管不到位？

○是

○否

18. 您是否认为目前净菜市场上净菜价格偏高？

○是

○否

附录7 知名餐饮企业访谈大纲及访谈情况

一、访谈大纲

(1) 企业选择（或不选择）预制菜的原因；

(2) 预制菜采购方式（渠道、自制）；

(3) 预制菜品类及占比情况；

(4) 预制菜产业目前存在的问题；

(5) 就期望行业组织发挥什么样的作用等进行深度交流。

二、访谈情况

（一）沈国文（中国副食流通协会采购与供应链专业委员会轮值会长）

回应问题：

1. 当前预制菜发展现状；

2. 预制菜发展过程中出现的问题以及未来展望。

（二）龙伟（北京李先生餐饮管理股份有限公司总经理）

回应问题：

1. 企业选择预制菜的原因；

2. 预制菜的制作方式。

（三）谢水甫（北京健力源餐饮管理有限公司体系安全总监）

回应问题：

1. 预制菜产业目前存在的问题；

2. 预制菜占比情况。

（四）徐福南（厦门沛浪餐饮管理有限公司总经理）

回应问题：

1. 预制菜在团餐企业的发展现状；

2. 预制菜发展过程中出现的问题。

附录 8　净菜加工企业访谈集锦

附录 8.1　北京南河北星农业发展有限公司调研报告

一、企业概况

北京南河北星农业发展有限公司成立于 2009 年 3 月，位于北京最美的乡村南河村。公司投资固定资产 8 000 多万元，致力于发展绿色食品、无公害农业、农产品深加工，并于 2012 年被全国妇联、原农业部、科技部联合授予全国巾帼现代农业科技示范基地；2012 年、2015 年连续两届被北京农委、发改委、原农业局等单位联合授予北京市农业产业化重点龙头企业；2015 年被原农业部授予全国主食加工示范基地。公司紧紧围绕首都城市立足发展便利商超、餐饮连锁市场，先后获取即食蔬果类、冷链即食食品、速冻菜食品类、膨化食品类、半成品净菜类及调料系列商品六类生产许可。

公司以"企业+基地+农户"的经营模式，自建 500 余亩标准化"无公害蔬菜"基地，先后在房山大石窝镇、河北涞源、山东菏泽、浙江临海等地建立了 5 000 多亩绿色蔬菜基地，实现公司日加工鲜切蔬菜 30 余吨，提供就业岗位 30 余人。

公司主要业务为中配套餐饮半成品加工，包括即用蔬菜和即食净菜，专供连锁餐饮企业，与北京吉野家快餐有限公司、康师傅便利快餐连锁店、一品三笑餐饮有限公司及北京各快餐连锁公司建立了牢固的业务关系，已成为北京市的蔬菜鲜切加工企业。2012 年获北京市农业产业化重点企业。

2010 年公司扩建，新增再制蛋制品，生产卤蛋产品，主要供应北京各大连锁快餐企业，现卤蛋日生产量达到 30 000 枚；2011 年公司投资成立加工料理包、调味料、酱卤制品为主的调味料食品，产品包括牛肉料包、排

骨料包、中式酱包、西式酱包等，主要以供应各快餐连锁企业；2014年公司引进膨化生产设备，主要生产膨化爆米花等膨化食品。目前已逐步形成多元化、产业化的发展格局。下一步公司将努力打造集种植、加工、销售、快餐于一体的集团公司。

当前公司以生产即食食品为主，即食食品的生产量占到总产品量的90%以上。其中冷链即食占比约60%，即食生鲜蔬果占比约30%。即用净菜加工比较简单，主要供给吉野家等。即食净菜对加工要求相对较高，需要取得生产许可，主要供应麦当劳、萨莉亚、禾乐多等。当前即食净菜生产量较多，便利店方面仅提供给全时（签署战略合作以后仅供全时），即用净菜生产量较少。

二、净菜需求方情况

"南河北星"品牌与北京连锁餐饮市场的多家企业开展了合作，如吉野家、味多美、萨莉亚等大型连锁餐饮企业，北京合兴餐饮管理有限公司、顶新国际集团等食品企业以及全时便利店、邻里家便利店、罗森便利店、华冠便利店等。

公司将中央厨房与餐饮进行配套，根据客户需求完成半成品加工和净菜加工，以冷链即食净菜加工为主（配备生产许可证），即用净菜为辅。其中冷链即食蔬菜占比60%，即食新鲜蔬果占比30%。此外，为满足便利店需求，还对热餐、速食盒饭、三明治等进行加工。

公司与全时便利店签订了战略合作，账期为2个月，垫付金额为2 000万元，占应收账款的60%。除供给净菜外，还与全时合作每周开发新品，以满足便利店食品的更新速度。其他合作企业均为一年一签，账期为半个月至1个月，部分小企业采用先款后货方式进行结算。

企业按需求方提供的订单生产，多余的产量由购买方自行处理，损失亦由下游企业自负。

三、原料菜来源

用料较大的原料菜采用产地直采的方式进行订购，如土豆来自内蒙

古，洋葱来自甘肃、云南，企业会根据季节因素进行提前储存；用量较小的原料菜（10公斤左右）主要来自新发地农产品批发市场以及企业带动发展的大棚农户和合作社，粮油等主要在房山附近采购，大米一般选用东北大米。

四、生产标准与规范要求

北京南河北星农业发展有限公司自建实验室，除了进行便利店新品开发外，可进行食品检测，可对农药残留（快检）、微生物等进行检查，实验设备投入10万元左右，实验用品自费购买。实验室配备2名长期工作人员。公司对原料菜无三品一标要求，即食净菜生产标准在房山区卫健委备案，鲜切即食只有企业标准，即用净菜暂时没有标准，会根据客户要求随时进行调整。公司具有HACCP标准认证。

五、物流基础设施与运营方面

企业运输全部采用第三方物流，主要与附近村里有资质的运输公司合作，保证全程冷链运输。

企业有自建的冷库。冷冻库为盘管制冷，冷藏库为风冷制冷。仓库用地是集体用地。冷库面积为5 000平方米，常温库面积5 000平方米，仓库均高8米。冻品库温度维持在-18℃。库容量各2 000吨，建设有仓储中心和中央厨房。在物流配送方面，主要采用第三方物流，与云鸟App长期合作，有订单后直接派车过来配送，全程低温配送。

企业不使用叉车。

六、配送时间要求

每个客户都有规定配送时间，从生产到配送控制在2小时以内（与该公司合作的所有企业均配备有仓库）。配送到各个客户的中央仓内（未与配送到店的客户合作过），从仓配送到门店由客户自己完成。即食沙拉保质期不超过48小时，过期后由便利店自己进行处理。

七、企业经营绩效

公司从 2015—2016 年开始做冷链即食业务，现在该业务已经发展成为营业收入占比最大的业务。公司年营业收入 2 亿元。利润率较低的业务主要是冬天的切块水果蔬菜、卤蛋。

当前公司员工有 400 人，每年需要支出人工费 200 多万元。

八、企业垃圾处理情况

对于产生的垃圾，由专业垃圾回收公司进行回收，签订合同，付费标准是餐厨垃圾 11 元/桶（200 公斤左右）；废菜叶由周边养殖中心免费回收，有专业人员负责，保证回收之后环境清洁。绿化和环卫由村集体进行管理，企业以交租金的方式租用土地。

九、净菜加工方面的相关支持政策

公司的"大兴有礼"系列特色旅游商品获得 2019 年北京旅游商品扶持资金。

此外，公司表示行业存在的问题包括：①农产品原料运输成本高，导致净菜加工企业运营成本升高；②商业用电价格偏高，导致成本升高。

附录8.2　北京康安利丰农业有限公司调研报告

一、企业基本概况

北京康安利丰农业有限公司隶属首创集团，是北京市农业投资有限公司旗下以蔬菜加工产业为核心的中餐餐饮全品项食材供应链企业。2008年对生产基地进行改造，2012年改变为混合所有制，其中北京康安农业发展有限公司出资35%。2020年8月7日，北京康安利丰农业有限公司名列2019中国冷链物流企业百强名单第75位。

康安利丰近5年的营业额均处于持续增长的态势。2013年营业额5 000万元，2014年6 000万元，2015年8 000万元，2016年1.2亿元，2017年2.4亿元，预计2018年可突破5亿元。总体毛利率在10%左右。

二、净菜下游需求方情况

公司产品以蔬菜为主，覆盖200多个蔬菜品种，加工产品主要为中餐餐饮净菜。公司自行开发生产协同供应链信息化管理系统并应用于生产经营，餐饮企业全品项食材涉及6 000余品项进销存。未来通过系统开发升级及实践应用，公司力争真正成为"互联网+农业"企业。

康安利丰公司是以蔬菜种植、加工、配送为核心的一站式食材供应商，目前主要供应大众餐饮连锁企业和机关食堂，其中餐饮企业占比90%以上，连锁餐饮企业约40家。自2012年成立以来，已与西贝莜面村（北京60多家）、眉州东坡、外婆家、绿茶、云海肴、部分海底捞（有自己的净菜供应系统）等80余家餐饮品牌商户，共计1 000余家门店达成合作，负责对应门店食材及相关材料的配送业务。公司以满足中餐客户复杂需求的全品项蔬菜鲜切为自己的核心产业，与骨干客户合作开发出1 500多项蔬菜鲜切成品标准和配套加工技术，已成为北京地区大的专注中餐餐饮蔬菜鲜切的加工商。

公司2C市场未能建立起来，目前无2C业务。账款方面，对长期合作

的客户赊销，月结。

三、原料菜来源

公司在全国不同气候带建设自营、联营及合作型蔬菜原材料生产基地20多个，总面积2万余亩。其中自有基地4 500亩，分布于北京、河北坝上地区；合作基地在全国均有分布。也有部分原料来自批发市场（如新发地农产品批发市场）和内蒙古（马铃薯）、河北沽源、丰宁、赤城等地。

四、生产标准与规范要求

当下对蔬菜品质的要求是无公害。公司有质量监管部门，严格的时期，一个批次（每车）检测一次。

净菜目前无国标，仅有行业标准（如征求意见稿）。但标准的部分内容脱离实际，康安利丰作为企业逐渐参与到标准制定中去。

疫情防控期间，康安利丰加强了包括人员在内的全链条检测和规范：

（1）核酸检测全覆盖。严格按照委办局要求保证公司所有从业人员（包括但不限于后勤辅助、一线从业及物流司机等）核酸检测100%全覆盖（每周有100余人次的核酸检测）。

（2）强化消毒、存储管理力度，储备实现物理分割。入库存储前，严查冷链食品运输车辆箱体内壁消毒记录，如未消毒，则在掏箱卸货时重新进行内壁消毒。对未进行消毒的冷链食品运输车辆进行二次内壁消毒，并对库内所有冷链食品进行物理分割，保证进口食品与非进口产品存储距离大于1.5米。

（3）率先推进进口冷链产品全赋码。公司对库内所有进口冷链产品（800余吨）进行追溯赋码及二维码标注工作（公司从京外采购及进口的冷藏冷冻肉类和水产品类，首先会在"北京冷链"中上传对应产品的信息，如品种、规格、批次、产地、检验检疫等，然后用"北京冷链"按批次为相关产品进行电子追溯码赋码），保证库内产品100%赋码。

（4）推动上游客户"北京冷链"注册工作。为保障进口冷链食品全

程信息可追溯，公司安排专人沟通联系进口冷链食品存储客户，100%完成了"北京市冷链食品追溯平台"App注册工作。

五、物流基础设施与运营方面情况

康安利丰拥有约500个全品项配送网点，已建立自有冷链物流团队，其中自有车辆60余辆，合作车辆20余辆，多为4.2米和5.2米货车，其中5.2米货车实际载货重2吨左右。日配网点400余个，日均供货能力180多吨，已实现全天候冷链运输。公司自建有现代化冷库1.4万平方米，库容量为1.8万吨冷冻食品，进出冷库车辆都要进行严格的消杀工作。

公司会根据中国传统节日制定节日期间冷链物流配送方案，优化物流线路。例如，春节期间，企业自有种植蔬菜、净毛菜加工生产线、仓拣部全部安排生产，每日蔬菜配送量达110吨，冷鲜肉200余吨，干调13万余件，借助智慧仓储和物流系统，确保所有产品按时、按质、按要求配送到店。公司还自主研发了司机配送手机App，可实现接单、取货、在途、签收全流程可追溯，日均派单率超过90%，春节期间配送时间、效率可提升44%以上。

六、配送时间要求

康安利丰的原料库及成品库的存货均只保留半天，存货需当天完售。

目前日均蔬菜配送量约150吨，配送范围包括北京16个区以及河北三河、天津、华北等地区。在疫情防控期间，北京康安利丰还成为首都菜篮子重点保供单位。

同时，公司自行开发生产协同供应链信息化管理系统并应用于生产经营，餐饮企业全品项食材涉及6 000余品项进销存。公司有自己的信息系统，客户订单每天一发，并当天配送。

七、企业垃圾处理情况

目前企业垃圾处理并不规范，虽然有自己的垃圾处理设施，但使用率

不高，也有少部分直接给养殖户，其余的仅进行简单处理就作为垃圾丢弃。

八、净菜加工方面的相关支持政策

北京康安利丰有限公司在平谷区委区政府的支持和鼓励下，到商都县办厂，占地70亩，设计产能5万吨/年，建设有完善配套的机械化马铃薯、蔬菜鲜切生产线，已于2020年10月投入生产。

康安利丰公司通过缴纳租金、劳动就业、提供种植技术培训与指导、产地农产品采购、仓储运输等关联产业带动等多种形式，促进当地建档立卡贫困户实现脱贫。项目建成后预计可覆盖全县64个贫困村，食材鲜切加工中心可以提供就业岗位300个。通过转移就业，人均月增收2 500元以上。按照设计的5万吨产能，可带动马铃薯订单种植2万亩。

此外，公司计划在2~3年内实现全国"五区十三市"餐饮食材供应链业务全覆盖，并利用"互联网+"和康安利丰农业生产实践，实现"生产加工、物流配送、金融服务"三位一体的业务布局，以期通过中餐鲜切核心产业优势打造全国领先的一站式中餐餐饮供应链服务平台，扩大北京净菜行业影响范围。

附录8.3 北京裕农优质农产品种植有限公司调研报告

一、企业基本概况

北京裕农优质农产品种植有限公司隶属于北京首农食品集团有限公司，成立于1992年，下辖怀柔、顺义、通州、大兴、海淀等5个分公司及绿蔬科技、河南裕农、张家口裕农、湖南裕农等4个子公司，是集投入品经营管控、种植、加工、销售和科研于一体的全产业链鲜切企业。公司常年为大型餐饮连锁企业、商超便利店、餐饮服务企业等提供鲜切果和鲜蔬菜，是肯德基、麦当劳在中国最早的蔬菜供应商。公司是2008年奥运会、残奥会、智运会的指定菜供应商，获得2008北京奥组委颁发的"北京奥运会、残奥会先进集体"表彰，公司还是2014年南京青奥会指定蔬菜供应商。

公司目前拥有6个大型蔬菜加工厂，即怀柔即食蔬菜加工厂、通州即用蔬菜加工厂、怀柔三山盒装蔬菜加工厂、河南裕农食品有限公司、张家口裕农食品有限公司、大兴航空食品有限公司，自有基地2 700亩，自控及合作基地28 000多亩。公司参与、主持制定了《鲜切蔬菜加工技术规范》和《鲜切蔬菜》2个农业农村部颁行业标准，获得北京市科学技术奖二等奖2项、农业技术推广奖一等奖2项、农业技术推广奖二等奖1项。公司已获得发明专利1项，实用新型发明专利9项，发表科技文章20余篇。公司与北京市叶类蔬菜创新团队、北京农学院等建立长期科研伙伴关系。

公司采取"龙头企业+种植合作社+农户"的方式，提升蔬菜生产的组织化程度，为提高产品质量打好组织基础。裕农公司深耕蔬菜市场20多年，全产业链布局，全年不间断供应。蔬菜种植基地遍布全国，通过了SGS（通标标准技术服务有限公司）的GLOBALGAP（全球良好农业操作）认证。

目前公司年利润200万元，公司发展重点为培养人才队伍和寻找利润增长点。

二、净菜下游需求方情况

公司常年为大型连锁餐饮企业、商超便利店、餐饮服务企业等提供新鲜蔬菜、鲜切蔬果和冷链即食食品，主要产品有生菜片、黄瓜条、土豆丝、各式蔬果沙拉、三明治、汤酱汁等。公司现有即食、即用产品80个品种，150多个品项，产品质量（从田间种植到工厂加工）及企业管理都获得欧盟SGS公司认证。公司供应客户共计104家，门店总数6 736家（截至2017年），其中餐饮连锁企业44家，门店数4 573家；超市和便利店35家，门店数1 451家；食品加工企业20家，门店数489家；社区服务站（网络销售）5家，门店数223家。为百胜集团（肯德基及必胜客的母公司）、吉野家、汉堡王等70家餐饮品牌6 000余家餐厅提供蔬菜。即食、即用类产品80个品种，150多个品项，营业收入1.7亿元，年销蔬菜3万吨，与中央电视台、网易、百度、联想等企业食堂也均有合作。此外，该公司是2008年奥运会核心区唯一蔬菜供应商（奥运会期间主要供应即食净菜，共92个品种，182个品项），2022年冬奥会指定蔬菜供应商。

三、原料菜来源

公司采取品种专用，即根据不同季节、不同地区、不同设施栽培，选用专用品种，降低病虫害发生概率，提高产量和品质。主要来源有以下几种：

（一）生产基地

北京裕农优质农产品种植有限公司共有种植基地2.8万亩，主要包括自有基地，如杨镇基地、赤城基地（安全性最高，主要用于即食蔬菜），以及合作基地（签订租赁合同，对标准化生产和农业投入进行管理，通过为种植者提供种子种苗、投入品统一管控、病虫防治、机械化耕作等系列服务，提高种植水平和原料蔬菜的安全水平），主要分布于云南、山东、河北等地。产地的蔬菜能够直接交到工厂分级、包装、加工、配送，可减少流通环节，降低成本，还有利于成本核算，便于企业加强管理。新鲜产

品以最短的时间配送到用户，保证蔬菜的新鲜、口感，还可减少各个环节的损耗。

（二）农产品批发市场

如新发地农产品批发市场，从市场直接采购后做农产品检测，并分为A、B、C、D四个安全等级，采用食品级的消毒剂后再进行切割、分拣、称重、加工等。

（三）"爱心助农"

公司会出于解决农民困难的目的收购部分原料菜。例如，张家口由于突遭冰雹，莴笋叶子全部受损，菜贩子不愿收购（菜市场多带叶销售），裕农进行了全部收购，一方面满足自身需求，另一方面解决了农民燃眉之急，承担起了一部分社会责任。

四、生产标准与规范要求

公司参与、主持制定2个农业行业标准，即《鲜切蔬菜加工技术规范》（NY/T 1529—2007）和《鲜切蔬菜》（NY/T 1987—2011）两个农业农村部部颁行业标准，填补了国内行业标准空白；目前正参与北京市即食类鲜切菜地标制定，主持北京市即用类鲜切菜地标制定。公司具有HACCP标准认证。

此外，公司还设置了一系列相关控制标准：

（1）农药管控标准，包括农药备案、集中采购、专库管理、隐性成分，并实行黑名单制。

（2）肥料管控标准，包括集中采购、配方施肥，同时也实行黑名单制。

（3）冷链控制标准，包括原料库管理、加工车间管理、冷藏车管理。裕农对成品进行出厂检验，每天监测微生物40余批次，还会进行尺寸检验、感官检验及温度检验。

（4）食品防护标准，包括生产过程全程监控、访客登记、红外报警系统等。裕农产品有质量安全追溯系统，餐饮企业从裕农采购蔬菜，增加了食品安全。

(5) 风险控制标准,风险控制到田间。仅生菜这一个品类,裕农公司引进的品种就达到了 60 种。同时,积极推行生态调控、生物防治等技术,在国内率先引进进口农机,大幅提高生产效率。

五、物流基础设施与运营方面情况

产成品放入冷库(温度为 1~5℃,最适合蔬菜存放),在配送方面,一部分使用自有品牌车完成,一部分由第三方配送,与五环顺通长期合作,配送范围主要为北京和天津地区,所有配送全程冷链。

六、配送时间要求

北京裕农优质农产品种植有限公司与中国农科院、北京市农科院、北京农学院等建立长期科研伙伴关系。目前已研发出了适用于各类鲜切果蔬的专用包装材料,并建立了气调包装保鲜技术体系,可延长鲜切果蔬产品保鲜期 2~9 天,其中鲜切生菜保质期延长至 14 天,达到国际先进水平。目前,该技术已成功应用于肯德基、麦当劳、汉堡王、赛百味等知名餐饮集团的鲜切蔬菜生产商,示范应用于首农集团的北京裕农优质农产品种植有限公司,实现降低损耗率 15%~20%。

七、企业垃圾处理情况

北京裕农优质农产品种植有限公司在净菜加工过程中产生的垃圾主要有两种处理方式:

(1) 在京内:与北京环卫公司有"垃圾肥"的合作,所有垃圾和尾菜(即滞销产品)由北京环卫公司进行回收并完全处理,付费标准为 3 200 元/吨。

(2) 在京外生产基地:将工厂前移至产地,垃圾和尾菜加工成肥料或饲料,再用于养殖,形成循环经济。

八、净菜加工方面的相关支持政策

北京裕农优质农产品种植公司作为市场份额稳居鲜切行业前列的全产

业链鲜切企业，目前享受的相关政策支持包括：一是与农委合作，从源头开始在种植、技术等方面得到支持，政府也在一定程度上进行补贴；二是与农科院共同开发和研究，农科部门作为成果单位及技术实施单位，公司作为使用单位。

公司表示净菜行业存在的问题及需求包括以下几点：

（1）市场准入问题：整个行业管理较乱，餐饮主体多，但门槛低，特别是即用净菜，有些企业的加工生产环境、人员卫生要求没有达到食品加工规范，还有部分企业滥用土地，整个行业的组织化较差。

（2）中餐净菜使用非标化严重：加工产品的大小、长度、单位重量难以统一，如土豆丝长度、宽度难以标准化，导致不同企业生产的净菜产品难以统一。此外，净菜加工应"合并同类项"，即同一品类统一加工，提高加工效率，降低管理成本。

（3）消费者教育和引导：中国传统的消费习惯与饮食习惯使得中国的消费者更加适应回到家再择菜、洗菜、切菜的"买菜做饭"模式，限制了净菜行业的发展，对开袋就可以下锅，土豆沙拉、蔬菜沙拉等开袋就可以食用的即食类产品的需求较低。

（4）净菜缺乏宣传：目前，在北京盒马鲜生、好邻居、全家等各大商超和便利店的门店中，都可以买到裕农公司的净菜产品，应在相应的销售区域加强净菜产品的宣传，让更多的人接受净菜消费。

（5）净菜行业发展缺少大量数据和调研：如在超市，家庭装更容易销售，而写字楼附近的上班白领则更青睐于个人装，但其重量在90~120克难以准确把握。

（6）公司目前B端需求难以满足，C端业务的开展更加困难。

附录8.4 天津劝宝生鲜食品加工有限公司调研报告

一、企业基本概况

天津劝宝生鲜食品加工有限责任公司成立于2017年11月7日,是专业从事蔬果、肉类、米面粮油、冻货和加工半成品及成品制作与配送的现代化食品加工企业。目前公司有职工40余名,加工车间1 600平方米。拥有鲜切蔬菜、肉类产品、米面制品、蛋制品等食品加工多条流水线,配置2个冷藏库和2个冷冻库,具备鲜切加工、熟食加工、方便食品生产能力。天津劝宝生鲜食品加工有限责任公司与劝宝农副产品公司、劝宝农业技术服务公司、劝宝电子商务公司、劝宝化妆品公司同属于天津劝宝超市有限责任公司。

企业在持续发展过程中,也赢得了社会各界的普遍赞誉。总店和劝宝购物广场被授予了市级食品安全管理示范店,"劝宝"商标被认定为天津市著名商标,获得天津市守合同重信用企业称号、天津市诚信服务放心消费创建单位、中国AAA级信用企业、全国商贸流通服务业先进集体等近百项殊荣。

天津劝宝生鲜食品加工有限责任公司总投资500万元,其中天津宝坻区供销合作社联合社控股70%,投资金额350万元,天津劝宝电子商务有限责任公司控股20%,投资金额100万元,天津劝宝农副产品有限公司控股10%,投资金额50万元。公司经营范围主要包括蔬菜、肉类、蛋类、水产品、水果、粮食及其他农副产品加工、批发、零售及网上销售等。劝宝生鲜食品加工有限公司通过建立一个基地—工厂—配送点—终端客户(餐饮、机关、学校、企业、家庭等)的直供产业链提供质优新鲜的直供产品,公司于2020年12月31日被中华全国供销合作总社授予"全国供销合作社系统抗击新冠肺炎疫情先进集体"称号。

二、净菜下游需求方情况

公司配备有1个加工厂,每个月加工即用净菜20吨左右,品类最多的

以土豆、胡萝卜为主根茎类，此外还会加工部分叶菜，其主要供给机关食堂（占比60%）、劝宝超市（占比30%），以及餐饮企业（占比10%），如巴黎贝甜。公司与机关食堂、餐饮企业均签订长期合同，其中机关食堂1周下一次订单，账期为10~15天，餐饮企业每天下单，账期为2~3个月。

三、原料菜来源

原料来源的长期合作伙伴主要为自家基地、合作社和农副产品公司，均采用现金结账、货到付款。

（1）自家基地：主要品类包括韭菜、豆角、茄子、西红柿、胡萝卜等，对净菜原材料的供给占30%左右。

（2）宝坻合作社：该合作社以蔬菜种植、家禽饲养销售为主业，基地蔬菜面积1600余亩。同时，该合作社加入了宝坻区无公害净菜加工项目，该项目由宝坻区民盛种养殖专业合作社投资700万元承建，投入的主要设备就是将采收的新鲜蔬菜进行挑选、洗涤、沥干或切分的过程。进入市场的净菜，整齐均匀、美观干净，可减少饮食业废弃物的排除，节约时间和精力。

（3）天津劝宝农副产品有限公司：该公司拥有"王大郎""六瓣红""朱家铺杨庄""大新""渔阳"5个蔬菜品牌，蔬菜经营品种98个，年销售量625吨，销售额310万元。建立农产品销售专卖店2个、专柜18个，蔬菜年零售量305吨，零售总额152万元。批发团购年总量320吨，销售总额158万元。生鲜配送网络遍及宝坻城乡，并与区内14家农产品专业合作社的14家种养殖基地开展了合作，签订了每年1485万元的供货合同，保证了货源的充足及质量。

四、生产标准与规范要求

天津劝宝生鲜食品加工有限责任公司配备有洗槽机、深槽式真空包装机等专业设备，拥有180多项蔬菜鲜切成品SKU标准和配套加工技术，会根据客户需求实时调整加工技术，且每个SKU都有留样。公司还配备有检

测室，每批产品都会检测，主要是按照"五点"取样方法进行取样，专门保管，建立取样档案。通过对检测结果进行分析，样品的抑制率在50%以上为不合格。最后会对不合格样品上报上一级部门进行复检，找出原因，采取有效解决办法，消除不合格因素。检测的项目主要包括：有机氯、双氧水（过氧化氢）、甲醛、吊白块（甲醛次硫酸氢钠）、二氧化硫、亚硝酸盐等。

五、物流基础设施与运营方面情况

在运输车队方面，整个劝宝集团有20辆冷藏车，生鲜食品加工公司有1辆冷藏车。在冷库建设方面，天津劝宝生鲜食品加工有限责任公司投资7万元，共建设4个冷库，高度均为3米左右，可调温也可恒温，其中有2个低温库（-18℃），主要存放肉禽类农产品；有2个常温（0~4℃），主要用于存放叶菜。

六、配送时间要求

公司生产的根茎类净菜保鲜时间为3天左右，叶菜保鲜时间为1天。当天生产当天配送，配送范围主要集中于宝坻区，早晨生产，10点之前配送，路程用时30分钟~2小时。新鲜菜从田间地头采摘，然后进行洗净加工，再通过冷链运输，最终送至消费者手中，整个过程用时不超过5小时。生鲜公司方每天都销售完，但劝宝超市方会存在滞销现象，滞销比20%~30%，其处理方式为降价销售或自用，过期或变质的产品会进行统一销毁。

七、企业垃圾处理情况

在固体垃圾处理方面，天津劝宝生鲜食品加工有限责任公司以付费定点收取的方式进行处理，将垃圾进行打包后，由环卫工人进行定点收取，付费的标准为3万元/年。在废水处理方面，公司内部建设有地下管道，废水直接排污，并加臭氧进行气泡处理，符合国家标准。

八、净菜加工方面的相关支持政策

目前企业未受到相关的政策支持。因净菜加工配送前期投入很大,所以其政策需求主要集中于加工费用支持。

附录8.5　北京晟泰同创农产品销售公司调研报告

一、企业基本概况

北京晟泰同创农产品销售有限公司（大兴区农产品营销中心），成立于2014年12月，是结合大兴区农委提出的对全区特色农产品实行统一标准、统一品牌、统一形象、统一平台的"四统一"运行模式，由区农委牵头，成立的"一会一社一中心"的新型农业经营管理机构。"一会"，即以农口现有区级行业协会为基础，成立了北京大兴区农产品产销联合会（以下简称"联合会"）。"一社"，即主要以区内带动能力突出、组织化程度高的合作社为成员单位，组建了大兴区农民合作社联合社——北京首邑兴农农产品专业合作社（以下简称"联合社"）。"一中心"，即在联合社的统一管理下，成立的大兴区农产品营销中心，暨北京晟泰同创农产品销售有限公司。

二、净菜下游需求方情况

北京晟泰同创农产品销售有限公司的净菜加工服务主要集中于中餐，净菜下游需求方主要包括团餐、食堂（如医院食堂）以及部分连锁餐饮，如时时乐、海底捞、每日优鲜（火锅一日配）等，净菜需求约10 000份/天，每份300克，主要食材为土豆、茄子等根茎类蔬菜。长期合作企业还有健力源（份额较小，5家店）、爱马特等餐饮管理公司等，共承接40多个企业，10 000斤净菜，包括40多个品类，账期为2~3个月。由于合作时间超过10年，信誉良好，新合作企业账期最快为1个月。

三、原料菜来源

北京晟泰同创农产品销售有限公司净菜加工的原料菜主要来自新发地农产品批发市场（部分原料菜在农批市场事先进行简单加工），夏秋季节部分原料菜来自张家口，主要品类为根茎类、茄果类及部分叶菜。

四、生产标准与规范要求

公司配备有切菜机、洗菜机等专业设备，对原料菜无"三品一标"要求，但对净菜真空包装有要求。公司会根据客户的特殊需求进行食品检查，合格率控制在85%以上。公司具有HACCP标准认证。

五、物流基础设施与运营方面情况

公司自建有冷藏库（采用风冷技术）、保鲜库、成品库和毛菜库，面积共计150平方米，库容量200吨左右。生产完成的成品会在第一时间进行配送。在物流配送方面，主要有三种配送方式，即自己配送、第三方物流配送和客户自己配送。

（1）自己配送：北京晟泰同创农产品销售有限公司自有冷藏车3辆，且企业自有进京通行证，根据客户的需求，将产品送至客户手中。

（2）第三方物流企业配送：如爱玛特，拥有下属40多个企业，与北京晟泰同创农产品销售有限公司建立了长期合作伙伴关系。

（3）客户自己配送：如每日优鲜，北京晟泰同创农产品销售有限公司将产品统一配送到每日优鲜的仓储配送中心，终端的配送由每日优鲜自己完成。

六、配送时间要求

公司生产的净菜保存时间为3~5天，加工时间在1天之内，配送时间为当天夜间或第二天凌晨。当天未销售完的净菜，保存期较长的部分产品会放在第二天销售或自用。

七、企业垃圾处理情况

在加工净菜时产生的垃圾主要集中于周边垃圾站回收，垃圾站会自行处理，如堆肥等。付费方式为按吨收费。

八、净菜加工方面的相关支持政策

北京晟泰同创农产品销售有限公司与大兴农委合作成立北京大兴区农产品营销中心，由于其占地属于农业用地，可一定程度地享受租金减免等支持，利润分成为6∶4。此外，净菜尚无统一的国家或行业标准，而企业标准的水平参差不齐，这在一定程度上阻碍了净菜的顺利上市。公司表示对净菜标准化及相关规范有较大需求。

附录8.6 蜀海调研报告

一、企业基本概况

蜀海公司成立于2011年6月,是一家为客户提供整体供应链全托管运营服务的供应链企业。该公司已经打造出自己的供应链体系,通过供应链服务,解决餐饮行业难标准化的痛点。该公司的业务模式是基于海底捞自身标准化的中央厨房系统,为连锁餐饮提供一站式的初加工及深加工食材供应服务。蜀海是海底捞供应链的核心运营机构,截至2013年,海底捞的后台供应链实现了全国全网平台化服务、集中化中央厨房处理系统和物流系统,并且能够进行统一的质量管控。

蜀海供应链由海底捞集团控股,海底捞占股在50%左右。蜀海负责海底捞净菜的加工配送,而海底捞的底料则由颐海负责。蜀海在北京、天津、青岛、上海、南京、杭州、郑州、武汉、成都、东莞、佛山、深圳、厦门等地,布局了现代化物流中心、食品加工中心、底料加工厂、蔬菜种植基地等。目前海底捞在北京有30多家门店,天津有10家左右。

2019年8月28日,蜀海供应链(北京房山)新仓开业,坐落于阎村科技园的北京房山新仓重装升级,全面扩展的仓储面积,先进的自动化设备,高效的人员管理,贴心的服务体系,解决了餐企相关经营痛点,满足了客户的多方位需求。新仓面积达30 480平方米,设有常温、冷藏、冷冻、超低温($-45°C$)4个温区。恒温装卸口达70个,作业效率大幅提升。新仓增加23台电动托盘车,9台平衡叉车,14台高位叉车。作业设备的投入使得仓内入库、出库效率大大提升。库房全部采用电动门,避免人员不及时关闭库房门造成冻库的失温,产品存储得到稳定的温控保障。通过WMS(仓库管理系统)—iWMS(智能仓库管理系统)—RCS(机器人调度系统)—AGV(AI搬运机器人)层层信息推送、指令下达,从入库到出库全程机器人搬运作业,实现"货到人"的分拣模式。自助化设备作业相比叉车作业占用空间更少、安全性更高、货物破损率更小,有效提

升了订单履行效率和精准性。

二、净菜下游需求方情况

蜀海主要做 2B 业务，2C 的很少，同时蜀海没有自己的店面，只做供应链服务。蜀海面向整个市场的餐饮行业，下游需求方主要有海底捞、各大商场、连锁餐饮企业等，学校、医院、机关企业食堂等团餐占比很小。合作餐饮企业包括 7-11（蔬菜沙拉等）、小吊梨汤、东方饺子王、韩时烤肉（90%的蔬菜及肉类等、中央厨房）、杨记兴·臭鳜鱼（中央厨房）、金鼎鲜、九毛九（中央厨房）、青年餐厅（部分产品的仓配服务）、盒马鲜生（几款水果）等。如果合作餐饮企业想研发新菜品，蜀海也会根据企业要求对其提供帮助。

三、原料菜来源

蜀海的原料菜主要来自北京新发地市场，有少数单品由产地直供。蜀海加工的根茎类、茄果类蔬菜基本由产地直供，另在赤峰、内蒙古、河北、德州等地建立合作基地进行订单种植。例如，北京韩时烤肉所需的生菜、南瓜等都由蜀海进行订单种植。但蜀海的订单种植业务刚开始 2 年多，且主要是叶菜。

四、生产标准与规范要求

蜀海主要以日配为主，肉占主体。蜀海与供应商和餐饮企业的账期都是 2 个月。对于基地直供的产品，蜀海有溯源系统，可以随时观察基地的种植情况。另外，蜀海会通过驻场监控+合同标准来保证蔬菜质量，进入工厂的蔬菜每天都会由第三方检测机构与内部人员共同进行农药残留检测。

北京蜀海现有 200 多个 SKU。生产不合格率在 10% 以内，主要是清洗不到位。加工标准 100 多个，主要是由于每个客户要求不同因而标准不同，标准会对蔬菜的长、宽、直径等做出详细要求。

五、物流基础设施与运营方面情况

蜀海有自己的物流运输服务，但大部分物流服务是与第三方承运方合作，且主要与红世力合作，其配送采用的基本全是冷链车。

北京蜀海的工厂配有冷库，面积在 1 000~2 000 平方米，高 4 米多，能容纳 2 000 吨左右，其中冷藏占 60%，冷冻占 40%，主要利用氟利昂制冷。

六、配送时间要求

蜀海要求供应商在 1~2 小时内将蔬菜等货品送到其工厂。因为北京蜀海的供应商主要分布在北京及河北，因而 1~2 小时的送货时长容易保证。一般来说，红世力在早上 8 点前、晚上 7—8 点将货品配送到蜀海工厂。

七、企业经营绩效

目前蜀海仍处在亏损阶段，主要是体量不够大，但海底捞是盈利的，在北京的营业额在 1 亿元左右，亏损 2%~3%。

八、企业垃圾处理情况

暂无。

九、净菜加工方面的相关支持政策

暂无。

十、其他

整个净菜行业目前正陷入重重困境。一方面，由于缺乏自动化加工技术设施，目前主要靠人工进行清洗、切割等工作，用工成本高，由此也导致净菜价格较高，下游需求方无力承担。另一方面，由于中餐较西餐更为复杂，每家餐饮企业对原材料的要求更个性化，因而无法做到规模化生产。虽然蜀海的品类较全，但做得比较碎，未形成规模化。

附录8.7　兴芦集团调研报告

一、企业简介

兴芦集团是固安国家农业科技园区核心企业，是由固安县兴芦绿色蔬菜种植有限公司、固安县天绿蔬菜种植专业合作社、天绿食食品有限公司、固安县俊田粮食种植合作社联合社等企业组成的农业产业集团，2001年开始建设，总占地面积3 200亩，业务范围涵盖粮食蔬菜绿色种植、食品研发生产、蔬菜加工、冷链物流等多个领域。

兴芦集团是一家从田间到餐桌的现代化全产业链农业企业，拥有净菜加工、鲜食米饭、鲜食菜肴、鲜食面条、鲜食包点、鲜食烘焙、即食汤粥、高档无防腐剂月饼、速冻食品和营养配餐等10条大型自动化食品生产线，日产能20万份。

兴芦集团始终坚持科技创新、标准化管理。聘请中国工程院院士、沈阳农业大学李天来教授合作建立兴芦院士工作站，为企业发展提供强大技术支撑。同中国农业大学、解放军总医院营养科建立技术合作关系，引进新品种、新技术，研发新型功能食品。建立完善的食品生产加工流程和食品质量、食安控制系统。公司先后通过了ISO 9001、HACCP、ISO 22000等质量、食品安全管理体系认证，已取得方便食品、糕点、饼干3大类100多个品种的SC生产许可认证。

二、产业链

产业链情况详见图1。

三、净菜需求方情况

兴芦的净菜需求方主要是永和及一些酒店等的团餐。永和在北京的净菜都由兴芦供应，其中叶菜居多，包括卷心菜、生菜、香葱、藤椒等，主要用作永和食品的配菜。

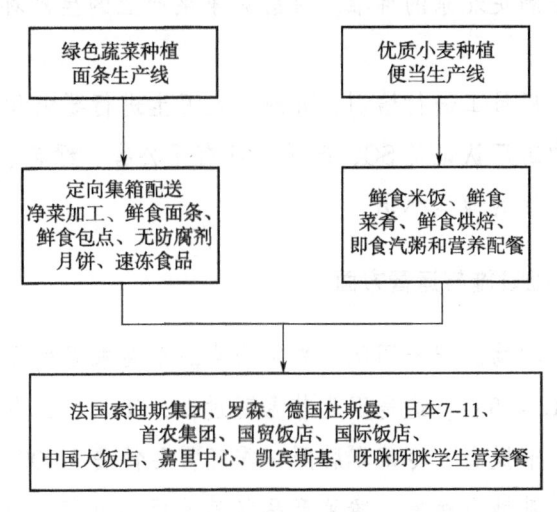

```
┌─────────────┐      ┌─────────────┐
│ 绿色蔬菜种植 │      │ 优质小麦种植 │
│ 面条生产线   │      │ 便当生产线   │
└──────┬──────┘      └──────┬──────┘
       │                    │
       ▼                    ▼
┌─────────────┐      ┌─────────────┐
│ 定向集箱配送 │      │ 鲜食米饭、鲜食│
│净菜加工、鲜食│      │菜肴、鲜食烘焙、│
│面条、鲜食包点│      │即食汽粥和营养 │
│无防腐剂月饼、│      │配餐          │
│速冻食品     │      │             │
└──────┬──────┘      └──────┬──────┘
       │                    │
       └────────┬───────────┘
                ▼
       ┌──────────────────────┐
       │法国索迪斯集团、罗森、 │
       │德国杜斯曼、日本7-11、 │
       │首农集团、国贸饭店、   │
       │国际饭店、中国大饭店、 │
       │嘉里中心、凯宾斯基、   │
       │呀咪呀咪学生营养餐    │
       └──────────────────────┘
```

图1 产业链情况

兴芦配送的团餐有10家左右，如凯宾斯基，主要提供其根茎类蔬菜，主要用作3 000多服务人员的员工餐；兴芦给呀咪呀咪配送净菜，而呀咪呀咪是7-11的独家供货商。

四、原料菜来源

兴芦的原料菜主要来自自己的种植基地，其他来自北京新发地市场。兴芦的基地和大棚总共有3 000亩，其中大棚有500亩，其余还有岭地1 000亩，同时兴芦与农民也有合作。

五、生产标准与规范要求

兴芦按食品加工厂要求进行规范管理。兴芦有自己的速检，主要检查农药残留、大肠杆菌、微生物等。永和也会对兴芦提供的净菜进行抽检，重点抽检微生物，同时永和要求兴芦每年提供2次第三方检测机构的质检报告，所有检测均须满足行业标准。

但目前不管是即食净菜还是即用净菜，国家标准都尚未出台。有的地方（如北京）对即食净菜有标准要求，但河北目前没有，兴芦的净菜从河

北进入北京就需满足北京的标准。目前对净菜产业的生产环境要求也没有国家标准。

兴芦会对工厂员工进行培训，并对个人卫生进行要求和检查。

目前兴芦的工厂认证是 SC，基地认证有无公害、绿色、有机。目前正在申请韭菜和花生的地理标识。

六、物流基础设施与运营方面

兴芦有自己的物流配送团队。兴芦的冷藏车要求温度在 10℃ 以下，而工厂温度在 10℃~15℃。这是因为若温度过低，工厂内工作人员坚持时间不长，人员流动率提高。冷藏车牌照一季度需要付费 3 000 元。

兴芦的加工基地有冷库，净菜产品与其他产品混装。其中冷藏库面积 127 平方米，高 3 米，能容纳 300 吨左右；冷冻库准备建 400 平方米。都是采用氟利昂制冷及风冷制冷。

七、配送时间要求

兴芦的所有配送都是自己来做，配送永和的蔬菜中生菜和红椒保质期是 4 天，其他菜是 5 天，这要求温度必须控制好。

八、企业经营绩效

由于兴芦主要配送团餐，因而 SKU 较少。一半团餐只要求重量满足要求，对包装没有要求，而永和采购兴芦的 5 种菜有 5 种规格。除永和外，近期也有其他餐饮企业寻求与兴芦的合作。

近年来净菜的家庭增长量不明显，但团餐、连锁餐饮销售增长越来越明显，因而净菜的发展前景良好。

兴芦属于股份有限公司，目前按上市要求准备，县政府按上市公司进行审核，企业盈利达到一定水平后可上市。2017 年兴芦盈利达到 7 000 万元。但 2018 年因 200 多家合作便利店关店，兴芦损失了 100 万元左右，主要是邻里家、全时等。

九、企业垃圾处理情况

兴芦自己养猪，可用的蔬菜垃圾会用来喂猪，不可用的会交给垃圾处理站，垃圾处理人员会定期来工厂取垃圾。

十、净菜加工方面的相关政策支持

政府对设施农业有政策支持，采取一次性资金支持，前几年补贴了兴芦 1 400 万元。此外，一个大棚补贴了 15 万元，大约占一个大棚总投入的 50%。净菜加工方面暂无相关支持政策。

附录8.8　丰华食尚食品有限公司调研报告

一、企业简介

三河丰华食尚食品有限公司成立于2018年2月9日，注册地位于河北省廊坊市三河市杨庄镇杨庄村，经营范围包括研发、生产、销售米、面制品、速冻食品、其他方便食品、鲜切蔬菜、组合菜、农副产品、鲜活农产品；销售初级食用农产品；中央厨房。

三河丰华食尚食品有限公司是以净菜加工、火锅底料生产、中餐烹饪酱料研发及加工的企业，长期服务于餐饮企业、高校、部队等企事业单位。

公司拥有先进的加工设备、专业的研发团队、经验丰富的食材采购专家、无公害的种植基地，秉承"产品安全、品质优良、客户安心"的经营原则，全力打造中国净菜行业的第一品牌，让新鲜、洁净、简便、价廉的"U采"净菜走进千家万户。

三河丰华食尚食品有限公司是第一家以毛菜价格供应优质净菜的企业，同时拥有专业的厨房优化队伍，为广大餐饮企业提供精细化的厨房优化管理服务，减轻厨房管理压力，节约用工与能耗等，从而实现厨房轻管理，提高盈利能力。

二、"U采"净菜十大优势

（一）解决多年来餐厅老板的痛点

1. 采购过程中的回扣问题。
2. 菜品以次充好、以小充大、掺水、掺沙等质量问题。
3. 因质量问题退货而财务又入账会导致空单发生，给餐厅带来损失。
4. 切配人员因急于提高效率、情绪波动等因素会导致切配过程中的人为浪费。
5. 采购及储存中的自然损耗、保存不当变质等问题。

(二) 全面降低运营成本

1. 北上广深用工人员的高工资、高住宿标准、社保等问题让餐厅老板苦不堪言。选用"U采"可大幅削减洗捡、切配、采买人员，员工工资、社保支出大幅减少。

2. 直接省去蔬菜清洗机、消毒机、切配等设备的采买费用。

(三) 连续稳定的高品质保证，从采购环节即实现标准化、精细化

众所周知，后厨洗捡、切配人员流动性大，洗捡人员工作压力大心情不好，菜品中发现头发、虫卵的客诉直线上升。切配岗位换新人，土豆丝惨变土豆条，这些品质上的波动使连锁餐企、机关、高校食堂品牌形象大打折扣。"U采"净菜，蔬菜原产地直采，加工生产、冷链运输全程可跟踪，出品净菜无农药残留，大大降低重金属残留。

(四) 丰华食尚净菜标准化

出品按要求可截切为片、丝、丁等规格，一经确定即可轻松获得连续稳定的高品质净菜，确保食材烹调后卖相美观、口感一致。

(五) 降低厨余垃圾及相关处理费用

(略)

(六) 使用净菜后管理成本下降，管理效率大大提高

1. 后厨人员减少后，相应管理人员薪酬会得到压缩，降低支出费用。

2. 因人员精减，管理效率会大大提高。

(七) 缩小后厨租赁面积

如缩小洗菜间、储存间等的面积。

(八) 使用丰华食尚的净菜会提供增值服务

1. 专业的"U采"团队协助餐厅优化后厨人员结构，提高效率。

2. 提供菜品研发服务。

3. 提供引流措施，帮助餐厅增加客源。

4. 免费提供宣传片、桌贴等，增加顾客对餐厅品质的信任与认可。

(九) 可减少水电等能耗

(略)

（十）简化后厨工作流程，有助于后厨管控

餐厅后厨的工作将更趋于简单化，在供应链端就完成了毛菜的清洗、消毒、切配等流程，后厨只需拆包净菜后直接加工成菜品，餐厅管理者可将更多精力用于菜品研发、品牌营销和提升服务。

三、净菜的市场机遇、分类及生产工艺

（一）市场机遇

1. 有利于提高食品安全可靠性。

2. 改善了家庭消费方式和生活品质。

3. 有利于降低餐饮企业店铺租金、设备投入及人工成本。

4. 有助于改善城市交通拥挤状况。

5. 有助于促进城市生活垃圾减量。

6. 有利于降低农产品运输成本。

7. 有利于调节农产品价格与供给矛盾。

8. 有利于在农产品源头或城市郊区建设农产品初加工或精加工企业，促进当地二产、三产的发展。

9. 有利于提高农产品附加值。

10. 有利于促进一产现有种养殖模式升级优化。

11. 在一定程度上改变我国蔬菜传统的供销模式，实现产地集中加工和分散供应的现代流通模式。

12. 有利于普通劳动者在当地或就近工作或创业，改善他们的生存状态，缓解当地劳动力短缺的现象。

13. 有利于推动农村供给侧改革和农村一二三产业融合发展。

（二）分类

1. 植物性净菜（叶菜类、茄果类、瓜果类、根茎类、薯芋类、葱蒜类、豆类、水生菜类）。

2. 动物性净菜（畜禽类、动物性水产类）。

3. 食用菌净菜（蘑菇、香菇、木耳等）。

4. 混合性净菜（一种以上不同种属净菜相互搭配组合）。

（三）生产工艺

1. 叶菜类

基地采摘→预冷→冷链运输→原料验收→挑选→去粗→切分→清洗→消毒（净化）→漂洗（护色）→去除表面水→包装（气调）→贴标→金属检测→装筐（装箱）→入保鲜库

2. 根茎类

基地采摘→预冷→冷链运输→原料验收→挑选→去粗→切分→清洗→消毒（净化）→漂洗（护色）→去除表面水→包装（气调）→贴标→金属检测→装筐（装箱）→入保鲜库

四、净菜需求方情况

下游需求方以学校、机关等食堂的团餐为主，占比 70%~80%，餐饮企业占比 20%。连锁餐饮需求不多是因为其对 SKU 要求较高，企业目前达到 500 个 SKU。

总体来说，目前净菜需求量较大，但尚没有行业标准。

五、原料菜来源

大部分原料菜来自北京新发地市场，少部分来自原产地。主要采购蔬菜为根茎类和叶菜类，其中根茎类占比 70%，土豆来自张家口。

目前企业投产不到 1 年，日生产净菜 5~6 吨。只生产蔬菜净菜，暂时没有肉类。

六、生产标准与规范要求

企业在工艺流程等方面有自身规范，但没有 ISO 9000、"三品一标"等认证。

企业对蔬菜农药残留进行了质检和送检，一般随机抽检 5%左右。

企业的净菜合格率在 98%~99%，投诉较多的是包装漏气等问题，投

诉率为1%~2%，因质量问题退货的情况几乎没有。

"U采"净菜零添加防腐，全程冷链，蔬菜保存期较短，一般在2~3天，温度要求在0~4℃。

企业使用标准托盘和周转筐进行运输。

七、物流基础设施与运营方面

企业采用自己配送和第三方配送，自己配送占比70%，第三方配送占比30%。

企业有一辆厢式冷藏车（4.2米）、一辆普通货车（4.2米）、一辆小车（金杯面包车）。其中小车主要用作应急和本地需求方的补货，采用保温箱+冰袋保温，能运输0.5吨蔬菜。

企业有200平方米的净菜冷库，加上毛菜共350平方米，能容纳8~10吨净菜成品。冷库采用氟利昂制冷、风冷制冷。

八、配送时间要求

企业配送时间在6个小时左右。每天下午生产出货，距离较远的客户能在凌晨配送到店，本地客户能很快配送完成。

企业全部按订单生产，零库存。除备货的土豆外，原料菜也基本上做到零库存。

九、企业经营绩效

企业由3位个人合资，净菜投资在800万~1 000万元，主要是看好净菜的发展前景。

企业账期为15~21天。订单半月结，买方基本都是1~2天下一次单。企业采购是现结现付。

企业经营净菜近1年，毛利率为15%~20%，月销售增长率在20%左右。但整体上不盈利。这主要受多重因素影响，包括原材料损耗、二次配送物流、退货率、账期等。

十、企业垃圾处理情况

净菜处理垃圾由园区统一回收，每月不管产生多少垃圾，都收取几百元钱的费用。

十一、净菜加工方面的相关政策支持

暂时没有相关政策支持。企业曾申请过贷款，但银行对放贷要求较高。

附录8.9　北京同得发农产品加工有限公司调研报告

一、企业简介

北京同得发农产品加工有限公司于 2009 年 5 月 25 日成立。公司经营范围包括：生产食品；销售食品；餐饮服务；销售新鲜蔬菜、新鲜水果、鲜蛋、未经加工的坚果、食用农产品；销售自产食品；冷冻加工水产品等。

北京同得发为河北亚雄集团负责北京地区的兄弟单位，拥有成熟的蔬菜品牌亚雄（家家福）。作为一家集蔬菜加工、普通菜配送、净菜配送等于一体的公司，北京同得发拥有自己的仓储货运体系，在北京与多家大型企事业单位都具有长久的良好合作关系。北京同得发蔬菜来源于同得发下属基地提供的绿色产品，下属基地有：北京同得发种养殖基地、河北亚雄同得发种植基地、河北秦皇岛抚宁区同得发种植基地、河北玉田县大安镇同得发种植基地。

二、净菜需求方情况

下游合作企业有 20 多个，包括连锁餐饮和团餐，其中连锁餐饮有比格、呷哺呷哺、大董烤鸭（其 75% 的净菜来自同得发）等，团餐包括学校、医院、机关、中央电视台、新华航空、幼儿园等。买方一般有周订单，每天也有更为具体的预订单，由同得发每天一配送。

三、原料菜来源

企业在河北张家口、山东等地都有基地，主要种植单品大类（土豆、胡萝卜、葱头），土地 3 年一倒茬。

小菜基本是从北京新发地市场和石门市场进货。同时，企业在市场也有摊位，也做毛菜批发。

四、生产标准与规范要求

企业有自己的生产标准和规范。没有"三品一标"等认证,只有土豆做了 SC 认证。

企业主要生产即用净菜。即食净菜有机器但没有生产,主要是考虑到一旦出现问题会砸自己的招牌。即用净菜只需要检测农药残留,而即食净菜还要检测微生物等。企业目前每天都会检测农药残留。

净菜 SKU 有 1 000 多个,以根茎类净菜为主,占比 50%。

五、物流基础设施与运营方面

企业能够保证净菜全程冷链,都是用自己的车(4.2 米)进行配送,目前没有进京通行证,一般是凌晨 2—3 点进京送货,5—6 点出京,净菜保鲜期 3 天。

企业现在有 3 个冷冻库,每个库面积 260 平方米,冷藏库有 4 个,大小不一,大的面积为 270 平方米(2 个),小的面积为 30~40 平方米。其中冷藏库采用中央风冷,冷冻库采用氟利昂制冷。冷库能调温,温度在 0~5℃。冷库是 2007 年建设的。

企业有冷藏车 11 辆,其中 5~6 辆是 4.2 米的,烧柴油,3 辆新能源货车,没有金杯面包车和小面包车。

六、配送时间要求

企业较忙的时候是 24 小时配送,平日主要在白天配送。

七、企业经营绩效

由企业董事长个人全资。目前 3 个车间日加工净菜规模达 20 吨。净菜销售月流水在 500 万~600 万元(近 2 年),毛利率在 10%~15%。

企业董事长在 2006 年开始给餐饮企业推广净菜,但效果不好。从 2010 年开始有起色,到 2012 年、2013 年能够基本维持。

企业账期45天，最长60天，和买方签的都是1年的合同。车间工人部分为正式工，部分劳务工，月工资在4 500~8 000元。

八、企业垃圾处理情况

目前净菜的生产垃圾由垃圾车拉走，每年付费7万元。产生垃圾较多的菜企业一般要求在地里择好。有部分毛菜产生的垃圾会带回张北喂羊、喂猪。

九、净菜加工方面的相关政策支持

暂无相关政策支持，目前每年需交政府30万元用于用地等费用。

附录9　北京预制菜市场家庭消费现状及需求趋势调查问卷

尊敬的女士/先生：

　　您好！

　　为了深入了解消费者对预制菜的消费现状以及需求趋势变化，我们特开展本次调查问卷，希望能够得到您的真实想法和宝贵意见。本问卷采取匿名制，所有信息仅用于学术研究，无其他商业用途，请您放心填写。

　　非常感谢您对我们此次问卷调查工作的支持！

　　您所提供的信息对我们今后的工作有很大帮助！请根据您的真实情况进行选择或填写。

　　预制菜是运用现代标准化流水作业，对菜品原料进行前期准备，简化制作步骤，经过卫生、科学包装，再通过加热或蒸炒等方式，就能直接食用的便捷菜品。不同于料理包，预制菜从加工出来到售卖实现了全程低温冷冻，保质期一般仅为7天左右，包括即食（如八宝粥、即食罐头）、即热（如加热即可食用）、即烹（须加热烹饪的半成品菜肴）、即配（如免洗免切的净菜），如图1所示。

图1　预制菜分类

第一部分：预制菜市场家庭消费现状与需求趋势

1. 您了解预制菜吗？［单选题］

   A. 了解

   B. 不了解

2. 您是如何了解到预制菜的？［多选题］

   A. 通过朋友推荐

   B. 通过网络推广（小红书、微博等社交媒体推文，电商直播、抖音、微信朋友圈广告）

   C. 通过线下广告、试吃，如超市促销

   D. 购买平台推送

   E. 其他_____

3. 通过介绍您是否愿意尝试去购买预制菜？［单选题］

   A. 是

   B. 否

4. 您不愿购买预制菜的原因是：［多选题］

   A. 菜品种类与口味选择少

   B. 菜品价格较贵，性价比低

   C. 菜品口感差，味道难吃

   D. 食材不新鲜，品质差，担心添加剂等食品安全问题

   E. 菜品后续操作不够便捷

   F. 自己会做饭，对预制菜没需求

   G. 不了解预制菜，所以没买过

   H. 售后不完善

   I. 其他_____

5. 您是否愿意购买预制菜？［单选题］

   A. 愿意

   B. 不愿意

6. 您不愿购买预制菜的原因是：[多选题]

A. 菜品种类与口味选择少

B. 菜品价格较贵，性价比低

C. 菜品口感差，味道难吃

D. 食材不新鲜，品质差，担心添加剂等食品安全问题

E. 菜品后续操作不够便捷

F. 自己会做饭，对预制菜没需求

G. 不了解预制菜，所以没买过

H. 售后不完善

I. 其他_____

7. 若您购买预制菜，您愿意购买哪类预制菜？[多选题]

A. 即食食品（熟料、可开袋即食的食品，例如冲泡类方便食品、即食卤味）

B. 即热食品（仅需要加热的半成品食材，例如自热米饭/火锅、冷冻饺子/比萨等）

C. 即烹食品（已经过加工的半成品食材，烹煮过程中无需调味，例如，宫保鸡丁料理包、半成品韩式部队锅）

D. 即配食品（已经洗净后的新鲜食材包，例如免洗免切的净菜）

8. 您最可能购买的预制菜的口味是：[单选题]

A. 清淡营养型

B. 麻辣鲜香型

C. 酸甜可口型

D. 以上类型均喜欢

9. 您购买不同种类预制菜的频率是：[矩阵单选题]

	每天	每周4~6次	每周1~3次	偶尔购买
A. 即食食品（开袋即食）	○	○	○	○
B. 即热食品（加热即食，例如自热米饭/火锅、冷冻饺子/比萨等）	○	○	○	○

续表

	每天	每周 4~6 次	每周 1~3 次	偶尔购买
C. 即烹食品（熟料加热调味，例如宫保鸡丁料理包、半成品韩式部队锅）	○	○	○	○
D. 即配食品（生料加热调味）	○	○	○	○

10. 您认为同一份单品的预制菜价格要比其外卖价格低多少？（假若一份宫保鸡丁外卖价格为35元，您认为同一份宫保鸡丁料理包价格应低于其价格多少）[单选题]

  A. 10%以下

  B. 10%~20%

  C. 21%~30%

  D. 31%~40%

  E. 41%~50%

  F. 50%以上

11. 您通常在哪种情况下选择购买预制菜？[多选题]

  A. 平时工作日上班忙时

  B. 准备做大餐的节日、纪念日时

  C. 因疫情待在家里，无法出门时

  D. 礼盒装送人

  E. 其他情况（如被包装图片吸引等偶然情况）＿＿＿＿＿＿

12. 您更偏好通过哪些渠道购买预制菜？[多选题]

  A. 电商渠道订购

  B. 连锁超市购买

  C. 批发市场购买

  D. 农贸市场购买

  E. 其他＿＿＿＿＿＿

13. 您选择预制菜最主要的原因是：[矩阵量表题]

	非常同意	同意	一般	不同意	非常不同意
A. 购买便捷	○	○	○	○	○
B. 味道口感更好	○	○	○	○	○
C. 菜品种类样式多	○	○	○	○	○
D. 多种口味可以选择	○	○	○	○	○
E. 价格便宜，性价比高	○	○	○	○	○
F. 易于保存，方便囤货	○	○	○	○	○
G. 广告宣传力度大，促销多	○	○	○	○	○
H. 品牌可信赖，市场评价好	○	○	○	○	○
I. 食材新鲜程度高、添加剂少	○	○	○	○	○
J. 口味和包装新颖，出于好奇尝鲜	○	○	○	○	○
K. 疫情反复，在外就餐疫情感染风险大	○	○	○	○	○
L. 生活节奏快，节约烹制时间，方便快捷	○	○	○	○	○
M. 喜欢在家为家人和朋友做饭，但厨艺不佳	○	○	○	○	○
N. 外卖食品安全情况堪忧，预制菜卫生条件好，产品安全	○	○	○	○	○

14. 您是否购买过正大食品（CP）的预制菜？（正大食品在2020年成立正大厨易预制菜品牌，研发过程包含了对菜品的还原度、配料成分、每种菜的含量、口感以及包装设计等）［单选题］

　　A. 是

　　B. 否

15. 您是通过哪种渠道购买到正大食品的预制菜？［单选题］

　　A. 电商渠道订购

　　B. 连锁超市自采

　　C. 批发市场自采

D. 农贸市场自采

E. 其他_____

16. 您购买过正大食品（CP）哪些类别的预制菜？[多选题]

A. 即食食品（熟料、可开袋即食的食品，例如冲泡类方便食品、即食卤味）

B. 即热食品（仅需要加热的半成品食材，例如胡椒猪肚鸡、虎皮梅菜扣肉等）

C. 即烹食品（已经过加工的半成品食材，烹煮过程中无需调味，例如宫保鸡丁料理包、半成品小酥肉）

D. 即配食品（已经洗净后的新鲜食材包，仍需要烹饪和调味）

17. 您选择正大食品（CP）预制菜的原因是：[多选题]

A. 品牌影响力大，购买放心

B. 产品种类齐全

C. 销售范围广泛，购买比较方便

D. 之前没有购买过该品牌，想尝试一下

E. 该品牌产品性价比较高

F. 其他_____

18. 您如何看待餐饮店和酒店使用预制菜？[单选题]

A. 可以接受

B. 不能接受

19. 您不能接受酒店餐饮店使用预制菜的原因是：[多选题]

A. 味道难吃，口味差

B. 性价比低，到餐饮店就是为了吃现做的菜

C. 预制菜可供选择的品类太少

D. 存在保质期短、物流过程中变质等质量安全问题

E. 其他_____

20. 短视频种草与直播带货现已成为头部预制菜品牌常态运营策略，请问您是否接受该种营销方式？[单选题]

A. 接受

B. 不接受

21. 您认为发展预制菜要做好以下哪些方面？［多选题］

A. 建立完善的预制菜质量安全标准以及生产检测体系，加强对产品的质量检测和企业资质认定，保障食品安全

B. 优化工艺，提高产品的质量口感，力求味道原汁原味

C. 突破关键技术瓶颈，优化保鲜储存

D. 加强与农村土特产业发展的结合，助力乡村振兴

E. 加大菜品开发力度，创制设计多元化产品，满足消费者个性化需求

F. 拓展线上线下销售途径，打破部分品类地区发展限制，方便消费者购买

G. 保障冷链配送，完善售后服务

H. 降低生产成本，制定合理价格，提高市场渗透率和占有率

I. 其他_____

第二部分：预制菜消费者的人口统计学特征

1. 您居住在北京市哪个区？［单选题］

○ 东城区　　　　　　○ 西城区

○ 朝阳区　　　　　　○ 丰台区

○ 石景山区　　　　　○ 海淀区

○ 门头沟区　　　　　○ 房山区

○ 顺义区　　　　　　○ 昌平区

○ 大兴区　　　　　　○ 怀柔区

○ 平谷区　　　　　　○ 密云区

○ 延庆区　　　　　　○ 通州区

2. 您的性别是：［单选题］

A. 男

B. 女

3. 您的年龄是：[单选题]

A. 18 周岁以下

B. 18~25 周岁

C. 26~40 周岁

D. 41~55 周岁

E. 55 周岁以上

4. 您目前从事的职业是：[单选题]

A. 学生

B. 公务员

C. 教育、科研、医疗等事业单位员工

D. 公司企业员工

E. 离退休人员

F. 自由职业者

G. 其他_____

5. 您的家庭每月人均可支配收入在哪个区间？[单选题]

○5 000 元以下

○5 000~10 000 元

○10 001~15 000 元

○15 001~20 000 元

○20 001~25 000 元

○25 001~30 000 元

○30 001~35 000 元

○35 001~40 000 元

○40 001~45 000 元

○45 001~50 000 元

○50 000 元以上

6. 您家庭在饮食方面每月的人均支出大约为：[单选题]

○小于 1 000 元

○ 1 001~2 000 元

○ 2 001~3 000 元

○ 3 001~4 000 元

○ 4 001~5 000 元

○ 5 000 元以上

7. 您的家庭是否经常在家烹饪？[单选题]

○ 每周 5 次以上

○ 每周 3~4 次

○ 每周 1~2 次

○ 很少在家烹饪或不烹饪

参考文献

一、中文文献

[1] 秦爽. 我国将在46个城市先行试点生活垃圾强制分类 [N]. 光明日报, 2017-08-02.

[2] 我国46个生活垃圾分类试点城市政策法规出台情况汇编 [EB/OL]. (2020-04-27). 环保在线. http://www.xdhjzg.com/articles/wg46gs.html.

[3] 资源环境研究分院. 我国城市生活垃圾分类标准制定现状、问题及展望 [EB/OL]. (2020-09-01). https://www.cnis.ac.cn/ynbm/zhfy/kydt/202009/t20200901_50270.html.

[4] 吴小燕. 2022年中国及各省市生活垃圾处理行业政策汇总及解读 [EB/OL]. (2022-01-14). https://www.qianzhan.com/analyst/detail/220/220114-4373a62e.html.

[5] 郑林彦, 韩涛, 李丽萍. 国内切割果蔬的保鲜研究现状 [J]. 食品科学, 2005 (S1): 125-127.

[6] 曹娜. 鲜切蔬菜加工流通期间微生物和化学危险因子的评价 [D]. 南京: 南京农业大学, 2016.

[7] 张蓓, 马如秋. 净菜电子商务质量安全及其支撑体系的国际经验借鉴 [J]. 世界农业, 2019 (5): 4-9, 112.

[8] 新华网. 习近平在京主持召开座谈会 专题听取京津冀协同发展工作汇报 [EB/OL]. (2014-02-27). http://finance.people.com.cn/n/2014/0331/c383173-24784272.html.

[9] 赵弘. 北京大城市病治理与京津冀协同发展 [J]. 经济与管理, 2014, 28 (3): 5-9.

[10] 孟翠莲, 赵阳光, 刘明亮. 北京市大城市病治理与京津冀协同发展 [J]. 经济研究参考, 2014 (72): 21-29.

[11] 吕维霞,杜娟.日本垃圾分类管理经验及其对中国的启示[J].华中师范大学学报(人文社会科学版),2016,55(1):39-53.

[12] 国内外净菜研究[EB/OL].(2012-07-08).豆丁网.https://www.docin.com/p-437413201.html.

[13] 华智超.垃圾分类:绿色生活方式是一场革命[N].长江日报,2019-07-01.

[14] 从垃圾分类看净菜加工与中央厨房前景[EB/OL].(2019-08-23).蔬东坡.https://www.sohu.com/a/335777411_100049550.

[15] 冯秀斌.净菜行业要"火",前景喜忧参半[N/OL].(2017-04-11)[2019-06-22].http://www.scxxb.com.cn/html/2017/rdgz_0411/277627.html.

[16] 北京年供净菜已达65万吨,它为何是最大的源头垃圾分类?[EB/OL].(2019-11-14).北晚在线.https://baijiahao.baidu.com/s?id=1650146008405288199&wfr=spider&for=pc.

[17] 杜晓利.富有生命力的文献研究法[J].上海教育科研,2013(10):1.

[18] 风笑天.方法论背景中的问卷调查法[J].社会学研究,1994(3):13-18.

[19] 郑晶晶.问卷调查法研究综述[J].理论观察,2014(10):102-103.

[20] 陈向明.扎根理论的思路和方法[J].教育研究与实验,1999(4):58-63,73.

[21] 冯生尧,谢瑶妮.扎根理论:一种新颖的质化研究方法[J].现代教育论丛,2001(6):51-53.

[22] 聂冲,贾生华.离散选择模型的基本原理及其发展演进评介[J].数量经济技术经济研究,2005(11):151-159.

[23] 柴晓敏,粟路军.郴州旅游业的SWOT分析及其发展战略研究[J].企业家天地下半月刊(理论版),2007(1):11-12.

[24] 张沁园.SWOT分析法在战略管理中的应用[J].企业改革与管理,2006(2):62-63.

[25] 袁牧,张晓光,杨明.SWOT分析在城市战略规划中的应用和创新[J].城市规划,2007(4):53-58.

［26］申彧．SWOT 分析法的应用进展及展望［J］．知识经济，2009（9）：76．

［27］童云．乡村振兴背景下农产品电子商务发展战略［J］．社会科学家，2018（3）：77-83．

［28］陈震，王俊峰，李剑刚．基于案例分析法的山西煤矿事故分析［J］．山西煤炭，2010，30（5）：32-33．

［29］刘心报．科技先导型企业评估指标体系各指标权重的测定［J］．预测，1998（4）：63-65．

［30］赵晓燕．我国鲜切蔬菜产业中的问题与发展趋势［J］．中国蔬菜，2011（17）：1-3．

［31］本刊评论员．预制菜火了 行业管理要跟上［J］．中国食品工业，2022（7）：1．

［32］聂书江．人民财评：警惕预制菜的潜在风险［J］．中国食品工业，2022（4）：18．

［33］张燕．年夜饭的"新"意［J］．中国经济周刊，2022（2）：48-49．

［34］王卫，张佳敏，赵志平，等．川菜肉类菜肴工业化及其关键技术［J］．肉类研究，2020，34（5）：98-103．

［35］"预制菜第一股"背后：我国预制菜企业共 7.19 万家，一季度新增 1448 家［EB/OL］．（2021-04-29）．企查查财经．https：//baijiahao.baidu.com/s?id=1698352994883056634&wfr=spider&for=pc．

［36］段文婷，江光荣．计划行为理论述评［J］．心理科学进展，2008（2）：315-320．

［37］晏国祥．消费者行为理论发展脉络［J］．经济问题探索，2008（4）：31-36．

［38］韩姝．农村儿童新媒介素养现状与新媒介启蒙［J］．新闻研究导刊，2021，12（10）：15-17．

［39］冉云芳．企业参与职业教育校企合作的影响机理研究：基于计划行为理论的解释框架［J］．教育发展研究，2021，41（7）：44-52．

［40］张砚，李小勇．消费者绿色购买意愿与购买行为差距研究［J］．资源开发与市场，2017，33（3）：343-348．

［41］陈振，郭杰，欧名豪．农户农地转出意愿与转出行为的差异分析［J］．

资源科学，2018，40（10）：2039-2047.

[42] 肖开红，王小魁. 基于TPB模型的规模农户参与农产品质量追溯的行为机理研究［J］. 科技管理研究，2017，37（2）：249-254.

[43] 汪文雄，杨海霞. 农地整治权属调整中农户参与的行为机理研究［J］. 华中农业大学学报（社会科学版），2017（5）：108-116，148-149.

[44] 张铮，邓妍方. 知识付费行为支付意愿的影响因素［J］. 现代教育技术，2018，28（11）：86-92.

[45] 郭英之，李小民. 消费者使用移动支付购买旅游产品意愿的实证研究：基于技术接受模型与计划行为理论模型［J］. 四川大学学报（哲学社会科学版），2018（6）：159-170.

[46] 尔扎莫. 跨境电商正外部性对我国外贸竞争力的影响［J］. 商业经济研究，2021（21）：143-146.

[47] 康子冉，丁韦娜. 中国碳交易市场发展的内在逻辑和路径选择［J］. 中国物价，2022（5）：98-101.

[48] 楚德江. 基于公共品属性的农业绿色技术创新机制［J］. 华南农业大学学报（社会科学版），2022，21（1）：23-32.

[49] 高鸿业. 西方经济学［M］. 北京：中国人民大学出版社，1999.

[50] 刘笑平，雷定安. 论外部性理论的内涵及意义［J］. 西北师大学报（社会科学版），2002（3）：72-75.

[51] 曼昆. 经济学原理［M］. 梁小民，梁砾，译. 北京：北京大学出版社，2015：13.

[52] 刘明广. 政府科技资助与企业研发投入对创新绩效的影响研究［J］. 当代经济，2022，39（4）：36-42.

[53] 何明珂，等. 现代物流与配送中心［M］. 北京：中国商业出版社，1997.

[54] 马士华，等. 供应链管理［M］. 北京：机械工业出版社，2000.

[55] 吴俊玉. 基于供应链环境下的DM公司库存管理研究［D］. 苏州：苏州大学，2013.

[56] 李季芳，等. 基于核心企业的水产品供应链管理研究［M］. 青岛：中国海洋大学出版社，2009.

[57] 陈良华, 等. 基于供应链理论的会计信息重构研究 [M]. 南京: 东南大学出版社, 2004.

[58] 郭冬乐, 等. 中国商业理论前沿 [M]. 北京: 社会科学文献出版社, 2000.

[59] 汝绪华. 蓝色焚烧: 新时代城市垃圾处置破解邻避困境的中国方案 [J]. 宁夏社会科学, 2020 (3): 56-61.

[60] 田华文. 中国城市生活垃圾管理政策的演变及未来走向 [J]. 城市问题, 2015 (8): 82-89.

[61] 陈倩倩, 杨栋, 黄颖, 等. 宁波市不同区分类垃圾组成与理化特性研究 [J]. 环境科学学报, 2018, 38 (3): 1064-1070.

[62] 祝华军, 田志宏, 杨学军. 生活垃圾分类能引导源头农产品消费减量吗?: 来自上海市的证据 [J]. 中国农业大学学报, 2021, 26 (11): 264-274.

[63] 崔铁宁, 王丽娜. 城市生活垃圾管理效率评价及影响因素研究 [J]. 价格理论与实践, 2017 (10): 138-141.

[64] 朱玫. 垃圾分类回收利用供给侧改革的新思路: 物联网+第三方治理 [J]. 环境保护, 2016, 44 (11): 58-60.

[65] 王小铭, 陈江亮, 谷萌, 等. "无废城市" 建设背景下我国餐厨垃圾管理现状、问题与建议 [J]. 环境卫生工程, 2019, 27 (6): 1-10, 15.

[66] 餐厨垃圾处理技术要求规范 [S].

[67] 杨煜强, 王坤, 黄焕林, 等. 基于生活垃圾分类的厨余垃圾采样方法研究 [J]. 环境科学学报, 2015 (2).

[68] 魏潇潇, 王小铭, 李蕾, 等. 1979~2016 年中国城市生活垃圾产生和处理时空特征 [J]. 中国环境科学, 2018 (10).

[69] 何品晶. 农村厨余垃圾处理的特征性技术: 问题及改进途径 [J]. 科技导报, 2021, 39 (23): 88-93.

[70] 胡新军, 张敏, 余俊锋, 等. 中国餐厨垃圾处理的现状、问题和对策 [J]. 生态学报, 2012, 32 (14): 4575-4584.

[71] 裴长洪. "六稳" "六保" 与高质量发展内在联系探讨 [J]. 财经问题研究, 2020 (10): 3-10.

[72] 洪岚, 卢悦, 张恪渝. 都市餐饮企业的净菜需求影响因素分析: 以北

京市为例[J].中国瓜菜,2021,34(3):112-117.

[73] 黄让.新时期推动我国农业高质量发展的对策建议[J].农业经济,2021(1):18-20.

[74] 每年蔬菜产生垃圾230万t 北京将建净菜产业市场平台[J].中国蔬菜,2015(8):45.

[75] 高博,蔡诗佳,乔光华.内蒙古马铃薯产业链壮大路径研究[J].北方经济,2021(10):38-41.

[76] 朱瑛.净菜社区配送模式初探[J].保鲜与加工,2013,13(5):53-55.

[77] 李健,徐艳聪,李丽萍,等.鲜切果蔬安全及质量控制研究进展[J].食品研究与开发,2014,35(21):137-140.

[78] 郑雪清.基于供应链视角的净菜产业发展策略[J].福建商业高等专科学校学报,2015(3):58-62.

[79] 曹海艳.政府补贴视角下的净菜供应链演化博弈研究[D].北京:北京信息科技大学,2017.

[80] 张瑞宇.净菜加工及其品质控制关键技术[J].农业科技通讯,2003(8):36-37.

[81] 杜明阳,游添茸.乡村振兴语境下都市远郊型村庄规划策略研究[J].城市住宅,2020,27(12):62-65.

[82] 沈宇丹,张富春,王雅鹏.农产品、食品安全标准演化与现代农业发展[J].经济问题,2012(8):82-85.

[83] 李静宇.走好"最先一公里"[J].中国储运,2017(6):59-60.

[84] 韩薇薇,王以晨,黄书雯.当代城市净菜消费现状与推广建议研究:基于四象限分析方法[J].当代经济,2022,39(1):93-97.

[85] 朱传言,陈素敏,李赛.物联网环境下京津冀农产品供应链体系构建研究[J].现代经济信息,2015(19):443-444.

[86] 洪岚,李莉,张恪渝.北京消费者净菜消费的影响因素分析[J].中国瓜菜,2020,33(3):55-59.

[87] 陈鑫,杨德利.绿色农产品消费动机、认知水平与购买行为研究:基于上海市消费者的调查[J].食品工业,2019(1).

[88] 马骥, 秦富. 消费者对安全农产品的认知能力及其影响因素: 基于北京市城镇消费者有机农产品消费行为的实证分析 [J]. 中国农村经济, 2009 (5).

[89] 张海英, 王厚俊. 绿色农产品的消费意愿溢价及其影响因素实证研究: 以广州市消费者为例 [J]. 农业技术经济, 2009 (6).

[90] 佘朝霞, 白军飞, 刘剑文, 等. 我国城市消费者对冷鲜肉的认知与购买意愿 [J]. 中国食物与营养, 2015 (4).

[91] 刘国信. 净菜, 如何更快迈上百姓餐桌? [J]. 江西农业, 2018 (5): 62-63.

[92] 陈德明. 进一步完善"菜篮子"工程建设 保障上海蔬菜的生产和供应 [J]. 上海蔬菜, 2020 (1): 1-5.

[93] 张蓓, 马如秋. 净菜电子商务质量安全及其支撑体系的国际经验借鉴 [J]. 世界农业, 2019 (5): 4-9, 112.

[94] 王永康. 物流视角下的我国城市垃圾处理对策研究 [J]. 生态经济, 2011 (10).

[95] 高海燕, 曾洁, 李光磊. 净菜保鲜剂选用的研究 [J]. 食品工业科技, 2008 (12): 216-217, 220.

[96] 吴毅, 吴刚, 马颂歌. 扎根理论的起源、流派与应用方法述评: 基于工作场所学习的案例分析 [J]. 远程教育杂志, 2016, 35 (3): 32-41.

[97] 吴铁柱. 黑龙江省生物燃气产业发展现状与效应评价 [J]. 学术交流, 2017 (10): 146-152.

[98] 信心. 我国城市轨道交通产业安全评价体系研究 [D]. 北京: 北京交通大学, 2017.

[99] 陆明. 城市轨道交通系统综合效益研究 [D]. 北京: 北京交通大学, 2012.

[100] 王金龙. 京冀合作造林工程绩效评估创新研究 [D]. 北京: 北京林业大学, 2016.

[101] 杨兴典. 江苏省工业用地效益分析与行业差异研究 [D]. 南京: 南京农业大学, 2018.

[102] 范继涛. 矿产资源综合利用效益对福利影响研究 [D]. 北京: 中国地质大学 (北京), 2015.

[103] 杨晓刚. 青海矿业产业竞争力评价研究 [D]. 北京：中国地质大学（北京），2016.

[104] 刘客. 产业安全视角下中国煤炭产业转型路径研究 [D]. 北京：北京交通大学，2016.

[105] 盛楚雯，朱佳，于滨铜，等. 中国渔业产业化：发展模式、增效机制与国际经验借鉴 [J]. 经济问题，2021（6）：47-54.

[106] 黄鲁成，罗晓梅，苗红，等. 战略性新兴产业发展效应评价指标及标准 [J]. 科技进步与对策，2012，29（24）：136-139.

[107] 单春红，曲平平. 基于模糊综合评价的我国海洋风能产业化环境外部效应研究 [J]. 中国海洋大学学报（社会科学版），2013（6）：1-7.

[108] 彭恩志，高骞，赵健. 环境效益评价指标体系：以电网企业为例 [J]. 经济视角，2016（2）：26-34.

[109] 纪会争. 风光储联合发电调度管理与效益评价研究 [D]. 北京：华北电力大学（北京），2020.

[110] 赵玻，葛海燕. 食品供应短链：流通体系治理机制新视角 [J]. 学习与实践，2014，366（8）：35-43.

[111] 魏红江. 日本旅游业发展研究 [D]. 沈阳：辽宁大学，2017.

[112] 高吉丽，高德想，舒晓楠. 生物资源产业化项目社会效益评估的定量模型构造 [J]. 国土资源科技管理，2001（1）：44-49.

[113] 张红丽，郭永奇，刘慧. 绿洲现代农业节水技术体系及效益评价 [J]. 科技与经济，2011，24（3）：45-49.

[114] 陈建华，郭菊娥，薛冬，等. 十里泉秸秆发电项目社会效益研究 [J]. 当代经济科学，2008（5）：103-107，127-128.

[115] 王成东. 我国装备制造业与生产性服务业融合机理及保障策略研究 [D]. 哈尔滨：哈尔滨理工大学，2014.

[116] 涂圣伟，原梅生，孔祥智. 我国观光农业发展及其综合效应分析 [J]. 山西财经大学学报，2008，186（4）：46-52.

[117] 孙淑芬. 民航运输机场社会经济效益评价研究 [D]. 天津：天津大学，2012.

[118] 刘志彬. 中国生物质发电潜力评估与产业发展研究 [D]. 北京：中国

农业科学院，2015.

[119] 吴海燕. 我国农村发展可再生能源沼气的综合效应分析：以北京市留民营村为例 [J]. 调研世界，2008，183（12）：22-23，15.

[120] 刘刚，张泠然，殷建瓴. 价值主张、价值创造、价值共享与农业产业生态系统的动态演进：基于德青源的案例研究 [J]. 中国农村经济，2020（7）：24-39.

[121] 黄惠英. 中国有机农业及其产业化发展研究 [D]. 成都：西南财经大学，2013.

[122] 秦小丽，刘益平，王经政，等. 江苏循环农业生态补偿效益评价 [J]. 统计与决策，2018，34（3）：69-72.

[123] 赵光辉. 我国物流信息化服务的经济效益评价 [J]. 统计与决策，2016（4）：63-64.

[124] 姚顺波，张雅丽. 韩城市花椒林基地建设生态经济效益评价 [J]. 中国农村经济，1998（1）：44-46，62.

[125] 陈英. 林权改革与林业碳汇供给法律促进机制的耦合与对接路径探究 [J]. 西南民族大学学报（人文社科版），2020，41（8）：97-105.

[126] 陈安伟. 智能电网技术经济综合评价研究 [D]. 重庆：重庆大学，2012.

[127] 刘文革，庞盟，王磊. 中俄能源产业合作的经济效应实证研究 [J]. 国际贸易问题，2012（12）：38-51.

[128] 刘拓. 土地沙漠化防治综合效益评价：以京津风沙源治理工程河北省沽源县为例 [J]. 绿色中国，2005（11）：26-30.

[129] 刘秋华，陈洁. 我国智能电网社会效益评价 [J]. 生态经济，2012（4）：127-129.

[130] 张毓雄，姚顺波. 森林社会效益的核算与比较 [J]. 统计与决策，2014（2）：29-32.

[131] 李桦，姚顺波，郭亚军. 退耕还林对农户经济行为影响分析：以全国退耕还林示范县（吴起县）为例 [J]. 中国农村经济，2006（10）：37-42.

[132] 林天孩，王小娟，丁炳泉，等. 我国公共体育服务的健康效益评价模型建构与应用 [J]. 北京体育大学学报，2017，40（9）：29-35.

[133] 袁春旺，秦惠敏. 道路运输业对经济社会发展贡献的量化评价 [J]. 社会科学战线，2015，(11)：260-264.

[134] 麦强盛，刘燕，吕秀芬. 林业可持续发展能力聚类分析的研究 [J]. 科技管理研究，2015，35 (17)：109-113.

[135] 郝成. 城市轨道交通项目效益分析与应用研究 [D]. 北京：北京交通大学，2008.

[136] 杨正泽. 高速铁路的国民经济属性及投资效益研究 [D]. 北京：北京交通大学，2015.

[137] 王军. 电信网效益理论与评价方法研究 [D]. 长春：吉林大学，2006.

[138] 魏文刚. 高速铁路对沿线区域社会效应分析 [D]. 成都：西南交通大学，2014.

[139] 王环，王亚静，毕于运，等. 秸秆打捆直燃集中供暖模式概况及效益评价 [J]. 中国农业资源与区划，2022，43 (6).

[140] 张鸿宇，黄晓丹，张达，等. 加速能源转型的经济社会效益评估 [J]. 中国科学院院刊，2021，36 (9)：1039-1048.

[141] 纪颖波，王宁. 工业化商品住宅可持续发展社会效益评价 [J]. 城市发展研究，2009，16 (11)：122-125.

[142] 王海艳. 长江经济带农业与旅游业融合效应评价研究 [D]. 湘潭：湘潭大学，2019.

[143] 郝丽莎，赵媛. 石化产业发展的区域社会经济效应分析：以江苏省为例 [J]. 地域研究与开发，2014，33 (6)：56-62.

[144] 谢春山. 旅游产业的区域效应研究 [D]. 长春：东北师范大学，2009.

[145] 陈秀山，徐瑛. 西电东送区域经济效应评价 [J]. 统计研究，2005 (4)：37-44.

[146] 王哲，杨桔. 基于熵权法和 Weaver-Thomas 模型的战略性新兴产业评价与选择研究：以皖江城市带为例 [J]. 科技管理研究，2015，35 (20)：84-89，94.

[147] 肖丹桂. 文化创意产业评价统计指标体系的构建 [J]. 统计与决策，

2011（20）：32-34.

[148] 陈大雄. 高新技术产业评价与发展研究：兼论湖南省高新技术产业的发展 [D]. 长沙：中南大学，2004.

[149] 文连阳，吕勇. 民族地区文化旅游资源社会效益估算：湖南湘西州的案例 [J]. 西南民族大学学报（人文社科版），2016，37（6）：125-129.

[150] 车将. 西北生态农业及产业化模式研究 [D]. 咸阳：西北农林科技大学，2015.

[151] 黄思. 乡村振兴战略背景下产业振兴路径研究：基于一个药材专业市场的分析 [J]. 南京农业大学学报（社会科学版），2020，20（3）：26-33.

[152] 潘辉，汤毅. 美国"制造业回归"战略最新进展及对华经济效应分析 [J]. 河北经贸大学学报，2018，39（4）：66-72.

[153] 杨磊，时传霞. 休闲体育产业的经济效应和演进规律 [J]. 山东体育学院学报，2017，33（4）：20-25.

[154] 李秀婷，刘凡，吴迪，等. 基于投入产出模型的我国房地产业宏观经济效应分析 [J]. 系统工程理论与实践，2014，34（2）：323-336.

[155] 张清. 低碳模式下发展绿色产业相关问题研究 [D]. 天津：天津大学，2015.

[156] 雷选沛. 北京奥运经济运营与管理研究 [D]. 武汉：武汉理工大学，2006.

[157] 范德胜，李凌竹. 房地产投资对其他固定资产投资的综合效应研究：基于我国省级面板数据的实证分析 [J]. 金融评论，2019，11（4）：95-113，126.

[158] 宗慧隽. 全球能源互联网社会效益形成机理及效益测算：基于压力-状态-响应模型 [J]. 福建论坛（人文社会科学版），2017（8）：29-35.

[159] 闫枫. 京津城际高速铁路综合效益分析研究 [D]. 北京：北京交通大学，2016.

[160] 张娜. 东北地区冰雪旅游经济效应及调控研究 [D]. 长春：东北师范大学，2012.

[161] 李敏，姚顺波. 退耕还林工程综合效益评价 [J]. 西北农林科技大学学报（社会科学版），2016，16（3）：118-124.

［162］杨伶，沈京晶，王金龙，等．京冀水源涵养林工程经济与社会效益评价研究［J］．生态经济，2016，32（5）：152-156．

［163］李双元．高原牧区生态畜牧业合作社绩效评价：基于青海牧区55家合作社的数据［J］．西南民族大学学报（人文社科版），2015，36（8）：152-157．

［164］袁蓉．退田还湖地区社会、经济效应分析研究［D］．南昌：江西师范大学，2006．

［165］陈明星．粮食主产区利益补偿效应评价体系研究［J］．调研世界，2012（7）：57-61．

［166］乔立娟，王健．河北省乡村旅游对农村经济增长的贡献度研究：基于调查样本点的面板数据分析［J］．湖北农业科学，2014，53（4）：940-942，949．

［167］景小勇，叶青．文艺生产社会效益与经济效益辨析［J］．艺术百家，2016，32（3）：1-12，43．

［168］王坤岩．城市公共基础设施效益三维度评价研究［D］．天津：天津大学，2016．

［169］王红岩．公共项目经济评价体系研究［D］．大连：东北财经大学，2007．

［170］王兆君．国有森林资源资产运营效益评价模型研究［J］．中国软科学，2006（11）：109-115．

［171］赵悦．吉林省种植业供给侧结构性改革及其优化研究［D］．长春：吉林农业大学，2019．

［172］王淑彬，王明利．中国生猪养殖场种养一体化综合效益评价研究：基于八省的实地调研［J］．中国农业资源与区划，2022，43（2）．

［173］储祥银．会展与城市经济间关系研究：以北京为例［J］．商业研究，2009（9）：123-125．

［174］蒋颖．北京市门头沟区休闲农业发展研究［D］．北京：北京林业大学，2013．

［175］王文婷，龚健，赵亮．土地整理项目的国民经济评价体系研究［J］．中国土地科学，2013，27（12）：80-86．

［176］周升起．农产品国际贸易生态经济效益研究［D］．泰安：山东农业大学，2005．

[177] 曾维和, 咸鸣霞. 乡村振兴的产业共同体模式及其形成机理：基于武家嘴产业兴村的实证调研 [J]. 中国软科学, 2019 (11)：74-85.

[178] 田彬. 伦理学视角下的商业广告与社会效益 [J]. 河北大学学报（哲学社会科学版）, 2013, 38 (2)：152-155.

[179] 王小宇. 甘肃省老龄事业发展及其社会经济效应分析 [D]. 兰州：兰州财经大学, 2019.

[180] 靳英华, 原玉杰. 北京国际马拉松赛的社会效益和经济效益分析 [J]. 北京体育大学学报, 2008 (11)：1445-1447.

[181] 邵全权, 郭梦莹, 柏龙飞. "保险业姓保"的经济效应研究 [J]. 保险研究, 2018 (10)：15-38.

[182] 唐刚. 发展特色产业与实现新型城镇化："特色小镇"模式的理论机制与经济效应研究 [J]. 商业研究, 2019 (6)：73-80.

[183] 张新华, 王习农. 新疆农村文化惠民工程综合评价体系构建与分析 [J]. 新疆社会科学, 2014 (1)：122-129.

[184] 陈章喜. 澳门博彩业与会展业：效应比较及产业走向 [J]. 暨南学报（哲学社会科学版）, 2012, 34 (6)：82-88, 162-163.

[185] 常东亮. 流通产业评价指标国际比较 [J]. 商业经济与管理, 2014 (12)：5-13.

[186] 李泽红, 戴立新, 李永臣. 供电企业社会效益成本及其补偿机制研究 [J]. 生产力研究, 2010 (1)：230-232, 237.

[187] 任波, 黄海燕. 体育产业供给侧改革的内在逻辑与实施路径：基于高质量发展的视角 [J]. 上海体育学院学报, 2021, 45 (2)：65-77.

[188] 任波, 黄海燕, 戴俊, 等. 新时代我国体育产业结构性矛盾与优化路径 [J]. 体育文化导刊, 2019 (3)：64-69.

[189] 王海波. 网络零售业态发展的经济效应及对策 [J]. 理论与改革, 2016 (1)：161-164.

[190] 周新军. 铁路节能环保效应评价体系研究 [J]. 铁道工程学报, 2012, 29 (1)：94-99.

[191] 胡树华, 李增辉, 牟仁艳, 等. 产业"三力"评价模型与应用 [J]. 中国软科学, 2012 (5)：40-47.

[192] 杜幼文. 社区教育的社会效益评价问题 [J]. 现代远程教育研究, 2012 (6): 3-9.

[193] 马胜清. 文化产业与旅游产业融合机理及经济效应 [J]. 社会科学家, 2021 (5): 101-106.

[194] 刘洪愧. 数字贸易发展的经济效应与推进方略 [J]. 改革, 2020 (3): 40-52.

[195] 司增绰, 丁浩, 孟田. 研究与试验发展业的宏观经济效应 [J]. 经济与管理研究, 2017, 38 (2): 13-23.

[196] 池晓波. 高校图书馆效益评价体系分析 [J]. 图书与情报, 2010 (6): 53-56.

[197] 任钢. 基于 OWA 算子的模糊营销效益评价方法 [J]. 统计与决策, 2013 (13): 70-71.

[198] 朱鑫榕, 何其帼. 电网投资效益评价指标体系构建 [J]. 生产力研究, 2011 (2): 86-87, 172.

[199] 李艳丽. 农户向绿色农产品生产转型的研究 [D]. 长春: 吉林农业大学, 2019.

[200] 王冬梅, 姜帆. 城市大型客运交通枢纽国民经济效益分析 [J]. 数量经济技术经济研究, 2003 (7): 40-43.

[201] 许劲, 吕红, 邹小勤. 旧城改造综合效益评价实证: 以重庆城市主干道改造为例 [J]. 技术经济与管理研究, 2015 (8): 118-122.

[202] 余德芬, 林昌文, 郑如彬. 重庆夜景灯饰对社会经济发展作用研究 [J]. 照明工程学报, 2009, 20 (3): 50-53.

[203] 禄树晖. 西藏国家级农业综合开发效益分析 [J]. 西藏民族大学学报 (哲学社会科学版), 2019, 40 (3): 99-104.

[204] 靳薇. 西藏援建项目的社会评价与期望 [J]. 民族研究, 2000 (1): 95-104, 113.

[205] 张新红, 李余生, 段成立. 石油产业投资项目社会效益的多层次模糊评价 [J]. 中国科技论坛, 2004 (3): 83-85, 116.

[206] 鲁能, 何昊. 易地移民搬迁精准扶贫效益评价: 理论依据与体系初探 [J]. 西北大学学报 (哲学社会科学版), 2018, 48 (4): 75-83.

[207] 罗时磊，李西亚．投资项目社会评价若干问题的思考［J］．煤炭工程，2005（5）：77-79．

[208] 于泽．我国文化产业发展效益效率评价及资金配置对策研究［D］．徐州：中国矿业大学，2014．

[209] 郭国峰，郑召锋．我国中部六省文化产业发展绩效评价与研究［J］．中国工业经济，2009（12）：76-85．

[210] 冒小栋．基于卫星账户原理的高铁经济宏观效应评价研究［D］．南昌：江西财经大学，2021．

[211] 刘迎辉．陕西省旅游经济效应评价研究［D］．西安：西北大学，2010．

[212] 吴静．秦岭生态旅游成本和效益研究［D］．北京：北京林业大学，2015．

[213] 王亚坤．河北省蔬菜生产投入要素分析与综合效益评价研究［D］．哈尔滨：东北农业大学，2015．

[214] 孙钰，王坤岩，姚晓东．基于DEA交叉效率模型的城市公共基础设施经济效益评价［J］．中国软科学，2015（1）：172-183．

[215] 肖锋，姚颂平，沈建华．举办国际体育大赛对大城市的经济、文化综合效应之研究［J］．上海体育学院学报，2004（5）：24-27．

[216] 邢红，赵媛．江苏省风电发展的经济效应评价［J］．安徽农业科学，2009，37（34）：17151-17154．

[217] 孙煜，孙军，陈柳．房地产业扩张对我国产业结构影响的实证分析［J］．江苏社会科学，2018（4）：77-84．

[218] 高骞，杨旸，胡广伟，等．电力大数据驱动的新能源项目投资效益评价研究：以Y市电网公司SG-ERP系统为例［J］．现代图书情报技术，2016（12）：57-65．

[219] 达瓦次仁，次仁．西藏昌都地区生态建设与可持续发展探讨［J］．中国藏学，2011（4）：90-97．

[220] 詹绍文，李恺．乡村文化产业发展：价值追求、现实困境与推进路径［J］．中州学刊，2019（3）：66-70．

[221] 庄严．日本文化产业发展创新的实现路径及经济效应分析［J］．现代

日本经济, 2014 (2): 18-29.

[222] 李雪松, 孙博文. 基于层次分析的城市水环境治理综合效益评价: 以武汉市为例 [J]. 地域研究与开发, 2013, 32 (4): 171-176.

[223] 禹建湘. 构建网络文学网站社会效益评价体系: 基于25家网站数据分析 [J]. 中国文学批评, 2021 (3): 141-149, 160.

[224] 刘继志. 天津市美丽乡村建设模式及效益评价体系构建 [J]. 中国农业资源与区划, 2019, 40 (10): 256-261.

[225] 时洪功. 新能源客车产业发展战略与节能降耗研究 [D]. 天津: 天津大学, 2014.

[226] 白晓. 中国食用植物油加工业产业安全评价体系的构建与实证分析 [J]. 新疆社会科学, 2015 (2): 23-27.

[227] 李红昌, LINDA TJIA, 胡顺香. 中国高速铁路对沿线城市经济集聚与均等化的影响 [J]. 数量经济技术经济研究, 2016, 33 (11): 127-143.

[228] 赵枫. 软件和信息服务业竞争力评价指标体系研究 [D]. 大连: 东北财经大学, 2010.

[229] 刘志红, 王利辉. 交通基础设施的区域经济效应与影响机制研究: 来自郑西高铁沿线的证据 [J]. 经济科学, 2017 (2): 32-46.

[230] 孙东琪, 陆大道, 孙峰华, 等. 国外跨海通道建设的空间社会经济效应 [J]. 地理研究, 2013, 32 (12): 2270-2280.

[231] 许强. 知识密集型产业评价和发展研究 [D]. 上海: 复旦大学, 2007.

[232] 高天辉. 高新技术产业发展中的政府支持模式研究 [D]. 大连: 大连理工大学, 2013.

[233] 王宪恩, 宋鸽. 生态经济区低碳产业评价指标体系构建 [J]. 开放导报, 2014 (2): 107-109.

[234] 王文才. 鄂尔多斯市农地资源调查及效益评价 [J]. 中国农业资源与区划, 2021, 42 (5): 70-76.

[235] 张滨丽, 卞兴超. 基于AHP的黑龙江省智慧农业综合效益评估 [J]. 中国农业资源与区划, 2019, 40 (2): 109-115.

[236] 熊长江, 赵向豪, 姚娟. 边境贫困县特色产业扶贫的经济效应研究:

以阿合奇县沙棘产业为例［J］.中国农业资源与区划,2019,40（11）：243-249.

［237］侯石安.中国财政对农业投入的社会效益与生态效益评价［J］.中南财经政法大学学报,2005（6）：117-122.

［238］邵正光.黑龙江省服务业产业发展模式研究［D］.哈尔滨：哈尔滨工程大学,2005.

［239］姜巍,高卫东,张雷.西部地区能源开发综合效应评价［J］.资源科学,2007,29（1）：9-15.

［240］李想,杨英法.高铁经济效应的两面性及对策［J］.云南社会科学,2014（2）：94-97.

［241］方永恒,王寒钰.基于灰色关联方法的我国公共文化场馆社会效益评价研究［J］.现代城市研究,2019（6）：60-68.

［242］国家城调总队福建省城调队课题组.建立中国城市化质量评价体系及应用研究［J］.统计研究,2005（7）：15-19.

［243］罗剑丽.图书馆效益的评估指标体系构建［J］.图书馆理论与实践,2005（5）：19-21.

［244］张贞.基于组合评价法的退耕还林工程经济社会效益评价研究：以中国南方10个典型县为例［J］.探索,2013（5）：106-110.

［245］占绍文,赵宇晴.浅析我国手游产品的社会效益［J］.出版发行研究,2018（8）：42-43.

［246］王小娟.基于主成分分析法的西藏文化产业社会效益评价研究［J］.西藏民族大学学报（哲学社会科学版）,2019,40（1）：23-31,154.

［247］雷玲,成艳梅.杨凌现代农业示范园综合效益评价［J］.西北农林科技大学学报（社会科学版）,2015,15（2）：76-82.

［248］傅鸿源,李军.工程建设项目的社会效益分析［J］.现代管理科学,2008（4）：25-26.

［249］蒋涤非,邱慧,易欣.城市雨水资源化的景观学途径及其综合效益评价［J］.资源科学,2014,36（1）：65-74.

［250］何殿.我国公共传媒影视行业的社会效应分析［D］.南昌：南昌大学,2012.

［251］欧阳友权,吴钊.我国文学网站社会效益评价研究［J］.人文杂志,

2017 (2): 61-68.

[252] 赵浣玎, 王韫, 张仕超, 等. 禁养背景下江津区畜禽养殖变化及其效益评价: 基于江津区养殖大户的调查 [J]. 中国农业资源与区划, 2022, 43 (2).

[253] 李伟铭, 曹鑫睿, 余英. 基于DEA方法的海南省高技术产业效益评价研究 [J]. 海南大学学报 (人文社会科学版), 2015, 33 (1): 60-67.

[254] 吕婵, 王飞, 张宏宇. 2022年北京冬奥会综合效益提升路径分析 [J]. 体育文化导刊, 2019 (10): 37-42, 68.

[255] 吴志强, 刘晓畅, 赵刚, 等. 空间效益导向替代简单扩张: 城市治理关键评价指标 [J]. 城市规划学刊, 2021 (5): 15-22.

[256] 李晨, 戴国平. 我国加工贸易的经济效应分析: 基于外贸发展方式转变的视角 [J]. 产业经济研究, 2013 (2): 103-110.

[257] 邓慧慧, 杨露鑫, 潘雪婷. 高铁开通能否助力产业结构升级: 事实与机制 [J]. 财经研究, 2020 (6): 34-48.

[258] 贺正楚, 吴艳. 战略性新兴产业的评价与选择 [J]. 科学学研究, 2011, 29 (5): 678-683, 721.

[259] 杜人淮, 郭玮. 国防工业军民融合效益评价研究 [J]. 科技进步与对策, 2017, 34 (16): 106-111.

[260] 郭韧, 陈福集, 于群. 我国信息服务业投入产出效益评价研究 [J]. 现代情报, 2014, 34 (8): 51-55, 60.

[261] 王述珍, 庾为, 李智玲. 城市会展业竞争力评价指标体系研究 [J]. 商业研究, 2009 (7): 115-119.

[262] 张莉, 何春林, 乔俊果. 广东省绿色海洋经济发展的效益评价 [J]. 太平洋学报, 2008 (8): 78-87.

[263] 靖继鹏, 尹焱鑫, 高普有. 知识门户网站的经济效益评价 [J]. 情报科学, 2011, 29 (8): 1210-1214.

[264] 张春河, 张奎. 国有文化企业社会效益评价: 概念、重点与指标 [J]. 现代传播 (中国传媒大学学报), 2020, 42 (6): 74-78.

[265] 田永坡, 王琦, 吴帅, 等. 中国人力资源服务产业园发展质量评估研究 [J]. 中国人力资源开发, 2020, 37 (10): 6-17.

[266] 赵海洋. 基于SEM的我国特色小镇项目社会效益评价研究 [D]. 济

南：山东建筑大学，2017.

[267] 叶蜀君，包许航，温雪. 广西北部湾经济区海洋产业竞争力测度与经济效应评价 [J]. 广西民族大学学报（哲学社会科学版），2019，41（5）：145-152.

[268] 李进兵，杜青龙，罗英. 西藏生态旅游研究进展 [J]. 西藏大学学报（社会科学版），2014，29（1）：45-50.

[269] 付晨玉，杨艳琳. 中国工业化进程中的产业发展质量测度与评价 [J]. 数量经济技术经济研究，2020，37（3）：3-25.

[270] 杨兴. 青海电网绿色低碳发展规划优化模型及管理研究 [D]. 北京：华北电力大学（北京），2020.

[271] 白钦先，主父海英. 我国房地产业的金融负外部性考察 [J]. 经济评论，2011（6）：97-103.

[272] 卫潘明. 北京地区厨余垃圾处理机全成本分析 [J]. 城市管理与科技，2017，19（6）：52-55.

[273] 赵述评，郭缤璐，王维祎，等. 2021北京餐饮业发展趋势报告出炉 [N]. 北京商报，2021-09-06.

[274] 康昊华，刘立龙. 一种适用于高铁变形预测的组合模型建立方法 [J]. 广西大学学报（自然科学版），2019，44（3）：726-732.

[275] 刘丽红，李瑾，张丹丹，等. 北京市蔬菜产业供需分析及发展战略 [J]. 农业展望，2016，12（5）：43-47.

[276] 杜林军，李林蔚，解莹，等. 城市生活垃圾低碳管理及碳减排潜力估算 [J]. 环境卫生工程，2010，18（5）：1-3.

[277] 李春萍，李国学，李玉春. 北京市春季生活垃圾组成在物流系统中的变化分析 [J]. 环境卫生工程，2008（5）：21-26.

[278] 孙莉，陈操操，刘春兰，等. 北京市生活垃圾焚烧温室气体排放核算方法研究 [C]. 2014中国环境科学学会学术年会. 2014：986-990.

[279] 北京市生态环境局. 北京市企业（单位）二氧化碳排放核算和报告指南（2016版）[J/OL]. http://www.tanjiaoyi.com/download/P020161223346202349258.pdf.

[280] 王龙，李颖. 北京市生活垃圾焚烧发电厂温室气体排放及影响因素 [J]. 环境工程学报，2017，11（12）：6490-6496.

[281] 程伟. 北京城区和农村地区生活垃圾组成特性的对比分析 [J]. 再生资源与循环经济, 2020, 13 (1): 17-22.

[282] 陈海滨, 刘金涛, 钟辉, 等. 厨余垃圾不同处理模式碳减排潜力分析 [J]. 中国环境科学, 2013, 33 (11): 2102-2106.

[283] 吴小燕. 2020年中国蔬菜种植行业市场现状和竞争格局分析山东蔬菜产量全国第一 [EB/OL]. https://www.qianzhan.com/analyst/detail/220/200730-5e308f3c.html.

[284] 北京市统计局. 北京统计年鉴 [M]. 北京: 中国统计出版社, 2021.

[285] 郑雪清. 基于供应链视角的净菜产业发展策略 [J]. 福建商业高等专科学校学报, 2015 (3): 58-62.

[286] 中央厨房许可审查规范 [J]. 现代营销（经营版）, 2016 (9): 38-39.

[287] 辛松林. 我国中央厨房产业发展现状与发展趋势 [J]. 食品研究与开发, 2014, 35 (6): 119-122.

[288] 刘偶. 首创智慧供应链高质量保供"菜篮子" [N]. 首都建设报, 2020-02-10.

[289] 王鹏飞, 陈春霞, 黄漫宇. "农餐对接"流通模式：发展动因及其推广 [J]. 理论探索, 2013 (1): 56-59, 64.

[290] 王宇平. 中式餐饮企业新型核心竞争力发展模式研究 [J]. 商业研究, 2012 (4): 82-87.

[291] 李桂华, 姚唐, 王淑翠. 影响企业购买行为因素的概念化模型及其分析 [J]. 现代财经（天津财经大学学报）, 2007 (10): 58-61.

[292] 王媛媛. 高新技术产业科技保险投保需求的实证研究 [J]. 科技管理研究, 2016, 36 (21): 167-172.

[293] 余晖. 行业协会组织的制度动力学原理 [J]. 经济管理, 2001 (4): 22-29.

[294] 施晓娟. 全国首个预制菜团体标准发布 [EB/OL]. （2022-06-01）. http://ent.cnr.cn/ywyl/20220519/t20220519_525831369.shtml.

[295] 李劼. 广东 山东4地争夺预制菜之都 [N]. 南方日报, 2022-04-08.

[296] 马永刚. 山东加快发展鲁菜特色预制菜 [N]. 中国食品报, 2022-06-01.

[297] 贾佳. 上海浦远蔬菜园艺专业合作社高水平"机器换人"减轻种植户负担 让蔬菜种植户留得下来、种得出好菜 [N]. 东方城乡报, 2021-08-12.

[298] 贾佳. 松江净菜加工基地启动 蔬菜按需"定制"配送 [N]. 东方城乡报, 2021-03-04.

[299] 田怀新. 全市参与生活垃圾分类的居民近 307 万户 [N]. 成都日报, 2019-10-13.

二、外文文献

[1] ADAMY EDLAMAR KÁTIA, ZOCCHE DENISE ANTUNES DE AZAMBUJA, VENDRUSCOLO CARINE, et al. Validation in grounded theory: conversation circles as a methodological strategy [J]. Revista brasileira de enfermagem, 2018, 71 (6).

[2] AHMED R M HOSSAIN. Developmental impact of rural infrastructure in Bangladesh [R]. IFPRI Research Report No. 83. Washington, D. C.: International Food Policy Research InstituteAlston, J. M., 1990.

[3] AJZEN ICEK, FISHBEI MARTIN. Questions raised by a reasoned action approach: comment on Ogden (2003) [J]. Health Psychology, 2004, 23 (4).

[4] AJZEN I. The Theory of Planned Behavior [J]. Organizational Behavior and Human Decision Processe, 1991, 50 (2): 179-211.

[5] BARRY R. WEINGAST, YINGYI QIAN, GABRIELLA MONTINOLA. Federalism, Chinese Style: The Political Basis for Economic Success in China [J]. World Politics, 1995 (1).

[6] BASELICE A, COLANTUONI F, LASS D A, et al. Trends in EU consumers' attitude towards fresh-cut fruit and vegetables [J]. Food Quality and Preference, 2017, 59: 87-96.

[7] BECKEN S, SIMMONS D G. Understanding energy consumption patterns of tourist attractions and activities in New Zealand [J]. Tourism Management, 2002, 23 (4): 343-354.

[8] BORCK, R. Public transport and urban pollution [J]. Regional Science and Urban Economics, 2019, 77: 356-366.

[9] BOWEN J. Network change, deregulation, and access in the global airline

industry [J]. Economic Geography, 2002 (78): 425-439.

[10] BRJESSON M, ELIASSON J. The value of time and external benefits in bicycle appraisal [J]. Transportation Research Part A: Policy and Practice, 2012, 46 (4): 673-683.

[11] CHARLES M TIEBOUT. A Pure Theory of Local Expenditures [J]. Journal of Political Economy, 1956 (5).

[12] CHENGGANG XU. The Fundamental Institutions of China's Reforms and Development [J]. Journal of Economic Literature, 2011 (4).

[13] DAVID GIBBS, PAULINE DEUTZ. Implementing Industrial Ecology Planning for Eco-industrial Parks in the USA [J]. Geoforum, 2005 (36): 452-464.

[14] DE NAZALLE A, NIEUWENHUIJSEN M J, ANTÓJ M, et al. Improving health through policies that Promote active travel: A review of evidence to support integrated health impact assessment [J]. Environment International, 2011, 37 (4): 766-777.

[15] EMILIO ORTEGA. Territorial cohesion impacts of high-speed rail at different planning levels [J]. Journal of Transport Geography, 2012, (24): 130-141.

[16] FATEMEH SOORANI, MOSTAFA AHMADVAND. Determinants of consumers' food management behavior: Applying and extending the theory of planned behavior [J]. Waste Management, 2019, 98.

[17] FINGLETON B, SZUMILO N. Simulating the impact of transport infrastructure investment on wages: A dynamic spatial panel model approach [J]. Regional Science and Urban Economics, 2019, 75: 148-164.

[18] FRANCIS J QUINN. The Payoff [J]. Supply Chain Management Review, December, 1997.

[19] GARCIA-RAMON M D, CANOVES G, VALDOVINOS N. Farm tourism, gender and the environment in Spain [J]. Annals of Tourism Research, 1995, 22 (2): 267-282.

[20] GAVIN HILSON, RITA VAN DER VORST. Technology, Managerial, and Policy Initiatives for Improving Environmental Performance in Small-Scale Gold Mining Industry [J]. Environmental Management, 2002, 30 (6): 0764-0777.

[21] GLASER B, STRAUSS L. The Discovery of Grounded Theory: Strategies for Qualitative Research [M]. Chicago: Aldine, 1967.

[22] GREGORIO - PASCUAL PETRONA, MAHLER HEIKE I M. Effects of interventions based on the theory of planned behavior on sugar-sweetened beverage consumption intentions and behavior [J]. Appetite, 2019, 145.

[23] RICHARDS G, WILSON J. The Impact of Cultural Events on City Image: Rotterdam, Cultural Capital of Europe 2001 [J]. Urban Studies, 2004, 41 (10): 1931-1951.

[24] HARRIS R, G ARKU. The Housing and Economic Development Debate Revisited: Economic Significance of Housing in Developing Countries [J]. Journal of Housing and Built Environment, 2006, 21: 377-395.

[25] HOLL A. Highways and productivity in manufacturing firms [J]. Journal of Urban Economics, 2016, 93: 131-151.

[26] IVY R L, FIK T J, MALECKI E J. Changes in air service connectivity and employment [J]. Environment and Planning, 1995 (27): 165-179.

[27] JAY SQUALLI. Evaluating the potential economic, environmental, and social benefits of orange-spotted grouper aquaculture in the United Arab Emirates [J]. Marine Policy, 2020, 118 (10): 103998.

[28] KECKLEY P, UNDERWOOD H. Medical Tourism: Consumers In Search of Value [D]. Washington D. C. : Deloitte Center for Health Solution, 2007: 10-25.

[29] KIM W, JUN H M, WALKER M, et al. Evaluating the perceived social impacts of hosting large-scale sport tourism events: scale development and validation [J]. Tourism Management, 2015 (48): 21.

[30] KISS A. Is community-based ecotourism a good use of biodiversity conservation funds? [J]. Trends in Ecology & Evolution, 2004, 19 (5): 232-237.

[31] LUPI C, GIACCIO V, MASTRONARDI L, et al. Exploring the features of agritourism and its contribution to rural development in Italy [J]. Land Use Policy, 2017, 64: 383-390.

[32] MARTHA C COOPER, et al. Supply Chain Management, More than a New Name for Logistics [J]. International Journal of Logistics Management, 1997, 8 (1).

[33] MAYER T, TREVIEN C. The impact of urban public transportation evidence from the Paris region [J]. Journal of Urban Economics, 2017, 102 (6): 1-21.

[34] JUSSAWALLA M. Communication Economics and Development [M]. Published in cooperation with the East-West Center, 1981: 178.

[35] MEJIA-DORANTES L, PAEZ A, VASSALLO J M. Transportation infrastructure impacts on firm location: the effect of a new Metro line in the suburbs of Madrid [J]. Journal of Transport Geography, 2012, 22 (4): 236-250.

[36] KAJANUS M, KANGAS J, KURTTILA M. The use of value focused thinking and the A' WOT hybrid method in tourism management [J]. Tourism Management, 2004, 25 (4).

[37] MORTIMER G, HASAN S F E, ANDREWS L, et al. Online grocery shopping: the impact of shopping frequency on perceived risk [J]. The International Review of Retail, Distribution and Consumer Research, 2016 (26): 202-223.

[38] NAIDOO P, SHARPLEY R. Local perceptions of the relative contributions of enclave tourism and agritourism to community well-being: The case of Mauritius [J]. Journal of Destination Marketing and Management, 2015, 5 (1): 16-25.

[39] OPARA L U. Traceability in agriculture and food supply chain: a review of basic concepts, technological implications, and future prospects [J]. Journal of Food Agriculture and Environment, 2003, 1: 101-106.

[40] FALCONE P M, TANI A, TARTIU V E, et al. Towards a sustainable forest-based bioeconomy in Italy: Findings from a SWOT analysis [J]. Forest Policy and Economics, 2019.

[41] PEARSON D, HENRYKS J, TROTT A, et al. Local Food: Understanding Consumer Motivations in Innovative Retail Formats [J]. British Food Journal, 2011, 113 (7), 886-899.

[42] PUGA D. Agglomeration and Cross-Border Infrastructure [D]. Eib Papers, 2008, 13 (2): 102-124.

[43] RENTING H, MARSDEN T, BANKS J. Under-standing Alternative Food Networks: Exploring the Role of Short Food Supply Chains in Rural Development. Environment and Planning, 2003 (35): 393-411.

[44] RHODES RYAN E, COURNEYA KERRY S. Investigating multiple components of attitude, subjective norm, and perceived control: an examination of the theory of planned behaviour in the exercise domain. [J]. British Journal of Social Psychology, 2003, 42 (1).

[45] MADRIGAL R. Institutionalizing social impact assessment in Bangladesh resource management: limitations and opportunities [J]. Environmental Impact Assessment Review, 2005, 25 (1): 33-45.

[46] RUTTER P, KERIRSTEAD J. A Brief History and the Possible Future of Future of Urban Energy Systems [J]. Energy Policy, 2012 (3).

[47] SILLANI S, NASSIVERA F. Consumer behavior in choice of minimally processed vegetables and implications for marketing strategies [J]. Trends in Food Science & Technology, 2015, 46 (2).

[48] SANTOS JOSÉ LUÍS GUEDES DOS, CUNHA KAMYLLA SANTOS DA, ADAMY EDLAMAR KÁTIA, et al. Data analysis: comparison between the different methodological perspectives of the Grounded Theory [J]. Revista da Escola de Enfermagem da U S P, 2018, 52.

[49] TCHETCHIK A, FLEISCHER A, FINKELSHTAIN I. Differentiation and Synergies in Rural Tourism: Estimation and Simulation of the Israeli Market [J]. American Journal of Agricultural Economics, 2008, 90 (2): 553-570.

[50] THAKURIAH P, PERSKY J, SOOT S, et al. Costs and benefits of employment transportation for low-wage workers: An assessment of job access public transportation services [J]. Evaluation and Program Planning, 2013, 37: 31-42.

[51] THOMPSON C S. Host produced rural tourism: Towa's Tokyo Antenna Shop [J]. Annals of Tourism Research, 2004, 31 (3): 580-600.

[52] UCHIDA EMO, JINTAO XU, SCOTT ROZELLE. Grain for Green: Cost-Effectiveness and Sustainability of China's Conservation Set-aside Program [J]. Land Economics, 2005, 81 (2): 247-264.

[53] WEF. The Global Competitiveness Report [R]. Geneva: World Economic Forum, 2002: 1-10.

[54] AKPALU W, EGGERT H. The economic, social and ecological performance

of the industrial trawl fishery in Ghana: Application of the FPIs [J]. Marine Policy, 2021, 125 (10): 104241.

[55] WTO World Tourism Organization. Rural tourism in Europe: experiences, development and perspectives, 2004.

[56] PARAG Y, AINSPAN M. Sustainable microgrids: Economic, environmental and social costs and benefits of microgrid deployment [J]. Energy for Sustainable Development, 2019 (52): 72-81.

[57] YANG Y L, SHAO X. Understanding Industrialization and Employment Quality Changes in China: Development of a Qualitative Measurement [J]. China Economic Review, 2018, 47: 274-281.

[58] YOUSUF B, QADRI O S, SRIVASTAVA A K. Recent developments in shelf-life extension of fresh-cut fruits and vegetables by application of different edible coatings: A review [J]. LWT-Food Science and Technology, 2017.

后　记

随着社会的快速发展和人们生活节奏的加快，净菜作为一种方便、快捷、健康的食品形式，正逐渐受到越来越多消费者的青睐。北京是中国的首都和一座国际化大都市，其净菜供应链的发展不仅关乎市民的日常生活，在一定程度上更代表着中国食品行业的发展趋势。

党的二十大报告指出，全面推进乡村振兴，要树立大食物观，构建多元化食物供给体系。同时，净菜首次被写入中央一号文件，2023年中央一号文件提出："提升净菜、中央厨房等产业标准化和规范化水平，培育发展预制菜产业。"

作为一位多年从事农产品流通领域研究的学者，近年来深切地感受到在市场需求拉动和政府政策支持下，净菜与预制菜产业发展迅猛，但在市场火热的背后，净菜产业的发展也存在众多争议和隐忧，由于发展时间尚短，净菜市场也有其不足之处。结合以往对农产品流通问题的研究和积累，2018年8月，研究团队以"京津冀农业协同发展下的北京净菜供给研究"获得北京市哲学社会科学规划立项，课题组开始对北京市净菜供应链开展了数年的研究，如今书稿即将付梓，在此对研究过程进行简要回顾，并谈谈对本项研究的感想和体会。

为了深入了解北京净菜供应链的现状和问题，本课题组开展了一系列的研究和调查。2018年初秋至2019年初夏，课题组不畏冬日严寒，有时甚至顶风冒雪驱车前往京郊和环京的津冀地区的净菜加工企业，亲见净菜的生产过程，并与工厂负责人、销售经理、车间加工人员面对面交流，了解他们的加工技术和生产情况，获取了9家规模较大的净菜企业翔实而丰富的一手资料，作为课题梳理净菜供给端现状与问题的主要素材。2019年夏秋间，通过中国副食流通协会追溯餐厅事业部发放了餐饮企业在线问卷，通过北京一些社区街道、大学同学北京微信群、同事群发放了家庭消费在线问卷，共获得1 239份有效的需求端材料，为课题组分析净菜消费

现状、意愿和诉求打下了坚实基础。通过这些实地调查和问卷调查，我们深刻感受到了净菜供应链的重要性和复杂性，研究过程中也发现了不少问题，均如实反映在本书中。在此，衷心地向协助净菜加工企业调研的中国合作贸易企业协会净菜产业专业委员会原主任卢高鹏和现主任刘鹏飞，附录案例中的企业，组织填写问卷的中国副食流通协会食品追溯分会，何坚雄、任文等老同学等，致以诚挚的谢意。

课题组中的北京物资学院张恪渝副教授、研究生李莉、卢悦、王琦、刘媛等，以兼顾理论论证和现实案例为基本原则，夙兴夜寐，与笔者一起进行了认真而细致的研究工作，并邀请北京净菜加工头部企业首农集团北京市裕农优质农产品种植公司副总经理韩贵成、北京康安利丰农业有限公司经理武丽，对本书观点与主要内容进行审核，力求准确指明净菜产业的社会经济价值、发展中的主要问题，进而提出了能够落地实施的对策建议。

本书的出版并不意味着课题组对净菜研究的完结，而是一个新的起点。我们注意到，随着科技的不断进步，智能化、数字化将成为供应链升级的重要方向；通过应用大数据、物联网、区块链等先进技术，我们可以对净菜供应链进行更为精细的管理和监控，实现信息的实时共享和追溯，进一步提高食品安全和效率；同时，环保和可持续发展也将成为净菜供应链发展的重要考虑因素。此外，消费者需求的多样化和个性化也将对净菜供应链提出更高的要求，本研究团队将持续跟进相关的最新动态和进展。

本书能够顺利出版，首先要感谢北京物资学院的大力支持；其次要感谢许多同行专家，他们的宝贵经验和建议让笔者受益匪浅；最后，感谢首都经济贸易大学出版社的辛勤工作。

由于时间和水平所限，书中可能仍有诸多不足甚至疏漏之处，恳请读者们批评指正。